民间资本管理

高敏　金洪国　著

西南交通大学出版社

·成　都·

图书在版编目（ＣＩＰ）数据

民间资本管理 / 高敏，金洪国著. 一成都：西南
交通大学出版社，2018.12
ISBN 978-7-5643-6635-3

Ⅰ. ①民… Ⅱ. ①高… ②金… Ⅲ. ①民间投资 – 资
本管理 – 研究 – 中国 Ⅳ. ①F832.48

中国版本图书馆 CIP 数据核字（2018）第 274793 号

民间资本管理

高 敏 金洪国 著

责 任 编 辑	罗爱林
封 面 设 计	墨创文化
	西南交通大学出版社
出 版 发 行	（四川省成都市二环路北一段 111 号
	西南交通大学创新大厦 21 楼）
发行部电话	028-87600564　028-87600533
邮 政 编 码	610031
网　　　址	http://www.xnjdcbs.com
印　　　刷	四川煤田地质制图印刷厂
成 品 尺 寸	170 mm × 230 mm
印　　　张	14.5
字　　　数	291 千
版　　　次	2018 年 12 月第 1 版
印　　　次	2018 年 12 月第 1 次
书　　　号	ISBN 978-7-5643-6635-3
定　　　价	65.00 元

前　言

　　民间资本也叫民间资金，是与国有资本相对应的一个概念。自 1994 年以来，我国已创造了大量财富、集聚了大量的民间资本。自社会主义市场经济建立以来，我国的民间资本迅速积聚，但由于民间资本认可度的原因，民间资本没有获得它应有的增值能力。与此同时，民营经济的发展得不到足够所需的资金供给，造成了资金供求的严重失衡。为了进一步发展民营经济，必须重视发挥民间资本的作用，实现民间金融正规化、合法化，以使民间资本发挥出应有的作用。在这一过程中，民间资本的配置结构是否合理，运用效率能否进一步提高，关乎国家的经济安全和经济增长。因此，有必要从"管理"的视角对民间资本的流向、投资模式和关联领域等问题进行全面审视，让更多民间资本通过合理的市场配置和深度管理，在产融互动的过程中实现民间资本向产业资本的转化，同时借助制度创新激发经济增长的内生动力，使民间资本成为拉动实体经济的主导力量，从而提升金融服务实体经济的能力。这无论在当前还是在以后，都是我国经济实现可持续发展的必然选择。

　　《民间资本管理》一书对我国民间资本三十多年的发展历程进行了梳理，首先阐述了民间资本的历史、属性和流动规律，对民间资本的现状、管理局限和管理理论进行了说明，然后分别针对民间资本的风险投资管理、投资实体经济、PPP 模式下的资本管理、金融市场管理等问题进行了深入探讨；接下来就民间资本与养老产业、科技创新产业、文化产业的关联和需要重点关注的管理实践进行了分析；最后从多个层面给出了民间资本管理的未来展望。借助以上工作，不但可以为读者对民间资本及其管理模式、管理现状、管理效果形成全景式的参照，还能通过理论与实践的结合，让读者了解系统而完整的民间资本管理内容。

　　《民间资本管理》一书由长春财经学院会计学院高敏和吉林外国语大学金洪国共同完成。其中高敏完成第 1 章、第 2 章、第 3 章、第 4 章、第 8 章，并负责书稿规划、内容统筹和全书统稿等工作；金洪国完成第 5 章、第 6 章、第 7 章、第 9 章、第 10 章。

　　对协助本书出版的朋友、使用本书的读者和为民间资本管理实践做出贡献的专家学者们表示真诚的谢意！

　　《民间资本管理》一书是长春财经学院"中小企业内部控制研究中心"科研平台的阶段性成果。其面世得益于西南交通大学出版社的协助，同时要感谢长春财经学院董事长李树峰、副校长田小虎、科研处长李宗岩对作者的一贯鼓励和支持。

　　由于编者水平所限，虽反复校订、几经增删，但仍存在不足之处，恳请读者批评指正，不胜感激！

高　敏

2018 年 6 月 26 日

目　录

1 民间资本及传统管理范式

作为一种迥异于旧时代的生产方式和社会组织方式，资本的持续健康发展，是一个国家或地区走向现代化的通道之一。历史上，西欧、北美的第一轮工业化和现代化就是在资本的推动下实现的。资本主义的发展不仅实现了生产力的飞速发展，而且实现了政治体制的革新。二十世纪中叶以来，以"亚洲四小龙"为代表的新兴国家和地区的现代化同样经历了这样一个路径。随着我国改革开放的日渐深入，理论界和政策层面基本上达成了以下共识：有必要通过资本的持续健康发展，推动经济、政治和社会的全面进步，可以说，这是历史的必然趋势。接下来，就针对民间资本的历史与属性以及传统管理范式等问题进行初步分析和阐述。

1.1 民间资本的历史与属性

民间资本是指以非政府拥有形式存在的，具有私有性质的，主要包括居民的储蓄存款、流动性金融资产、民营经济利润、养老保险金和住房公积金五大部分的金融资产。其中，居民的储蓄存款仍是民间资本的主要存在形式。而民间融资是一种独立于正式的金融体制外的非正式金融融资，其主要表现形式是民间借贷。金融是经济的血脉，而民间资本就像毛细血管一样遍布整个经济肌体，其数量之大，不可忽视。民间资本最终流向何处将决定我国经济是否能继续稳定发展。

1.1.1 资本源起

讨论"资本"的词源，并不仅仅具有语言学上的意义。每个词语产生与演绎的历史进程背后，是它所指向的概念内涵本身的变化沿革，更反映着每个时代社会结构的特征。比如："资本"在宋代文献中开始出现，一定是与当时商品经济的繁荣和人们对资本的重视分不开的。同时也表明，"资本"无论在语言上还是内涵上都并非是舶来品，中国的资本发展史同样由来已久。关于现代汉语中"资本"二字的来源，流行的观点是转借于 19 世纪末 20 世纪初的日语著作。实际上，稍做文献查阅，就知道这种说法未必可信。至迟在宋人何的《春渚纪闻·苏刘互谑》中即有"不逾岁，偶误质盗物，资本耗折殆尽"的句子。约一百年后王与之撰写的《周礼订义》中，也有了与今义相近的用法："则施之以实惠，助其资本则散之以实利。"可见，"资本"在宋代已经是比较成熟的词语。到了清代，现代意义上的"资本"用法更是频繁地在《皇朝文献通考》等文献中出现。1900 年前后，严复先生在《原富》按语中将 capital 译为"母财"，直观而形象地表明了这个概念的生产特性。1903年，梁启超先生在《二十世纪之巨灵托拉斯》一文中多处使用"资本"一词，随后"资本"在各类文献中出现的频率越来越高。由于梁启超受日本学术影响甚深，这也可能是人们误以为"资本"外来自日语的原因。

从西方的词义来看，"capital"源于拉丁词语"capitalis"，"capitalis"则源于原始印欧语的"kaput"，意思是"只"或"头"。作为量词，"只"或"头"是在远古年代欧洲测量财富的方式：一个人拥有越多家畜和奴隶，那么他也就越富有。因此，"资本"的首要含义是财富。但是财富并不等同于资本。在经典的马克思主义政治经济学著作中，资本被定义为"能够带来剩余价值的价值"，它是一种生产要素，更是一种生产关系；亚当·斯密的《国富论》中认为："属于某人的财物，就是这个人的资产。出让使用权，以获取利润收益的资产，就是资本。"无论在哪种定义之下，生产性或者说增值性资本都是其区别于普通财富的根本标志。

1.1.2　资本历史及民间属性

基于"资本"的概念界定，将"资本"视为人类社会私有制的产物是合理的。一旦财物被贴上所有权的标签，在人的天性驱使下，"占有更多"就成为资本运动的目标。依然合理的推断是：资本的产生早于国家的起源，因此资本天然具有"民间"的属性。通过回顾资本运动主要形式之一的借贷资本的发展史，我们能够清晰地验证这个推论。

美国学者霍默（S. Homer）和西勒（R. Sylla）在《利率史》中指出："信贷的历史远远早于手工业、银行业，甚至早于铸币业；它可能比最原始的货币形式还要早。含息贷款也许可以说是在新石器时期农民将种子贷给表亲并期望在收割季节加量归还的时候就开始了。"毫无疑问，"将种子贷给表亲并期望在收割季节加量归还"完全符合资本的定义，而这种资本显然是纯粹的"民间资本"。战国时期的墨翟也说过："先民以时生财，固本而用财，则财足。"墨翟是中国历史上最早用"本"来说明经济问题的人。在这句话中，资本的生产性和民间属性都有一定程度的体现。

早期国家产生以后，以周朝设置的专门机构"泉府"为代表的官方借贷也相应出现。然而人类社会经济生活中，资本运动的主流仍然在私人之间。在公元前 1800 年古巴比伦颁布的汉谟拉比法典中，明确规定了债务人与债权人的关系，并将利率上限定为 33.333%。公元前 600 年，古希腊颁布《梭伦法典》，取消了对利率的所有限制。这些都是西方社会民间资本历史渊源的证明。

在古代中国，商周时期的农工商业和货币流通已经非常发达，私人之间的借贷关系不仅是可能的，也是必需的。在有文献记载的历史中，中国民间资本发展最早的黄金时代产生于在春秋战国及秦汉之际。《史记·货殖列传》记载了大量春秋战国时期的巨商大贾，他们往往是以放贷取利致富的，已经不再是私人之间的借贷行为，而是类似于私人对政府的放贷或是某种战争贷款。这一方面足以说明当时民间资本力量的雄厚，也从另一方面反映了西汉初期极高的资本收益率。魏晋南北朝时期，战乱频仍，政权轮流交替，官方信贷不可能满足社会对资本的需求。民间资本自然扮演了主要供给者的角色。史载南朝宋时吴郡人顾绰"私财甚丰，乡里士庶多负其债"，单放债的文卷就有一个大橱柜之多。由于时局动荡，放贷风险大，高利贷现象尤为突出，利率往往高达 100% 甚至 1000%。值得注意的是，南北朝时期产生了中国最早的非官方信用机构——由寺庙经营的质库。尽管寺庙经济多半具有官方背景支持，但是这种信用活动与政府救济性质的贷款是截然不同的。与此同时，还出现了经营抵押贷款的"邸店"，说明当时民间的抵押借贷现象相当普遍。隋唐五代时期，民间信贷资本继续发展，高利贷引发的社会问题也日益凸显。武则天长安元年（公元 70 年）规定："负债出举，不得回利作本，并法外生利。""回利作本"即按复利计息。这一时期政府相继出台了大量针对民间借贷的法条规定，主要目的都是限制过高的利率。但是由于唐代官营放款合法化，政府自身也往往不遵守利率限制，导致整个社会的高利贷现象难以有效控制。宋元时期，民间资本的活跃程度达到一个新的高峰。仅就借贷资本来看，从事借贷业的经营者遍及各阶层，既有官府、寺院，又有地主、官僚商人和其他较富裕者，而且数量众多。宋元时期的民间资本对农工商业发展给予了很大的支持，资本的生产性和增值性逐步得到体现。王安石之所以推行青苗法，实际上正反映了民间资本在农业生产中的作用。至明清两代，随着商品经济发展和资本主义萌芽的出现，中国传统的民间资本进入了最鼎盛的历史时期，这种态势一直延续到民国初年。明初苏州沈万三富可敌国，传说其财富的相当一部分来自高利贷。此外，十大商帮的兴起无不与资本运动有密切关系，晋商和宁波商帮更是先后主宰了明清至近代以来中国民间资本的格局。明清时期工商业高度发达，资本来源日趋多元化，但是贷款在某些地区仍然是筹措资金的主要方式。

1.1.3 民间资本源起及其所处环境分析

尽管中国封建生产关系具有极其强大的惯性和稳定性，但至十六七世纪，我国还是出现了资本主义萌芽。所谓资本主义萌芽，是指资本主义生产关系在封建母体内的初步产生，它和封建母体之间依然有密切联系，具有过渡性的特征。它作为一种生产关系，不是个别的案例，而是具有多发性的特征；作为新的生产关系，其发展具有持续性。生产力的发展是其基础，商品经济的发展是其条件，而雇佣劳动制度是其核心。以此为标准，中国的资本主义萌芽迟至明朝后期在各种手工业中已经产生，到了清朝中前期，在农业中也出现了。并且在鸦片战争后直至中华人民共和国成立前，尽管受到外来资本和政府的冲击和压制，却一直在艰难地成长。然而问题是，我国的资本主义萌芽为什么没有独立发展成为占统治地位的生产关系进而使中国步入近代化的行列呢？对此，毛泽东同志曾说过，中国封建社会内商品经济的发展，已经孕育着资本主义的萌芽，如果没有外国资本主义的影响，中国也将缓慢地发展到资本主义社会。亦即他将原因归结为外国资本主义的入侵。但是，进一步的问题在于，为何外国资本主义萌芽可以相对顺利地步入资本主义社会进而有力量入侵我们呢？这就不能不分析两地资本主义所面临的不同历史制度背景了。

中国封建社会时期异于西欧的特点在于：

（1）以强大的中央集权和科举制度为特征的政治制度结构。中国很早就实现了政治和思想的统一，并构成封建社会的主态。因此，政治对经济、政治权力对民间经济活动具有异常强大的规范力和干预力。尽管这可以为市场交易和经济行为提供统一的国内市场和统一的法律等正式制度安排，但政府也可以反过来以超乎寻常的政治力量和暴力手段对市场交易和民间资本经营进行干预，对资本的私人财产权利进行不合理的乃至不合法的侵害。比如，民间资本除了要合法经营缴纳税赋外，还要经常应付不确定的随意摊派，如对封建长官的私人孝敬等。即便在政治开明不过分干预民间私人资本时，中央和地方各级政府对资本发展也一直具有强大的控制力。而民间资本不是无意反抗，而是力量不足以摆脱这种控制。如此长期大规模和程度如此之深的政府对私人资本的控制和干涉在世界史上也许都是少见的。与中央集权相对应，科举制度为封建政权提供了官员选拔渠道，形成强大的文官集团，这固然有利于扩大政权基础，巩固政权统治。但是，才俊之士皆投身仕途，反而在经济和资本一途着力不足。更重要的是，中央集权、文官集团和缺乏组织的分散的小农和佃农共同组成了"潜水艇般的三明治"式的社会结构，其间的沟通以封建伦理道德为组织基础，无有法治，不利于资本发展。由此构成的中央集权主要着眼于维护统一和统治，所有的立法也以此为中心而展开。故而，中国诸法同体的各代律例中，与大量严厉的刑法相映衬的就是对产权界定和市场交易立法的阙如。这一点和西方大相径庭，欧洲很早就出现了以规范产权和交易为主要内容的罗马法体系。如此一来，中国的民间资本就丧失了对其财产和交易合同的基本保障。

（2）官营工商业为主的工商业结构。中国古代很早就出现了远较西方庞大的官营手工业和商业体系。这种状况一直持续到清中期以后，由于封建集权的控制力日衰才发生变化。官营手工业一般由皇室和政府经营，规模庞大，技术也较为先进。但是其产品并不作为商品，而是直接用于皇室和各级官员的奢侈性消费，这就是说，官营手工业并不具备资本主义的因素。官营手工业主要以大宗生活必需品（如食盐）为经营对象，这是为了防止这些关系统治稳定的基本生活资料被民间资本控制而危及其统治。民间资本经营的工商业发展一直受到官营工商业的排挤，甚至很多民间资本只有附属于官营工商业才能生存和壮大。事实上，大多数民间资本多非自主发展起来的，而是借助于封建政权的力量而多少带有某种程度的垄断性。这样，民间资本不是将精力主要放在经营或财富创造上，而是致力于通过联合政治权力寻求垄断地位防止竞争，寻求社会财富的再分配。这样一来，民间资本不是成为新生产关系的承载者和推动者，而是成为维护旧生产关系的补充力量。

（3）可自由买卖的土地制度以及建立在此基础上的以地主经济和自耕农经济为主体的经济基础。由于中国土地可以自由买卖，使商人、官僚和地主之间的分野不清，形成各种组合。也就是说，不仅官僚，而且民间资本所有者在积累起一定量财富之后，由于土地可以转让，都倾向于购置土地，以降低风险，并获取稳定的收益。甚至形成官僚、地主和商人的三位一体，民间资本和封建统治体系紧密地融合在一起。这种格局，不利于资本扩大生产规模。欧洲与此相反，其土地是由分封制而为各级贵族所占有，不能随意转让，所以，资本所有者只能将资本用于经营，致力于扩大自己的规模，而不能将资本投资于土地。

（4）城乡分割的市场结构。我国的封建城市多是政治统治中心或军事重镇，聚集了大量消费型人口，城市手工业品主要用于供城市居民消费，这样一来，事实上流入城市的农产品并没有交换到相应的城市手工业品。因为流入城市的农产品主要是以地租的形式被居住在城市的官僚、贵族以及各种土地所有者获得，它再经由这些消费性人口支出而形成城市市场的手工业品的交易对象。这就是说，实质上，城市和农村之间并没有形成真正的产品交换，因为农产品并不是以商品的形式进入城市市场的，城市市场内部构成了独立的封闭循环。而在农村集市上，发生的主要是以农户的剩余产品为主要内容的余缺调剂。这种交换并不能促进商品经济的发展，而是在更大范围内强化了各个区域内部的自给自足性，强化了自然经济。这一点对资本的壮大极其不利，它不能使民间工商业资本获得持续扩大的市场来拉动自己的发展。

（5）以道德代替法律的社会秩序维护方式。这是关于中国政治统治到底是强还是弱的问题。所谓强，是指总是能够维护统一的常态，而不至于限于永久的分裂和割据。所谓弱，是指政令和法律等正式的制度安排总是可以被做出这样或那样的调整。这里的原因实质上在于以道德代替法律的社会秩序维护方式：由于道德高于法律，人治先于法治，所以正式的法律往往在道德的借口下被做出各种适合当时具体情况的调整；而又因为道德在文官集团以至社会基层是高度统一的，所以又维护了国家的长期统一，即便是改朝换代，也不过是对前朝的复制和加强。在这种情况下，资本只要和传统的道德发生一点冲突，就会为整个社会所抵制。所以，资本不得不屈服于社会的道德和价值标准。可是，没有稳定的法律来维持维护社会秩序，实在不利于资本的强大。另外，我们封建时期的立法没有关于对私人财产权利和交易合同的正式保护。这样，资本交易合同的实行就只能通过道德来保护了，而这种保护是软的，并不能解决资本长期持续发展的问题。

（6）以宗法联系为主的交往方式。在该种联系之下，人们之间的交往途径基本上表现为两种：一是以血缘为纽带的宗族联系；二是同年、同乡、师生等非血缘性的准宗族联系。这些联系方式都不能扩大交往的范围，而是将其限制在一个较小的圈子内。资本在这种环境下，就会失去获得更好的经营管理人才的机会。同时，信用的扩大也会遭受极大的阻碍。

所有这些，都不利于资本的发展。总之，可自由买卖的土地制度以及由此而产生的地主经济为主的经济结构、中央集权的政治结构、科举式的官员选拔体制、宗法为主的交往方式、城乡分割的市场结构、官营工商业为主导的工商业结构和以道德代替法律的社会秩序调节方式构成了中国资本主义萌芽所面临的制度环境，它不利于资本的持续健康发展，也是中国民间资本几千年难以发展壮大的根本原因。即使是这种环境也随着中华人民共和国成立初期社会主义改造的完成而消失，而民间资本再度兴盛则是二十多年后的改革开放时期。尽管改革开放后民间资本迎来了大发展机遇，但由于制约民间资本发展的环境变化不大，加之其沉寂时间过久，故直到现在，中国民间资本的发展仍面临诸多困难。

尽管民间资本在中国数千年的历史中从未间断并占据着主导地位，但是与之同样未曾停歇的是国家资本若即若离的如影随形。从周朝设置官方借贷机构，到汉武帝推行"轻重政策"，再到王安石变法中围绕青苗钱的激烈争论甚至斗争，国家资本与民间资本的关系始终错综复杂，难以言说。20世纪初，孙中山先生面对积重难返的中国经济窘况，提出了"节制私人资本，发达国家资本"的政策主张。发展经济必须有大量资本，而鸦片战争以来经济落后的中国严重缺乏的正是资本。孙中山强烈要求发达资本，但他又害怕资本发达了，会出现大资本"垄断以制国命"的现象。虽然中华民国成立后孙中山没有真正得到施政的机会，但是这一对待资本的态度和思路深远地影响了后人。对待民间资本，要发达还是节制？每个时代有每个时代的答案。然而历史告诉我们，资本最初就是产生于民间、发展于民间的。这种资本的"民间"属性天然而坚韧，历史已经证明并将继续证明这一点。

1.1.4 民间资本的重要性与特征分析

第一，民间资本的重要性。当民间资本能量积累到一定程度的时候，民间资本既可能进一步放大正面效应，也可能带来负面冲击。这时，宏观管理的重要性就被凸现出来。这个重要性是由民间资本内在的重要性质和特征所决定的。

（1）民间资本逐步成为支撑部分产业兴起与发展的载体。在能量积累与能量释放的逐步升级过程中，民间资本与国有资本的竞争在空间上开始由经济发达地区向欠发达地区和落后地区扩散。在产业上，民间资本与国有资本两者之间的竞争也由最初的低级产业逐步向中级产业和高级产业升级。据统计，改革开放初期，民间资本与国有资本竞争的领域主要集中在商贸和餐饮等两个传统的社会服务行业，到2017年，民间资本与国有资本竞争的行业超过70个，占国有资本投资经营领域的一半以上。

（2）民间资本逐步成为产品物化劳动的载体。改革开放以来，我国民间资本投资年均增长 26.7%，比国有资本投资增长高出 10 个百分点。1978—2017 年，民间资本对新增国民生产总值（GDP）的贡献率年均增长速度比国有资本高出两倍还多，全社会固定资产投资的七成以上都为民间资本所为。在就业方面，2017 年全社会就业总数中民营经济（含农业劳动力）就业就占到了 93% 以上。因此，民营经济在近几年来对就业增长的贡献率接近 100%。

（3）民营企业家逐步成为由经济体所附着的政治集团代言人的载体。在民营经济对经济增长和就业的贡献迅速增长的同时，我国的社会阶层构成也发生了新的变化，民营企业的创业人员、个体户、私营企业主等逐步独立成为一个新的社会阶层。民营经济的政治经济利益诉求由市场"噪声"演变成了政府无法忽视的市场能量。《中小企业促进法》①、《行政许可法》以及《物权法》等一系列法律制度的变革，正是我国进入二元资本结构时代民间经济利益集团政治利益诉求得以实现的必然结果。

（4）民间资本已逐步成为国家宏观调控的对象和载体。从投资结构的角度看，二元资本结构时代的投资主体由改革开放前一元资本结构时代的单一国有资本，演变成了国有资本、民间资本，国有资本与民间资本融合的股份资本以及跨国资本等多元化资本主体。这种多元化的资本投资主体以及由此形成的多元化投资结构，必然使政府调控经济的方法和手段面临诸多挑战。因此，在当前民间资本市场能量足够强大的情况下，应该对宏观调控经济的模式、工具和手段赋予新的内涵。

第二，民间资本的特征分析。民间资本是中国特色社会主义初级阶段经济体制下的资本概念。在我国，税收是财政的主要来源，税收取之于民、用之于民，属于全民所有。由于我国现阶段，允许非公有制经济与公有制经济共同发展，法律上保护私有财产，民间资本由此诞生。民间资本区别于国家财政收入，主要包括经营型民间资本，金融型民间资本，现金型民间资本，不动产民间资本和一些以基金形式存在的资本。换言之，即私人所拥有的财产。所以，与国家财政收入相比，民间资本具有以下特点：

（1）逐利性。依照价值规律，价值可以调节生产资料和劳动力在各个生产部门的分配。哪里的价值高，有利可图，资本就会进入到那里。民间资本作为一种私有财产，其根本性质就是追逐利益。

---

① 为了简便，本书中出现的我国相关法律名称，均省略"中华人民共和国"字样。

（2）资本准入受限性。长期以来，民间资本在市场准入方面就受到诸多限制，民间资本的发展也因此受到了很大影响。在法律上，民间资本的限制性也比较大。"非法集资"是一个比较敏感的词汇，许多民间资本的募集者，一不小心就陷入"非法集资"的雷区。同时，对于一些中小借贷公司，现行的《担保法》以及关于借贷的法律已经不太适用，需进一步更新。

（3）资本运用盲目性。由于大量民间资本掌握在普通居民手中，受信息能力的限制，许多居民对风险投资运行缺乏专业理论知识，对于风险缺乏充分估计的能力。居民盲目投资，而且非常容易受到言论宣传的影响，从而产生大量非理性的资本运用行为。

（4）分散性。我国地域宽广，人口众多。民间资本分散于各个居民手中。民间资本的聚集通常是以亲情、友情为纽带和约束力进行的，所以就造成民间资本信用度较低的状况。同时，居民手中的资金比较有限，居民会比较谨慎和较为保守地使用这部分资金。

1.2　民间资本的流动规律

经过四十年的改革发展，我国已从计划经济时期国有一元资本结构时代进入现在的国有与民间二元资本结构时代。国有资本活力仍然较强，但民间资本风头日盛，势不可挡。为什么民间资本能够在长期被忽视的情况下不断成长，并且积累如此巨大的能量？我国民间资本能量释放有没有规律可循？国有与民间二元资本结构条件下，如何才能有效地引导民间资本合理流动，促进民间资本迅速转化为产业资本？这是当前困扰政府，急需政府解决的难题。

1.2.1　民间资本能量积累规律

相对于国有资本而言，民间资本长期受到制度安排上的忽略。而制度安排上的忽略并没有阻止民间资本的自然生长，相反，民间资本却实现了从无到有，从小到大的能量积累过程。为何非均衡的制度安排并没有阻止民间资本的能量积累呢？在这里，可通过对民间资本能量积累动力机制分析，揭示民间资本的能量积累规律。在我国资本结构变迁的过程中，民间资本与国有资本的能量积累实际上遵循着两种决然不同的逻辑。原生的国有资本作为政府资本，是产权所有者职能和政府职能的合一。因此，其能量积累的动力既不是源于资本本身对利润的追逐，也不是源于相关制度安排的正向激励，而是源于产权所有者——国家对国有资本能量积累的计划安排。而反观我国的民间资本，由于缺乏制度的眷顾，像草根一样凭自身内在的、必然的生命动力自然生长，其过程遵循的是一种典型的草根逻辑。

首先，这种草根逻辑的动力机制，来自民间资本有效的产权约束机制，以及由此引发的逐利机制。与国有资本不同，民间资本具有一个人格化了的产权主体，而且资本所有人对投资利润有完全索取权，其产权优势无以替代。因此，民间资本所有人既有追求利润的内在动力，又有实现资本增值的内在压力。民间资本这种外部软约束，内部强约束的结构，使非均衡的外部制度安排不可能成为决定民间资本能量积累进程的根本因素。

其次，民间资本能量积累草根逻辑的动力机制还来自制度约束的反向激励。一方面，改革开放以来我国针对增强国有资本活力的制度演进，只是相对忽略了民间资本的能量积累，而没有禁止民间资本的能量积累，这是我国民间资本能够完成能量积累的根本原因。另一方面，由于民间资本具有一种强烈产权约束的逐利本性，在外部制度约束作用下，必然存在产权约束与制度约束的博弈，这个博弈的过程进一步激发了民间资本的生存欲望，促使民间资本形成了一个特有的能量自生机制。以前广泛存在的国有资产租赁经营、承包经营、并购经营等经营方式上的创新实际上都可归因于民间资本能量的自生机制。后来的民营企业内部集资等民间借贷活动日益活跃等融资方式上的创新，也可归因于民间资本能量的自生机制。民间资本经营方式上的创新由于将生产要素中固定成本的一次投入改为分期支付，具有与财务杠杆相同的功效，因此，其边际利润实际上是以生产要素中可变成本为基数来计算的，具有更高的边际效益。民间资本融资方式相对银行信贷而言，具有融资效率高、融资成本低以及诚信约束强等比较优势。

最后，民间资本能量积累草根逻辑的动力机制还来自激烈的市场竞争。由于我国民间资本存在主体多元化和能量同质化的显著特征，因此，在民间资本进入的领域，它与原生的国有资本之间，以及民间资本与民间资本之间的竞争异常激烈。加之，市场优胜劣汰的代价对民间资本利益最大攸关，对国有资本则是利益相对攸关，这就促使民间资本必然会采取比国有资本更加积极的市场竞争态度。积极的竞争态度决定了积极的创新行为，民间资本以其强大的市场亲和力在竞争中逐步胜出，并不断实现其能量的积累与升级。

1.2.2 民间资本能量释放规律

考察我国民间资本的能量释放，不难发现存在这样两条路径，一条是民间资本能量在产业间的释放路径，另一条是民间资本能量在区域间的释放路径。

（1）民间资本在产业间的能量释放轨迹及其流动规律。随着民间资本在低级产业完成能量的初始积累，以及低级产业能量同质的民间资本之间竞争加剧，低级产业的获利机会和投资边际收益随之下降，先行完成能量初次积累的民间资本必然要寻求新的产业结合释放路径，进入生产要素要求更高、投资边际收益更大的中级产业。民间资本能量在产业结合上，由低级产业向中级产业再向高级产业，自下而上逐级攀行，最终推动整个社会产业结构的不断升级。但由于产业制度、投融资制度的限制，民间资本在产业结合上的能量释放路径并不顺畅，使部分能级较高的民间资本转而流向银行系统，或者回流到中级产业甚至是低级产业。这就是我国民间资本在产业间的能量释放路径和流动规律。

（2）民间资本在区域间的能量释放轨迹及其流动规律。在单一资本结构时代，区域经济发达地区实际上也是区域资本最为稀缺的地区，资本的稀缺导致区域经济发达地区投资获利机会较多，投资边际收益也较高，这必然会吸引民间资本流入逐利。而随着民间资本源源不断地流入，区域经济发达地区对低能民间资本的吸纳能力趋于饱和，与此同时，区域经济发达地区内部能量同质的低能民间资本之间的竞争日益加剧，资本投资获利机会和投资边际收益随之下降，并逐步与区域经济相对欠发达地区趋于平衡并进而失衡。因此，一部分低能民间资本转而流向区域经济相对欠发达地区，寻求新的能量释放空间，另一部分率先完成能量初始积累的民间资本，由于能级较高仍会继续流向区域经济发达地区。随着民间资本由能量积累到能量释放的不断循环，区域经济发达地区出现了对低能民间资本的挤出效应，民间资本开始出现交叉流动。这时，民间资本能量释放的空间范围就扩大了，于是，真正意义上的跨区域民间资本流动就出现了，并最终扩散到整个垒塔结构，形成全国范围内民间资本的跨区域流动态势。这就是我国民间资本在区域间的能量释放路径和流动规律。

（3）民间资本在产业间和区域间的叠加能量释放轨迹及其流动规律。民间资本在产业间和区域间的能量积累与能量释放并不是相互割裂的，而是一种相互融合、叠加的复合结构关系。由此，可将民间资本能量积累与能量释放规律进一步描述为能量积累→能量释放→更大规模的积累→更广区域、更高层次的释放的循环。在我国，高能级的资本主要集中在东部地区，中能级和低能级资本主要集中在中西部地区，因此，我国高中低能级的资本流动就主要体现在东中西部区域间的流动上。

1.2.3　民间资本效率损失规律

在看到我国民间资本流动空前活跃的同时，也应该充分注意到，由于我国制度不均衡和地区行政壁垒所导致的民间资本流动的阻滞问题，会带来民间资本流动的效率损失。

（1）民间资本投资转化的显性效率损失。统计数据显示，我国城乡居民的平均储蓄倾向和边际储蓄倾向不仅高于世界大多数国家，而且一直处于上升趋势之中。目前，我国边际储蓄倾向高达 90% 以上，而西方发达国家的边际储蓄倾向一般为 25%～30%。1978—2017 年的 40 年间，居民储蓄存款年平均增长 40% 以上。如此巨额的民间资本游离于投资与消费之外，并不是很正常的，它是我国非均衡制度结构的必然结果，是民间资本流动效率损失的显性表现。

（2）民间资本能量释放与产业低效结合的隐性效率损失。由于在与国外资本、国有资本的竞争中，民间资本相对处于竞争的弱势地位，因此，一方面，会产生外资对国内民间资本的挤出效应，使部分民间资本转化为银行体系的功能资本；另一方面，也迫使民间资本采取"资本伪装"的形式，如假外资、假合资、挂靠国有资本经营等，以换取一个平等的甚至有利的竞争地位。而"资本伪装"的代价，无论是从外资对民间资本挤出的角度看，还是从流动成本增加的角度看，实际上都是民间资本流动的效率损失。更为严重的是，"资本伪装"还会成为构建民营企业诚信体系的重要障碍，甚至引起民间资本产权不明的问题，动摇民间资本产权约束的根基，从而带来更隐性、更大的效率损失。

（3）民间资本低能化释放和逆向选择带来的宏观效率损失。由于我国资本市场和金融体系的制度设计并没有充分考虑到民间资本能量积累和释放的要求，缺少一个有效支持民间资本能量联合的机制，如民间资本的资本市场融资和投资机制、民间资本的金融支持机制等，主体多元的民间资本在流动时常常表现为群体流动而不是联合流动，并呈现出低能化、无序化流动的特点，造成了重复投资、低效投资、资源浪费等宏观经济的效率损失。民间资本能量释放的三种效率损失量的测算。上述三种损失在现实经济活动中是通过以下六种量的形式表现出来的：非意愿性储蓄、个人手持现金、社会游资、资本净流出、投机资本、各种黑色灰色资本。

1.2.4　民间资本流动管理的必要性

民间资本流向控制，是指通过教育、政策诱导、利益激励等手段，引导民间资本分流，以促进民间资本的理性流动、科学流动，实现民间资本自身利益和公共利益的双赢。所以，民间资本流向控制不是简单地对民间资本的管制和强迫，更不是对民间资本的歧视，任何借以民间资本流向控制为幌子，对民间资本进行打压的行为都是与资本流向控制原则不符的。因为民营经济的萎缩，必将是整个社会经济体系的灾难。我国民间资本的现实状况是：一方面，民间资本长期以来受到一定歧视和国有资本的挤压，发展不足，受到严重制约；另一方面，民间资本逐利性强，盲目流动性大，甚至存在投机行为，这不仅对民间资本自身保值、增值不利，而且危及社会经济运行环境。相对于国有经济，民间资本的自由性强，逐利性更强，所以伴随的风险就高。特别是在我国市场经济体制建设和完善过程中，市场竞争不充分，市场预警和监管体系存在漏洞，民营经济面对外部市场压力，经常大冒风险进行投资来赢得竞争优势，化被动为主动，投资盲目性大。例如，随着金融业对民间资本的开放，我国民营产业资本纷纷投向金融领域，几乎涉及中国金融体系的所有领域，并且这一现象有继续扩大之势。"在目前我国金融体系仍十分脆弱的情况下，民间资本进入关系国计民生的金融领域极有可能给我国经济带来负面效应，增加发生金融风险的可能性。"与此同时，随着我国房地产业泡沫聚集，假象利润膨胀，民间资本也纷纷转向地产界，甚至大量的闲散民间资本组成"炒房团"，哄抬国内外房地产市场。而民间资本之所以有流入楼市的重大嫌疑，一方面是资本逐利的本性使然，另一方面是目前民间资本缺乏他们认为有价值的投资渠道。民间资本热钱大量流入房地产业，这些以短期投资炒作为目的的"热钱"严重冲击了房地产市场秩序，为不堪重负的我国房价推波助澜，甚至是为中国经济运行态势火上浇油。在其他行业，如能源、煤炭、交通等领域也是如此，民间资本的非理性介入都是经济大环境的祸根，所以对民间资本流向进行科学合理的控制，引导其理性流动已经迫在眉睫，刻不容缓。

1.3 民间资本的作用、效应与传统管理模式

在现今的经济体制下，很多中小企业出现融资难的情况，对于资金较充足的企业或个人又会出现被拉存款的现象。对于国企或大型企业，它们多数易受到国家政策的扶持，也可通过上市发行股票或证券进行融资。而对于中小型企业，在我国现今的金融制度下，缺少为这类企业金融贷款担保的担保公司或信用公司，它们常常困于资金的缺乏又难以从银行等金融机构直接获得贷款，加之之前经济危机的影响，很多中小型民营企业出现融资难的症状。民营企业合法融资途径单一，民营经济的融资额度普遍较低，因而民间资本成为其融资的重要对象。

1.3.1 民间资本的作用

民间资本的作用主要体现在以下四个方面：

一是民间资本是专业银行资本的有益补充。首先，利用了民间闲散资金，并使拥有闲散资金的人得到高于银行利率的回报促进我国中产阶层的形成；其次，对专业银行起到拾零补缺的作用，专业银行运行成本相对较高，往往容易忽略对小额资金需求的企业和个人，民间资本则灵活快捷，弥补了这一缺失；最后，它可以促进金融创新，活跃金融市场，合理配置和利用融资市场资源，减少专业银行资金供应压力和金融风险。

二是民间资本有利于地方经济发展。它把闲散资金积聚起来，支持群众性创业和投资，使资金向能人集中，向经济体集中，促进当地经济繁荣，减少政府就业压力。

三是民间资本促进了中、小、微企业的发展。20世纪90年代以后，从党的十五大明确肯定非公有制经济是社会主义市场经济的重要组成部分，到随后陆续出台的一系列鼓励民营经济发展，加快"国退民进"的政策，扶植了一批又一批个体和民营企业。但是这些企业大多属于中、小、微企业，融资能力有限，抵抗市场风险特别金融危机的风险很弱，在关键时刻，民间资本对它起到了救急作用，虽然融资成本较高，但能解决企业的燃眉之急。

四是民间资本支持了"三农"。由于我国城乡在资源配置、公共设施建设、统筹发展等方面的不均衡，农村发展相对滞后，特别是农村的融资市场很不健全，使农民创业、发展农村经济遇到诸多困难，民间资本在农村发挥了很

好的作用。而与此同时，民间资本存在的问题也是急待解决。目前，困扰民间资本运作与管理的主要问题是民间资本在流动过程中缺乏正确的引导和管理，表现为流动无序，甚至对社会经济发展形成了一定的冲击。如在全国存在比较普遍的自发集资、入股问题，有的民企通过高利率的诱饵，短期内非法集资数亿元；有的民间资本的跨区域流动，跟风炒作，使不少省市及地区的正常发展受到冲击，甚至影响社会稳定。

1.3.2　民间资本的关联效应

民间资本的长期存在是处于一定社会历史条件下，市场机制自发作用的结果。对于民间资本的发展和引导，不是简单地放任发展和严格地限制所能实现的。民间资本在当前城乡二元结构和正规金融机构服务不能有效满足需求的现实背景下，有着人格化的交易优势，发挥着资本稀缺性的有益补充的作用。在今后一段时间，仍将与正规金融保持着竞争、替代与互补的关系，以满足经济体系中不同层次的金融需求。因此，对民间资本和民间融资进行打击和禁止不仅会抑制和扼杀市场主体的创新动机，而且很可能使它以更隐蔽的方式继续开展活动。

关于为何需要正确对待民间资本的发展和引导问题，主要有如下几种研究视角：

（1）金融抑制与约束需求效应。发展中国家经济与转型经济通常不具备金融自由化的先决条件,走金融自由化的道路往往容易引发较大的金融风险，带来严重的经济后果。因此，20 世纪 90 年代以凯文·默多克和约瑟夫·斯蒂格茨为主的金融发展理论家提出了第三条选择——金融约束论。金融约束旨在通过有意识地选择一组金融政策为金融部门和生产部门制造租金机会，从而为这些部门提供必要的激励，促进他它们在追逐租金机会的过程中把私人信息并入到配置决策中。它突出了政府在金融发展中的积极作用。对发展中国家而言，金融发展应当按照金融抑制、金融约束、金融自由化的道路循序而进。从改革开放以来温州经济金融的发展历程来看，其已基本摆脱了金融抑制的束缚，目前正处于金融约束阶段，在金融自由化方向上也有一些突破性的进展。尽管如此，在城乡分割的二元经济格局下，农村金融体制改革的滞后使金融市场覆盖、效率的提高并没有完全得到体现，金融抑制的负面效果表现得十分明显。例如在温州，城市和农村的金融服务发展水平不一，无论在金融资源分配上，还是在网点服务布局上，都在一定程度上向城市倾斜。在农村金融有效需求不能满足的情况下，民间融资在农村地区的个人和企业日常经济社会活动中盛行，可见民间资本发挥了不可替代的作用。

（2）资本生产效率评价。生产效率是经济学中一个非常重要的概念，一般是指一定时间内经济体总产出与各种资源要素总投入的比值，它反映的是资源配置情况、生产手段的技术水平、劳动力的素质、生产对象的变化、生产组织管理水平、劳动者对生产活动的积极性，以及经济制度与各种社会因素对生产活动的影响程度。归根结底，资源消耗的相对节约和要素使用效率的相对提高将最终决定区域经济的可持续发展。因此，生产率分析不仅是探求区域经济增长源泉的主要工具，而且是确定区域经济增长质量的主要方法。受马克思政治经济学的影响，中国早期（20世纪50年代）对生产效率的研究主要局限于劳动生产率。但是使用劳动生产率来衡量生产效率带有明显的价值判断与政策倾向，即鼓励劳动节约型的技术进步和发展资本密集型产业。20世纪50年代以后，国内外学术界对于生产效率的研究逐渐从单要素生产率转向全要素生产率。所谓全要素生产率是指各要素（资本、劳动等）投入之外的技术进步、效率改进和规模提升等导致的产出增加，是剔除了要素投入贡献后所得到的剩余，最早由索洛提出，故也称为索洛剩余。

（3）资本地区经济效应。在当今大多数发展中国家和地区，资本的稀缺仍是制约当地经济发展的瓶颈，资本的作用毋庸置疑。第一，经济起飞理论：美国经济学家罗斯托把人类社会发展划分为传统社会、起飞准备阶段、起飞阶段、成熟阶段和高额群众消费五个阶段。认为发展中国家和地区的经济在成长中实现"起飞"，主要是其突破传统经济的不发达状态，在较短时期（一般为20~30年内）通过工业化实现基本经济和生产方式的革命，实现经济持续增长。区域内的资本积累率达到10%以上，他认为是经济"起飞"的第一个条件。第二，哈罗德-多马模型增长理论：著名的哈罗德-多马模型研究经济总产出的增长率与资本存量之间的关系，并把投资看作是经济增长过程中起关键作用的因素。该理论特别强调投资具有双重效应：一是投资创造收入，从而构成对产出的需求；二是投资通过增加经济中的资本存量来提高经济的生产能力。第三，两缺口模型理论：由经济学家钱纳里和施特劳斯提出，发展中国家在储蓄、外汇、吸收能力等方面的国内有效供给，与实现经济发展目标所必需的资源计划需求量之间的缺口，即储蓄缺口和外汇缺口，可以通过利用民间资本来填补，为发展中国家引进民资的必要性做出了解释。

（4）信贷配给理论。所谓信贷配给，是指商业银行在面临对贷款的超额需求时，不仅通过提高利率的途径来增加存款供给，同时通过抑制贷款的需求来实现信贷市场的均衡。自由竞争市场中的信贷配给主要表现为以下两种情况：一是按照银行标明的利率，在对借款人信用评级的基础上，一部分贷款申请人即使愿意支付更高的利率也得不到贷款；二是给定的借款申请人的借款要求只能部分地被满足。信贷配给的存在说明，依赖信贷市场的自发作用，难以达到借贷资金的供求均衡。同时，信贷市场上的信息不对称容易导致逆向选择和道德风险问题的产生，从而引发信贷配给。后续的研究发现，民间金融与正规金融相比，在信息的获取和执行机制上具有比较优势，从而弥补了正规金融的不足。其中比较有代表性的研究有，林毅夫和孙希芳构建了理论模型，较为详细地探讨了民间金融的信息优势，他们认为民间金融可以凭借人缘、地缘关系，对民营企业家的项目收益分布、偿债能力、历史信用有比较充分的了解，从而克服信贷市场中的信息不对称问题，促进经济发展。民间金融能够通过社区声誉机制、地缘关系、社会关系等方式提高契约的执行效率，提高整个金融体系的效率，民间资本发挥着其他资本难以相比的优势。

1.3.3 民间资本传统管理模式——政策改造

我国民间资本是在与不利的外部环境博弈的过程中成长起来的。这种博弈的过程虽然培育了民间资本，但是也造成了民间资本流动的效率损失。政府应从根本上进行政策环境改造，摒弃那些旧有的、束缚民间资本流动效率发挥的制度障碍，真正建立起一套适应我国二元资本结构时代要求，有效促进和引导民间资本流动的政策制度体系。

（1）产业政策。产业政策调整的实质就是要让民间资本与产业资本实现有机结合：降低民间资本进入条件。当前要认真清理现行行政审批制度，坚决废除一切不合时宜的行政许可制度，公开行政审批条件，规范行政审批程序，降低行政审批收费标准，切实提高行政审批效率，压缩行政审批的寻租空间等；放开民间资本进入限制。根据发达国家的经验及我国的现实情况，我国民间资本应毫无阻碍地进入以下产业，除军工以外的所有工业生产行业，基础设施行业，电力、铁路、公路、民航等垄断性行业，非国家保护性资源采掘业；教育、医疗、体育等社会公益性事业；有条件的进入金融保险、邮电通信等特许行业。

（2）财政政策。财政政策的变动对民营经济的发展一直起着至关重要的作用。因此，必须建立一套符合我国当前民间资本发展方向和要求的财政政策。通过财政收入分配和再分配政策，以财政出资形式；通过财政差别政策，以付费优惠方式；通过财政补贴政策，以投资补贴方式；通过财政贴息政策，以投资贴息方式等，引导民间资本的投入和流向。

（3）税收政策。对于国家大力鼓励民间资本投资的领域和行业，可适用较低的税率，降低民间资本流入的附加费用值，以吸引更多的民间资本流向该领域，如基础设施产业和公益性事业等行业。从税收种类上调整税收政策。实行投资税收抵免，对政府鼓励民间投资的项目，以及民间投资企业用税后利润投入扩大再生产的部分，允许按投资额的一定比例抵缴所得税。从税赋水平上调整税收政策。降低民间资本投资的税收优惠政策门槛，废除对民间资本享受优惠政策所规定的限制，保证凡是符合国家产业政策的民间资本投资都能享受税收优惠政策。

（4）法律保障政策。由于民间资本属于私有财产的范畴，因而最需要得到法律的保护。当前应抓紧完善和制定以下法律法规：《个人独资企业法》《合伙企业法》《私人投资保护法》《民间借贷法》《地方政府政策制定法》《创业投资管理办法》《私营企业暂行条例》《民间资本投资产业目录》等，用法律保障民间资本的健康发展。

（5）金融政策。为了扶持我国民间资本的发展，可从以下几个方面着力改造：重构现有的金融机构组织体系。组建扶持中小企业发展的政策性银行，这些银行既可以政府投资为主，民间资本投资为辅的方式建立，也可以企业互助合作资金为主，政府资助为辅的方式建立，以实现民间资本、产业资本与金融资本的最佳结合；改造地下金融组织和机构，变一切"非法"金融为合法金融，化其消极作用为积极作用；推出适应民间资本发展特点的多样化融资工具和融资方式。制定中小企业债券发行办法，鼓励民营企业在境内外发行债券等。

民间资本作为一股重要的投资力量，在我国经济发展的过程中起着重要的推动作用，因而成为当今经济学界研究的热点，研究当下金融制度不健全所导致的民间资本不正确的流向。民间资本已经成为中国经济社会中无法忽视的重要因素，未来不仅会深刻影响中国的经济发展模式，而且会对政治体制产生深远影响。民间资本的发展，首先得从人们自身资产的意识入手，对其进行正确的法律概念等宣传，引导其投资国内公共基础建设等行业，并鼓励其投资海外市场等。从国家长远战略角度出发，逐步完善我国的金融市场制度，从根本上解决我国民间资本健康发展的问题。在对民间资本进行分析后，投向海外市场以及均衡的投资于各个行业是民间资本未来健康发展的趋势所在。但由于民间资本的存在形式多样，分布范围之广，使人们对民间资本数据统计研究尚且不足，未来继续关注我国民间资本的形态与流向仍然具有深远的意义。

2 民间资本发展现状与管理局限

民间资本是与国有资本、外国资本相对应，独立于政府拥有的资本，是以利润最大化为经营目标的微观经济主体所拥有的资本。从内容上说，民间资本包括非国有经济的资产、民营企业所掌握并用以投资的一部分资本，以及居民储蓄存款、市场游资、居民手持现金、退休基金、房屋保险基金等范畴。民间资本逐渐成长为一股影响较大的资本力量。2017 年民间投资占到投资总规模的 70% 以上。民间资本作为全社会固定资产投资的重要组成部分，日益成为推动我国经济增长不可或缺的强大支柱。因此，研究民间资本的现状和管理局限是非常必要的。

2.1 我国民间资本的发展现状与无序性

一个国家民间资本的蓬勃发展，是整个经济欣欣向荣的重要象征。改革开放以来的积累，已让民间资本成为一支不容忽视的庞大力量。但是长期以来，规模巨大的民间融资如同地下暗流，既不为宏观调控政策所涵盖，也不为金融监管体系所控制，这些年也确实引发了不少矛盾和问题。

2.1.1 我国民间资本的发展现状

在我国，民间资本主要包括居民所拥有的金融资产、民营企业的资本金以及股份制企业中的私人股份。经过 40 年的发展，我国的民间资本规模已经十分壮大。随着改革开放的深化，大量民营企业纷纷涌上中国经济的大舞台，为我国经济的发展做出了重大的贡献。在我国进行国有企业股份制改革的同时，民间资本也积极涌入各个国有企业，给国有企业注入了活力。其中，以居民拥有的金融资产（金融资产以储蓄存款为主）的增长幅度最为引人注目。在我国民间资本规模快速增长的同时，民间资本发展的瓶颈也逐渐显现出来。由于我国的法律制度、社会主义市场经济体制以及金融体系仍在不断摸索过程中，各方面都还不完善，这给民间资本的发展戴上了一个"紧箍咒"。首先，民间资本缺乏合理的投资渠道。现阶段，我国的金融体系还不完善，金融工具的种类少，居民的财富缺乏必要的保值增值的工具，大部分以储蓄存款的形式存在。在居民的金融资产中，股票、债券以及保险等资产只占很小的一部分比例。其次，民间资本在垄断领域中受到排挤。虽然已经在法律层面上为民间资本进入一些垄断行业扫除了障碍，但是民间资本在控制各垄断行业的国有企业面前竞争力尤为屡弱。对于民间资本来说，现实中存在这无形且强大的市场准入机制。最后，民间资本虽然规模庞大，但很分散，缺乏正规的渠道将其有效地聚集起来。现在，民间资本已经自发摸索出道路来发展自己，但大多是以高利贷、组团炒房等形式来聚集资金，这不利于我国经济的健康有序发展。

2.1.2　民间资本无序流动的影响

我国民间资本的规模已经相当大，但投资渠道单一，缺乏合理有效的保值增值工具。由于资本趋利的本性，民间资本必然会自发寻求获利渠道，流向利润率高的领域。但民间资本还未被纳入国家正规的投资渠道，其为追逐利润而无序地流动，对我国经济会产生一定的不良影响。

（1）利用高利贷形式来获利。在我国经济高速发展的几十年中，我国居民的生活水平有了很大改善，积累了大量的财富。然而，我国金融市场仅有二十几年的发展历程，金融市场体系与相关的法律制度还不健全，这使我国居民积累的大量财富无法通过有效的金融工具进行保值增值。因而，我国居民的大部分财富只能以银行储蓄存款的形式存在。尤其是金融危机以来，我国政府为了保持经济增长，采取了宽松的货币政策，以及国际市场相关的原材料价格的上涨，导致我国的消费物价指数不断上涨。近年来，我国的消费物价指数同比上涨趋势十分明显。但是，在金融风险压力下，央行连续下调金融机构的存款基准利率。显然，在消费物价指数高位运行时，银行储蓄存款显然不是居民对其财富进行保值增值的良好工具。因而，许多居民为了实现自己财富的增值，转而将自己的储蓄投向民间高利贷。在南方较为发达的城市，这种现象尤为严重。由于居民储蓄较为分散，民间高利贷一般以类似于传销的方式进行。每个人发展自己的下线，通过付利息给自己下线的方式向下线人员借钱，然后再将自己筹集到的钱以高于自己借钱的利息借给自己的上线。通过这种方式，钱就源源不断地由下往上聚集，形成一个金字塔体系。最后由处于该金字塔最上端的牵头人将钱带给需要资金的人。通常情况下，处于该金字塔体系最下层的出资人可获得 1 分的月息，折合成年利率 18%，回报率远高于银行的存款利率。当处于金字塔体系顶层的牵头人将钱贷给需要资金的人时，利率往往高达 70%～90%，有的甚至达到 240%。高回报率往往促使许多人铤而走险，致使民间高利贷盛行。在金融危机还未消退之时，我国央行在通胀的压力下连续提高金融机构的存款准备金率，收缩银根。这使原本就融资困难的中小企业陷入困境，他们往往不是因为公司资产出现问题，而是因为出现暂时的现金流问题。为了维持企业的生存，他们不得不借高利贷。而中小企业的这种行为往往是饮鸩止渴，高额的利息最终将这些中小企业拖垮。而我国每年新增的 80% 以上的就业人员都是由中小企业吸收。因而大量中小企业出现困境会对我国经济与社会的健康运行造成不利影响。

（2）组团进行投机炒作。民营企业在我国发展了几十年，其规模已经从改革开放前接近零的状况发展到今天成为我国经济增长的重要贡献力量。在某些行业里，民营企业甚至成为行业主导者。然而，由于我国的体制，民营企业只能在一些边缘领域蓬勃发展，而无法涉足那些关系国家经济命脉的领域。在改革开放初期，由于竞争较少，民营企业在这些行业里还能良性发展。随着我国经济的强劲发展，民营企业的数目越来越多，但由于国有企业在垄断行业里具有先天的优势，民营企业无法轻易进入那些被国企把持着的高利润率行业，其涉足的领域并没有拓宽。行业竞争越来越激烈，这导致民营企业获得的利润不断降低。再加上金融危机的影响，民营企业的处境更加艰难。为了获得资本增值，民营资本家纷纷将资金从实体经济抽出转而组团进行投机炒作。这几年某些地方炒房团闹得沸沸扬扬，同时农产品价格也大起大落。他们还在药材、艺术品、红酒等市场上大做文章。这严重影响我国经济健康有序地运行。以农产品为例，民间炒作资本往往选择那些小宗且市场定价机制还不健全的农产品，因为这类农产品的价格容易操纵。

2017 年，大蒜、生姜、大豆等农产品的价格纷纷出现了"过山车"式的涨落。民间炒作资本先在价格低位大量买进某种农产品，制造出虚假需求，由于农产品的供给取决于前期农民的种植数量，一时间难以增加。此时，市场上释放出大量需求，农产品供不应求，价格必然上涨。由于定价机制不健全，农民无法分辨市场上的真假需求，只能根据价格来决定自己的种植数量。价格上涨，农民就认为有利可图，于是他们就增加该农产品的种植数量。然而，民间炒作资本纯粹是为了短期获利，在农产品价格上升一定幅度后必然大量抛售以获取投机利润，这导致该农产品的价格必然从高处回落。民间炒作资本虽然得到了增值，但种植户在农产品价格上升甚至在高位时增加对该农产品的种植数量，往往使他们的种植成本增加，然而等他们收获农产品并出售时，价格一般比正常年份还低，因而许多种植户获得的收益会降低甚至亏损。如果民间炒作资本轮番对各种农产品进行炒作，这无疑会波及广大的农民，危害我国经济社会的稳定。

2.1.3 民间资本的法规有待完善

在中国资本市场中，民间资本已经成为推动我国国民经济转型升级的重要力量。我国自上而下已经开始着手调动民间资本参与实体经济发展的积极性。然而，单靠地方政府的一系列临时性引导举措还不足以实现即期的引导目标，尽快构建我国民间资本引导法律规制体系已十分迫切。

（1）大量闲置的民间资本不仅没有参与到国民经济建设之中，还常常干扰社会与经济秩序。我国有大量的民间资本游走于资本市场之中，近年出现的"炒房""炒农产品""炒煤""炒股"等事件中人人都看到了民间资本的身影。民间资本所到之处无不带来市场机制失灵被炒对象价格飙升的结果，不仅危害了广大消费者的利益，也触碰了引发经济危机的底线。最令人担忧的是，在相关监管部门采取了一系列组合控制措施之下，效果也不是很明显。此外，在国家采取货币紧缩政策的背景下，大量民间资本涌向"高利贷"，致使大量中小企业主在还款无望的情况下选择"跑路"，带来了企业纷纷倒闭与无数工人失业的严重后果。

（2）缺乏法律规制的民间资本可能会成为引发金融风险的始作俑者。民间资本流动具有高度的隐蔽性，极不易监督，这对金融风险控制是很不利的。虽然我国已经出现了一些民间金融机构并设置了相应的监督机制，但是，从司法实践来看，目前我国民间金融机构运作还不够规范，违规操作时有发生，这无形中加大了民间金融的风险。另外，我国国有金融机构虽然具备比较健全的监督体系，但是在民间资本运作高利润的诱惑下，也频频爆出违规操作事件，增大了金融风险。在司法实践中，已经出现多起银行私自挪用客户资金发放"高利贷"的现象，一旦被挪出的资金无法收回，不仅仅侵犯了某些特定客户的权益，同时有可能带来严重的挤兑现象。

（3）民间资本急需得到有效的法律保护。通过研究外国经济发展史不难发现，充分利用民间资本是经济健康快速发展的重要举措。然而，在缺乏民间资本引导法律规制体系的背景下，为实现增值的目标我国民间资本面临着巨大风险。比如，在民间资本参与炒作的事件中，总能赚得盆满钵满只是表面现象，其实很多时候是损失惨重。但是，为什么民间资本还要冒着巨大的风险去参与炒作呢，这主要是因为我国民间资本市场还没有完全形成且不适应国有资本市场。再如，在民间资本参与民间借贷的事件中，利息超乎想象的高，这是民间资本转向民间借贷的主要原因。但是，迅速增值的梦想往往会随着企业主自杀与"跑路"而破灭。

（4）民间资本运作在一定程度上影响着国家宏观调控措施的落实，急需被纳入宏观调控体系。目前，国有资本运作是国家宏观调控的着眼点，也是国家宏观调控的执行者。民间资本运作还没有被列入宏观调控参与体系之中，致使国家很难监督与确保民间资本符合国家的货币政策、税收政策与产业政策等宏观调控政策。当前，民间资本运作与国家宏观调控之间的冲突已经显现出来。总之，为了保障民间资本的安全性，有效地引导民间资本参与到国民经济发展之中，结合中国实践全方位地构建民间资本引导法律规制体系已十分紧迫。

（5）在立法上对破坏资本市场健康运行行为的惩罚力度明显不够。在我国经济运行中，存在有法不依和执法不严，地方保护主义盛行。民间资本合法的利益得不到有效保护，违反合同和契约行为得不到应有的惩罚，这使资本在经营中的预期结果面临着极大的不确定性，并使交易成本高昂、交易程序复杂化。实际上，这与历史上以道德代替法律，人治先于法治的历史传统有着内在的承继关系。同时，和现存的难以有效监督和制约的政府权力更是有着天然的内在联系。此外，长期以来，民间资本由于自身的特殊性，一直游离于中央银行及相关监管部门的监控之外。特别是我国现行的约束民间资本管理的法律法规不够完善，没有专门规范民间资本运作的法律法规，在《公司法》《证券法》《信托法》中也没有专门针对民间资本运作的内容，导致民间资本进入金融市场存在较大困难，操作无法可依。

2.2　民间资本的管理缺位与原因分析

民间投资是相对于政府投资或国有经济投资而言的，其特征是投资产权的高度人格化和清晰性。公民作为投资的主体，是投资权、责、利的统一体，具有清晰的产权边界，是最具"人格化"的投资主体。它包括个体经济、私营经济、城乡集体经济、非国有经济控股的联营经济、股份制经济等多种所有制经济的投资行为和投资结果。民间资本是相对于国有投资和外商投资的另一类投资。在实际工作中，可采用全社会投资减国有及国有控股投资，再减去外商及我国港澳台投资的方法以获得民间资本的数据。

2.2.1 民间资本管理的历史

民间资本在我国经历了漫长的发展历程，并且在现实生活中有越来越活跃的趋势，虽然不可避免地经历了一系列的动荡，但是它仍然顽强地生存了下来。民间资本经历了如下管理历程：

第一阶段，从其诞生直到20世纪20年代初期。早在西周就有关于民间金融的记载，那个时期已经出现萌芽并取得一定的发展，到了春秋战国时期则具备了相当的规模。魏晋南北朝时期，出现了典当业。到了唐代后期，出现了私人典当组织——质库（类似从事抵押贷款行为的机构）。众所周知，我国的工商业在明朝中期取得了大规模的进步，当时恰逢资本主义萌芽开始显现，在这样的背景下孕育出了以经营货币为生的钱庄、票号等民间资本机构。

第二阶段，从清末民初到中华人民共和国成立初期。在清末民初时期，由于社会局势动荡，导致了典当、钱庄的机构势力被严重削弱。这个时期，农产品的逐步商品化促进了商业高利贷的发展，加上当时资本主义和帝国主义国家的侵略，产生出以高利贷为业务的新势力——教堂，这可能是很多人忽略的一种教堂的功能。教堂的出现更加抑制了传统的民间金融组织的发展。中华人民共和国成立初期，计划经济体制的大背景下，民间资本机构几乎绝迹，仅存的借贷方式也仅限于亲朋好友之间，是一种互助式的无息借款。

第三阶段，从改革开放至今。改革开放在促使城乡经济快速发展的同时，更促进了城乡居民人均收入的提高。而此时，由于没有对城乡居民的资金需求开展有效和及时的评估，正规金融机构发展又相对迟缓，所以这就为民间资本的发展提供了良好的发展环境。不仅仅是民间借贷，私人高利贷、典当、地下钱庄等民间金融组织形式又重新开始兴旺起来。到20世纪80年代末期，中央专门出台相应的文件明确鼓励社会资本向各种企业投资入股，接着在全国如火如荼地发展起了集资活动。当然，任何事物都有其两面性，民间资本也不例外，它在满足部分个体资金需求，促进非公有经济发展的同时，也存在着许多弊端，其中最明显的特征之一就是它游离于法律监管之外。

2.2.2 民间资本管理的必要性

目前，民间资本管理已经成为我国社会主义市场经济运行中的重要组成部分，成为促进我国社会生产力发展的重要力量，在经济社会发展中具有不可替代的重要作用，已经成为我国吸纳劳动力就业进而保障社会稳定的主渠道。民间资本运行的好坏会严重影响我国的经济发展。而作为民间资本运行的主体，中小企业的融资需求是巨大的，传统的融资渠道已经远远无法满足其应有需求。但是中小企业的融资却受到很大的限制，比起国有及外资企业，我国中小企业的融资相当困难。只有政策支持、鼓励并积极提供顺畅的环境，让民间资本进入相关行业，突破行业壁垒才有利于推动整个国民经济市场化程度，促进资本市场的发展。并且开放金融领域，引导民间资本合理进入有几大好处：一是中小企业能借到钱；二是投资者可以通过借贷获得利息；三是国家可以收取利息。长期以来，金融垄断是造成我国民间资本无法有效运用和监管的根本原因。目前，我国的金融体系仍是以银行为主导。虽然我国正在大力改革金融体制，并且形成了全国性、地方性以及股份制等多种新形式的银行，但是这些改革并没有改变我国金融垄断的局面。各种金融机构组织体系和运行方式上的相似性导致其发展轨迹相似，都是以成为新的大型垄断金融机构为目标，并未在根本上改变金融垄断的局面。这一切的不利后果都是由于没有合理利用民间资本运行规范所导致的，体现了合理利用民间资本的重要性。加入世界贸易组织以后，大量的外资以金融机构的形式进入我国，并越来越强劲地影响着我国实体经济的发展。在此种形势下，如果还是一味地限制民间资本的发展，等于是将一块巨大的蛋糕拱手让与他人。只有尽快完善我国民间资本的投资制度，让国内资本尽快进入金融行业并占领市场，才有利于其在激烈的竞争中站稳脚跟，应对外来资本的强力挑战。具体来说，民间资本进入垄断行业，可以促使市场经济体制的完善，比如促进政府职能的转变，资本市场的发展，从而推动整个国民经济市场化程度的提高；可以提升垄断产业的有效竞争水平，可以引入大量的资金，提升企业的管理运营；并且可以使民营企业家的人力资本得到优化配置。

首先，可以获得产业组织安全方面的收益，民营企业的进入可以解决某些垄断产业投资不足，也使民营企业发展的空间得以扩展，还可以形成一种相对稳定的多个主体有序竞争的结构，提高垄断产业的效率。其次，可以获得产业结构安全方面的收益，民营企业的准入可以促进民营企业与自己垄断产业之间的技术交流，实现本国产业群技术的自身升级换代，既可以减少对外国产业转移的依赖，也有利于抵御国外不利因素对本国的冲击。再次，可以获得产业布局安全方面的收益，民营企业的准入可以拓宽自然垄断产业的组织网络，促进自然垄断产业布局的合理调整。最后，可以获得产业政策安全方面的收益。外资大举进入我国，在给我国带来资金和经营管理技术，从而对我国经济发展起到积极推动作用的同时，也带来了某些产业的安全隐患。通过民间资本的进入，实施"竞争替代"有利于实现因外资控制所带来的产业安全问题。只要非国有经济的进入不足以产生新的垄断，非国有经济的进入就是良性的。但是我们也要明确，垄断金融民营化并不等于全部垄断产业的民营化，也不等于将所有国有企业都私有化。

2.2.3 民间资本管理的局限

政府虽然引导民间资本合理有序地进入相关行业，但是实行的结果却不容乐观。究其原因，主要是管理方面存在如下局限：

（1）民间资本管理的局限性。民间资本虽然拿到了"通行证"，但一直踟蹰不前，这与其在面对目前环境下的三种心态密切相关。一是不敢进。在国有企业存在的行业，相对弱小的民营企业常常表现为"不敢进入"。二是不愿进。许多民营企业家不愿意当没有话语权的依附者，少数国有金融企业虽然积极与民营企业合资，但他们要求控股，而且把自己操盘当成其基本原则，这样必然吓退许多民营企业。三是进不去。大部分垄断企业要么已经把市场瓜分完毕，要么门槛太高，这就如同一场盛宴，民营企业虽然拿到了请柬，但却找不到自己的席位。许多民营企业在机会面前选择了观望，因为它们不能确定自己是否能真正进入。民间资本自身的这种软弱性及局限性，使其在面对目前的经济政策时，犹豫、迟疑，势必会影响政策的最终落实。

（2）法律、制度和行政壁垒。影响民间资本进入相关垄断行业的另一个重要阻力，是现行的法律法规。按照相关法律规定，很多领域都有专门的法律法规，国家对于金融行业的管制相当严厉，对民间投资有着严格的界限和要求。因此，要想引导民间资本充分进入垄断企业，还需要国家相关部门出台具体的实施意见进行规范引导。但是仅有法律法规也是不够的。在现在的经济环境中，金融行业作为一国的经济发展动力行业，国家相关部门早已与不少垄断企业形成了利益共同体，可谓触一发而动全身。此外，在经济形势愈发复杂的今天，中国经济也不得不依赖这些"更可靠"的企业，且在政策驱动的市场化改革和计划思维与市场思维并存的现实经济格局中，一些受益的国有企业按照资本运行的内在规律会拖缓政策的实施节奏，缩小了民间资本的空间。在地方，目前我国以经济增长看政绩的情况仍未根本改观，不少地方政策打着"减税"的旗号，变显性收费为隐性收费，加重民营企业的负担，从而达到保护国有企业的目的。与此同时，政府对市场运行的不熟悉，常常用一种计划的眼光来看待市场活动，有意、无意地对市场活动进行干预，进而增加了民间资本投资的不确定性。

（3）行为性与结构性壁垒。在我国，金融垄断主要有国有金融垄断和外资垄断。目前垄断企业十分强势，特别是国有金融企业。从存款、贷款和资产的 CR 值的动态发展来看，其趋势为逐年下降，垄断的程度在降低。但从总体来看，整个市场的集中程度或者说垄断程度仍然较高，四大国有商业银行拥有的市场权力居高不下，行业龙头的地位长期被其占据，拥有规模经济优势的它们在竞争中往往有一种限制竞争的天然倾向，它们的目的在于避免竞争带来的压力和风险，由此获取高额的垄断利润，所以其不会轻易向民营资本妥协。要让民间资本突破垄断行业的防线，必须要有政府相关职能部门的全力支持和帮助，而垄断企业与政府之间千丝万缕的关系，使要想很好地依靠政策来限制垄断企业显得尤为困难。中国价值指数首席研究员崔新生认为："在中国，垄断行业实在太强大了，政策上近乎无解。"政策上的保护与垄断行业本身长期所积累起来的规模优势，使民间资本想要突破金融行业垄断壁垒，实非易事。而且，既得利益体必然会对民间资本的进入进行阻挠，由于一些国有企业深知民营企业的进入就意味着自身利益的减损。因此，一定会以种种理由通过国家政策和法律的方式提高行业准入的门槛，提高民间资本的进入成本，从而抑制民间资本的进入，这就形成了社会上所说的"玻璃门"。虽然民间资本在进入垄断行业时会遭遇到不同的阻挠，但是从一个动态的角度来看，我国民间资本面对的垄断产业的总体壁垒是趋于下降的，制度与行政性壁垒会随着改革的深入呈下降趋势，但是在短期内，下降幅度并不会很大。由于利益集团的作用，行为性壁垒将会成为十分重要的一种壁垒，而结构性壁垒则会在技术进步、市场需求不断扩大的情况下大幅下降。

2.2.4 民间资本管理缺位的原因分析

经济"新常态"背景下，针对民间资本运作在管理体制方面所存在的问题，必须在综合践行一整套管理体制改革构想的基础上构建出系统完备、科学规范、运行有效的开放性市场，促进民间资本规范运作和管理，实现资金资源高效配置，以增强民间资本对实体经济的服务能力。但是，现实情况却并不理想。

（1）法律体制滞后。在我国现有法律体系下，民间资本长期游离于政府金融监管体系之外。目前还没有专门针对民间资本市场进行全国性立法，民间金融服务机构监管立法严重滞后。尽管近几年政府对民间资本进入实体经济和虚拟经济大力支持，但民间资本运作的法律观念陈旧、法律制度不完善、法律环境欠改善。民间资本运作是一种市场化活动，如不能促使其在合法的环境下规范运作，将直接导致民间经济纠纷不断，其所隐藏的巨大风险将给整个社会经济留下重大隐患。

（2）信用体系不完善。中小微民营企业融资难、融资贵的困局与全社会信用体系的完备程度息息相关。信用体系不完善将直接阻碍民间资本支持实体经济的发展。在信息不对称的情况下，不少民营企业主缺乏诚信经营理念，财务信息造假、隐藏民间债务，逆向选择和道德风险问题突出。一些地方"跑路"事件屡见不鲜，给区域经济金融带来重大系统性风险。只有健全全社会的信用体系，民间资本运作乱象才能得到有效缓解。

（3）利率体制受限。现阶段，资金价格未完全实现市场化定价，正规金融的资金价格受货币当局一定程度的管制，而民间金融的资金价格是一种市场化定价。正规金融与民间金融并行运作的金融二元格局产生了两套利率形成体系，政府管制下银行利率与民间资本市场利率相差悬殊，破坏了市场在资金要素优化配置过程中的基础性作用，扭曲了民间资本运作轨道。大量民间资本直接或间接投向虚拟经济领域，因产业空心化和资本虚拟化带来的民间金融危机向正规金融体系传导和渗透，加大了区域系统性风险。

（4）金融载体体制不健全。金融业应当作为民间资本发展的一个突破口，然而金融载体体制的不健全却成为一大障碍。近年来，国务院、银监会等部门纷纷下文鼓励和引导民间资本进入银行业，但相较于巨量的民间资本，目前还无法起到很好的鲇鱼效应，民营银行的经营成效还有待考验。在现有金融生态环境下，金融载体体制不健全主要体现为：民间资本准入机制趋严、退出机制空白；缺乏民间资本进入非银行业的金融平台；对民间资本的金融文化培育机制不畅。

（5）实体投资体制缺位。民间资本在行业难以找到新的增长点而导致实体投资渠道愈发不畅通的关键在于实体投资体制的缺位，具体包括实体投资模式、投资领域和投资政策等方面存在不足。在国际国内经济错综复杂的形势下，实体投资体制的缺位直接导致民间资本"脱实向虚"的倾向，从而引发实体经济虚拟化、空心化问题，不利于经济"新常态"的发展局面。

（6）政府监管体制不科学。目前，我国民间资本运作缺乏科学性和有效性的政府监管体制，极易出现"一松就乱、一管就死"的怪圈，给民间资本的持续运作带来巨大影响。传统的事前审批和事后惩罚的被动监管模式没有做到"疏""堵"的有机结合，缺乏行之有效的民间资本疏导分流机制，不利于民间资本内生动力的释放。

2.3 民间资本管理的理论基础

伴随着我国经济的快速发展，个体私营经济迅速增长，我国民间资本迅速累积。近十年来，我国民间资本总额已超过 30 万亿元。据全国工商联统计，民间资本对中国 GDP 的贡献已超过 60%，企业数量占全国的 70% 以上，85% 以上城镇新增就业岗位、90% 以上农村转移就业源于民营经济；中国技术创新的 65%，专业的 75%，新产品的 80% 也是由民营经济实现的。民间资本何去何从，将成为影响我国国民经济发展的重要因素之一。

2.3.1 金融抑制理论

发展中国家的经济是普遍具有分割性的，麦金农（1973）在《经济发展中的货币与资本》一书中就针对分割性提出了金融抑制这一假说，其认为该经济特性严重影响了发展中国家经济的发展、体制的完善、体系的健全以及多数金融机构的作用没有被很好地发挥出来。与此同时，很多学者及文献都认为金融抑制这一假说揭示了民间资本的体制性。由于经济分割这一特性，一些正规的金融借贷就无法满足发展中国家中小企业及部分居民的资金需求，因而他们不得不求助于民间资本部门或是利用自身的社会关系进行融资。就发展中国家而言，其财政手段是相对缺乏且不够完善的，但是经济发展却不可松懈。在这样相对紧张的经济局势下，政府为了推动经济的发展，就使用无形的手进行宏观调控，对金融领域进行适当程度的干预，使市场金融无法实现向其原本的发展方向，造成金融抑制。银行存贷款的利率偏低，社会供给需求差距大，资金流转效率低等现象的出现都是金融抑制政策的实施后果。政府对金融利率的严格控制，准备金数额的限制，特别信贷机构的建立都为民间资本争取到了生存空间，正规金融限制条款越多，民间资本得以生存的可能性就越大。中国是一个典型的发展中国家，与其他发展中国家一样，在政府宏观控制下，其金融存在着利率不自主和信贷形式不自主等特性。而与其他发展中国家有着明显区别的是，我国明文规定禁止一切私有银行与企业间的拆借行为，外资金融机构的门槛也控制得非常严格。因此，我国金融的发展存在一定的封闭性，对商业银行进行信用垄断。当然这样利弊共存，在提高安全系数的同时，对金融的抑制也达到了不容小觑的影响。正是因为有了这样的金融抑制，无论对国家的经济发展还是对国民个人的经济发展，都存在着严重的弊端，因此民间资本就这样慢慢产生并且壮大起来，然而民间经济虽然促进了国家经济的发展，但是由于不在政府监控范围内，其势必会存在一些较难克服的缺点。正规金融与民间资本之间存在着一定互补互进的关系，当然我们有理由相信民间资本终会和正规金融一样得到政府的监管，扬长避短，一起为国家经济保驾护航，融为一体。民间资本的产生不仅是因为金融抑制这一外在因素，还有一些内在因素。第一，早在金融抑制现象出现之前，民间资本就已经产生，并且在慢慢地扩大其范围及影响力，因此只能说是金融抑制的出现，进一步加强了民间资本的发展。所以我们不可偏执地认为金融抑制就是产生民间资本的内生因素。第二，金融抑制与民间金融业是否相辅相成的，金融一旦自由化民间资本是否就不复存在，对这两个问题的回答颇有争议。全世界各个发展中国家在 20 世纪 80 年代都进行了不同程度的金融抑制削弱，使金融业相对自由开放化一些。对于政府来说，当然希望金融领域内以正规金融为主，民间资本为辅，那么可以让民间资本受限于正规金融的控制。然而利率市场化等金融自由政策不仅没有形成打压民间资本的趋势，反而让民间资本蒸蒸日上，不断壮大行业领域。究其原因还是低估了非公有制经济在发展中国家经济发展中发挥的作用。因此，民间资本的产生与金融抑制并非因果关系，金融抑制只是其产生的外在因素。

2.3.2 信息优势理论

信贷市场事前和事后的信息是不对称的，贷款人的道德与信誉就成了金融机构所选择的重要指标。在发放贷款时，经常会面临道德风险和逆向选择。而信息不对称就会造成逆向选择，同时伴随道德风险问题，这是民间资本广泛存在的重要原因，当然这仅仅是从信息经济学理论方面来考虑的。信息不对称这一概念最早被引入《美国经济评论》的《不完美信息市场中的信贷配给》一文中。所谓逆向选择，即事前交易双方的信息不对称性使交易者对交易产生选择问题即称之为逆向选择。放贷一方在政府法律保护的同时，也需要借款人的诚信品质，有的借款人为了拖欠贷款，在其有能力偿还的情况下也选择向债主隐瞒自己的偿还能力，没有按照原先规定的条款履行合约，或者是借款人拿走银行所提供的贷款资金，在没有报备申请的情况下进行高风险的投资。这对银行来说，极有可能有去无回，在不能掌握借款人借款后的动向风险称之为道德风险。实际上，金融机构本身就属于逐利企业，一个企业最大的根本就是收益最大化，其在保证本金确定回笼的基础上，会选择信誉较高，道德较好的借款人进行放款。这就使一部分人即使支付高额利率也不一定能够申请到贷款，于是金融机构的平均资产质量也逐步降低，也就导致了现在很多金融机构的不良资产越来越多。民间资本相对于正规金融来说就更具有灵活性，由于正规金融时常出现信息不对称性，使一部分人的贷款需求无法得到满足。这时民间资本就产生了很大的作用，民间资本可以利用当地的私人信息来弥补信息不对称的缺陷，使那一部分资金需求为得到满足的人顺利贷款解决资金短缺问题。相对于民间资本来说，正规金融的借款对象更为广泛，民间资本的贷款对象基本上是一些有着血缘、地缘等关系的居民，往往以亲戚、同事、邻居为多，这使对借款人的信誉问题、还款能力、经济状况及借款后的动向了解得更加清楚，这是对风险的事前防范。与正规金融相比，民间资本存在的道德风险就会小一些，因为借贷双方平时的互动和接触使得借款人对贷款人的动向了解得比较透彻，也可监督其不要进行高风险的投资，最大限度地将贷款风险降到最低。民间资本利弊共存，很多人认为民间资本存在源于本身的优势。但事实并非如此，首先民间资本和正规金融往往是共存的，虽然正规金融存在着一定程度的信息不对称性，但是它和民间资本一样是很多经济主体进行融资的重要渠道。由于正规金融是在政府监管之内的，具有金融抑制性，所以很多经济主体就将贷款方向转向民间资本，所以在一定程度上正规金融的贷款数量就大幅度下降了。很多经济主体难以从正规金融中获得贷款的原因有很多，包括个人信誉问题、个人收入问题等，并非只有信息不对称这一原因。因此客观来说，经济主体的融资需求是从民间资本中得到满足还是从正规竟然中得到满足是由多重原因共同决定的。

2.3.3 制度变迁论

民间资本的产生不仅仅是因为金融抑制，也不单单源于信息优势。事实上，民间金融业是利导性制度变迁的产物，是在不均衡条件下，各种经济主体追逐和挖掘潜在利润的结果。从制度经济学的角度出发，正规金融属于强制性制度变迁，是由国家法律介入、政府监管的金融经济模式，是被主导的。而民间金融术语诱致性制度变迁，是不受政府监管，人民为了获取到更多利益，且满足一部分经济主体得以融资的金融经济模式，是自主发生的，是对现行组织制度形式的一种变更与拓展。诱致性制度变迁是由强制性制度变迁诱导出来的，具有自发性和渐进性，相比于强制性制度变迁的强制性和激进性，诱致性制度变迁更柔和，更亲民一些。这是一个自下而上，局部整理的循序渐进的过程。由于一些经济主体在原有的制度安排下所获得的利益并不能很好地均衡，所以制度变迁也就由此产生了。有很大一部分既得利益群体对制度的变迁是有所依赖的，制度需求不足，制度变迁就难以推动。因为要让既得利益群体放弃享受当前的权利是非常困难的。一旦制度变迁所得到的费用收益比预期的要高，那么制度主体就有很大的动力和理由去进行制度变迁，在制度给予和制度需求相对应的情况下，制度变迁的存在就更具有现实意义，在推进国家经济的发展上更加稳固。无论是强制性制度变迁还是诱致性制度变迁，其经济作用都可以在金融范围内发挥得淋漓尽致。相较于我国的经济体制改革不断推进发展的趋势来说,金融体制改革就显得有些落后了。现在除了大型的国企、央企之外，越来越多的民营企业成为市场经济的主力，人们对资金的需求程度也在不断提高，正规金融的单一性决定其已经不能成为主流，更能迎合潮流的是多元化的金融服务模式。若在强制性金融制度变迁的条件下，中国有垄断金融格局的势态，这使更多的金融资源服务于国有经济，而不再是单单得增进资源配置效率、节约交易费用。这样一来，民营企业的生存就显得更加困难，阻碍了自身的快速发展。国家经济的发展与我国居民的收入水平是相辅相成的。

近年来，我国经济有了质的飞跃，我国居民的收入也有了相应的提高。统计数据表明，我国人均存款余额每年都有较大比例的上升。虽然国家的经济繁荣离不开民间投资的帮助，但是民间投资仍然存在着不容忽视的风险与缺陷。例如，最耳熟能详的证券市场的投资，股市的起起伏伏让股民们心有余悸，更何况该市场发育不够健全且不规范。众所周知，银行的利率水平相对来说比较低，若很大一部分民间资本投入银行，那么其收益相对来说会偏低。这就使资金拥有者会想要用原有的资金以更快的速度去创造更多的收益，当然收益越高风险就会越高。并且国家一些有盈利保证的基础建设的投资很难启用民间资本。因此，庞大的民间资金，无论是对国家还是对个人都是强有力的后盾，是金融制度创新的必要前提。

经济制度的变迁和金融制度的变迁造就了民间金融变迁制度。与正规金融不同的是，它起源于民间，能在小型企业得不到资金满足的时候及时填补其对资金的需求。所以对于民营企业来说，民间资本具有不可比拟的优势。首先是成本优势。正规金融的信息不对称性使其了解贷款人的成本过高，而民间资本在这方面具有得天独厚的优势，这原本也是因为其具有区域性、地方性等特性。借贷之间基本都是具有亲缘、血缘、地缘等关系，因为民间资本与中小民间企业属于同一阶层，彼此也更易了解。这大大降低了事后的道德风险，最大限度地提高了贷款还款的可能性。其次是组织优势。无论是民营中小企业还是民间资本都起源于民间，具有同一层面的经济结构，两者都属于中产以下阶层。民营企业与民间资本容易建立起平等互利的合作关系，不易出现压制与依附的情况。因为民间金融机构属于民有民营，和民营企业一样，不会有体制偏好等。因此，民间资本能更好地为民营企业提供资金的帮助，不受资金困扰，为经济的发展贡献自己的力量。最后是经营优势。较正规金融组织而言，在民间融资过程中一般也不需要对融资方进行公关。不可否认，正规金融在某些方面存在空白领域，而民间资本恰到好处地填补了这一空缺，实现了经济最大合理化。民间资本相对来说较灵活，无论是方式、利率，还是集资特点都具有简单方便的特性，能急民营企业所急，谋民营企业所需。

2.4　民间资本管理的原则、特点与形式

民间资本是指一个国家或地区持有的非国有资本和非外商资本的总和，由民营企业、股份制企业控制，是其私人资本和其他形式的所有私人资本的统称，是以利润最大化为经营目标的微观经济主体所拥有的资本。改革开放以来，民间资本逐步成为固定资产投资的主力，除了拉动 GDP 迅速增长，还对政治、经济、社会都产生了较大的影响。国家十分重视民间资本的发展，近年来连续颁布了一系列促进民间资本发展的法律法规。但目前可以有效控制和管理的法律法规尚不完善，民间资本可实际进入的行业并不算多，致使

许多小微企业生存十分艰难，阻碍了区域经济的整体发展。

2.4.1　加强民间资本管理的原则

对民间资本进行管理必须遵循以下几方面的原则：

（1）保护性原则。我国传统文化中就有重农轻商的观念，对从事商业活动的人多称之为"奸商"，从政府到民间，对民间资本的歧视自古就存在。中华人民共和国成立后，随着"三大改造"的完成，民间资本作为社会重要的资本形式，随即在我国社会生活中消失。改革开放后，民间资本从社会"夹缝"中诞生，在人们心目中，民间资本名不正，言不顺。尽管在市场经济建立过程中，民间资本开始大面积参与市场竞争，但相对于国有、集体经济，仍然处于被歧视的地位。每当社会经济滑坡，经济形势恶化时，民间资本多被视为"替罪羊"。总之，民间资本的观念背景和现实氛围都决定了其艰难处境，长期以来，民间资本并没有因为自身对社会的贡献而得到应有的尊重。所以在经济转轨的特定发展时期，引导民间资本流动，必须坚持对民间资本的保护原则，而不是限制和打压，否则将是民族经济之患。

（2）平等、自由和增值原则。民间资本是逐利的，也是自由的，正是这些特性赋予了民间资本强势的活力和创造力。所以对民间资本流动的控制前提是，必须充分认识其特性，而不是片面追求对其可控制性。或者说，对民间资本流动性的控制不是抹杀其自由性和逐利性，相反，对其流动性控制的目的是更好地实现民间资本的增值，把民间资本的随意和风险降低到可控范围。把资本市场内因"资本自身利益最大化"对公共利益可能造成的损伤，控制在最低限度内。

（3）科学性原则。为了实现对民间资本的理性和科学控制，必须坚持采取科学的手段和方法，应用科学的组织管理方式，依靠高素质的人力资源，对其控制手段和程序，甚至人员，都必须经过周密规划、反复试验、专业培训。对民间资本流动的控制还应该着眼长远，理性审视，而不是急功近利，忙于一时得失，水涨船高。以调控房地产业内的民间资本为例，时下业内人士普遍认为楼市泡沫过大，其中有民间资本热钱涌入的因素，但也不能一概而论。为了压制房价，挤压泡沫，不应对民间资本采取强力的打压政策，而是应该积极推进房产的市场化改革，让房地产业实现最大化的公平竞争，让"劣质"的民间资本和国有资本一起退出，并引导那些退出的资本流向自己擅长的领域。

2.4.2 民间资本管理的特点

（1）内生性与区域性。民间金融业的发展是随着经济发展势必会出现的。对于发展中国家来说，对各类大型城市建设和国有企业是相当重视的，他们会将大部分资源配置给这两大项目的建设。国有银行属于正规金融，很多民营中小企业都拿不出符合正规金融机构规定的抵押物，因此他们想要得到资金周转相对来说是较困难的，并且随着国家经济的发展，居民的收入存款逐年都在增长，但是正规金融里的利率却较低，并不是最合理的理财方式。因此，金融机构的资金供给不足现象越发严重，这时民间资本就产生了，它能很好地帮助民营企业与居民的资金与投资问题，受到广泛民众的喜爱。相较于正规金融的高道德风险和信息成本来说，民间金融会小很多，这主要来源于其具有区域性这一特点。民间金融的业务范围没有正规金融广泛，主要是因为他是基于地缘亲缘等关系而进行的，具有一定的范围限制。基本上民间金融之间都是通过熟人为中介，进行借贷等活动，每一个圈子都有其本身的借贷特色。这一特色来源于每个地区的风俗习惯、轻熟远近等。

（2）灵活性与低成本性。灵活性是民间金融的一大特色。由于一些民间中小企业对资金的需求比较突然，不一定能及时得到资金，因为正规金融有严格的程序以及工作日的限定。而在此时，民间金融的灵活性就明显地体现出来了。民间金融没有节假日的限制，也没有那么多的严格程序，可以满足资金短缺者的迫切需求。另外，民间金融的借贷期限相对来说也是比较灵活的，按个体的需求时间长短来决定利率的高低，这也体现了民间金融利率是由市场决定的。由于民间借贷的利率相对来说都比较高，很多居民都不一定能承受其长期借贷所产生的利息，故民间借贷基本上都以短期为主。由此看出，经营时间、资金期限和利率高低都是民间金融灵活性的表现。另外，正规金融进行借贷的时候是需要抵押物的，对抵押物的评估、管理等方面就需要大量的时间成本和人力成本，而民间金融的借贷往往是信用借贷，基本都是建立在亲缘、地缘关系上的，其不需要抵押物来换取借贷资金，这使在抵押物上花费的成本相对降低了。而且借款人与贷款人之间或多或少都是相熟的，又或者是通过熟悉的中介人来进行操作，所以对彼此的信息了解成本也降低了。由此可见，低成本也是民间金融的一大特点。

（3）隐蔽性与人格性。民间资本相比于更规范的正规金融交易来说，更多的是感性的交易。借贷双方之间的情感关系如果发生了变化，那么双方之间的交易也会发生变化。这也诠释了民间资本的人格性。在同一种交易中，由于交易双方的关系亲疏，参照的合约机制也会有所不同。还有，民间资本的活动基本上都是私下进行的，只要借贷双方之间达成协议就可以进行借贷活动，因为这本身就会涉及双方资金的隐私问题，是一种私密行为，所以他们之间的活动一般不会让第三方知道，这也便是民间资本的隐蔽性。时至今日，民间资本的发展已不再是仅仅局限于针对某个体户、个体私企、集体企业、个体工商户等，一些非公有制企业都是其服务的对象，也就是说民间资本的融资主体开始向多元化的方向扩张，融资活动也开始全面扩展。民间金融形式和民间资本参与者的多样性是这种多元化的重要表现。在民间金融的融资主体不断扩大的同时，民间金融的方式也在不断改变，现代各种形式的金融组织层数不穷，使资金需要者的选择方式也不断增多。

2.4.3 民间资本的管理形式

（1）民间合会。这是一种历史最悠久的民间金融组织形式，在合会内较为流行的会员制形式有"轮会""标会"和"抬会"等。其特点是，只有在合会内注册的会员才有资格授信放贷。现代合会等组织有地缘性质，在比较大的合会内通过设置主会和分会为会员提供借贷服务。

（2）私募基金。私募基金一般采用的是股份制形式，是 20 世纪后开始流行的民间金融形式。它首先是由若干股东一齐出资，共同确定基金管理人，由管理人寻找合适的合伙人一同收回贷款。这种形式的规模一般较大，突破了借贷业务的局限，还可能在投资理财、贴现承兑、垫资撤押等方面有业务。这需要有一定资金实力的企业支持，比如房地产开发公司，为保证项目开发时的资金量采用这种方式；还有以前的国有企业改制时也有采用这种形式。

（3）民间资本中间人。民间资本中间人也就是第三方，通过借贷双方信息不对称，在借款人与放贷人之间充当中介，以自己的信用做媒介，促成双方交易，并获取一定的中介服务费用。这种形式，中间人本身不需要出资，仅仅凭信用作为担保，具有一定的风险。

（4）高利贷。这也是民间资本背负上污名的重要原因。在我国，被高利贷祸害的例子很多，这也是为什么中华人民共和国成立后，有一段时间，各地开展了坚决取缔民间金融的活动。当然，不论从理论的角度，还是在实践中，在当今社会，高利贷总体上都是弊远远大于利的，因此被排除于合法的金融体系之外。在我国法律明文规定，明确超出商业银行同期利率 4 倍利息即不受法律法规的保障。

2.4.4　民间资本管理的影响

民间资本由来已久，经过三十多年的改革开放，我国民间资本存量保持了快速的增长。民间资本作为游离于政府体系之外的资本对我国经济的发展起着重要的作用，小微企业来源于民间，其与民间资本的同源性决定了民间资本可以在其发展过程中发挥巨大的助推作用。近年来，从中央到地方均高度重视民间投资发展，释放出强烈政策信号，为新一轮激发民间投资活力带来新机遇。民间资本是一把"双刃剑"，在市场运作过程中，既促进了经济金融的发展，又容易引发一些社会经济问题。辩证地看待民间资本运作有利于厘清民间资本的"功"与"过"。

（1）民间资本运作的积极影响。改革开放以来，随着经济市场化改革不断深入推进，民间资本不断积累，形成一股庞大的社会资本，促进了实体经济增长，缓解了中小微企业融资困局，弥补了正规金融缺陷。第一，促进实体经济增长。根据全国工商联的调查统计显示：在就业方面，民营经济创造了85%以上的城镇新增就业岗位和90%以上的农村转移就业岗位；在固定资产投资方面，民间资本已经和国有资本并驾齐驱；在创新方面，民营经济的技术创新占全国的65%，民营经济发明专利占全国的75%，民营经济的新产品占全国的80%；在国内生产总值方面，民间资本对中国GDP的贡献已经超过60%。民间资本对我国实体经济发展做出了突出贡献。第二，缓解中小微企业融资困局。在市场不完善、存在信息约束的情况下，中小微企业融资难和融资贵的困局一直是社会关注的一大焦点。通过民间资本市场筹集资金是中小企业融资的主要手段之一，为促进中小企业可持续发展发挥了不可替代的作用。民间资本的投融资微观经济主体主要为中小微民营企业和家庭个体户，其利用自身的信用信息优势，以资本运作手续灵活、利率弹性大、运作成本低的特点成为中小微企业融资的重要渠道，有效缓解了中小微企业融资困局。第三，弥补正规金融缺陷。在我国目前的金融体制和金融格局下，全社会信贷供求矛盾凸显出正规金融的缺陷和不足。以银行业为主体的间接融资环境下，信贷准入条件高、信贷审批流程多、信贷交易成本高是大多商业银行信贷的特征。而民间资本以其交易手续简便、交易机制灵活、交易渠道广泛、交易成本低、交易效率高等优势耦合了正规金融服务的真空地带，为无法从正规金融渠道融通资金的微观经济主体提供了必要的资金支持，缓解了金融资源供求上的矛盾，健全了当前的融资环境，促进了完整信贷市场体系的形成和发展。

（2）民间资本运作的消极影响。第一，经济问题突出。我国的民间资本运作还处于灰色地带，衍生出的经济问题日益突出。民间资本逐利性和盲目性的特点导致其在运行过程中很容易无视社会规范、损害社会经济利益。近年来，温州、鄂尔多斯、泗洪、邯郸等地民间非法集资案例集中爆发，对区域经济产生了重大影响。一方面，民间借贷游离于正规金融组织之外，具有一定的隐蔽性，也造成了国家税款征收难、流失严重等问题。另一方面，以非法集资为代表的地下金融因高成本、高风险使民营企业债务雪上加霜，导致经营资金链断裂，企业主"跑路"现象频现。第二，金融秩序混乱。由于民间借贷的非阳光化运作，在缺乏法律保护和监管指引的条件下，民间金融借贷市场混乱无序。在高利润的诱导下，银行信贷资金很容易通过表外业务与民间借贷资金相互融合相互渗透，由此形成风险传导和聚集。与此同时，社会资金出现"脱实向虚"的空转和套利现象，扰乱了整个金融体系的正常运转。第三，宏观调控失灵。民间资本以其高度的隐蔽性游离于正规金融组织之外，偏离了国家信贷政策和产业政策指引，脱离了国家相关部门的有效监管，削弱了国家宏观调控效果，导致调控失灵。一方面，由于正规金融与民间金融的利率双轨运行，不利于市场在资金配置中起基础性作用，弱化了货币当局运用价格型货币政策工具调控资金配置的能力。另一方面，部分民间资本为逃避监管，多采取现金交易，容易导致社会融资规模等信贷总量数据失真，弱化了货币当局运用数量型货币政策工具调控资金配置的功效。

3 民间资本与风险投资管理

近年来，随着中国民营经济的迅速增长，中小企业发展的日趋繁荣与从正规金融贷款难之间的矛盾，加快了民间金融的发展，民间借贷已成为我国金融市场中的重要组成部分。民间金融作为正规金融的有益补充，对推动国民经济的增长发挥着重要作用。但由于民间金融是一种内生化的非制度体系，主要依靠传统的民间信用来维持运转，且其交易活动又过于分散和隐蔽，游离于国家统计与金融监管之外，再加上其自身受资金规模和运营操作的制约，客观上存在较大的风险，容易滋生非法融资、借贷纠纷、集资诈骗、暴力催收等破坏社会稳定性的违法犯罪现象。因而迫切需要加强民间资本风险投资的管理和规范引导，促进其趋利避害、健康发展。

3.1 民间资本与民间金融

民间投资是相对于政府投资或国有经济投资而言的。理论界对民间投资的含义尚未达成共识，主要有两种观念：一是扣除国有或国有控股之外的其他所有投资；二是扣除国有或国有控股以及外资以外的其他投资。本书所讨论的民间投资是指后者，它包括个体经济、私营经济、城乡集体经济、非国有经济控股的联营经济、股份制经济等多种所有制经济的投资行为和投资结果。

3.1.1 民间资本的金融属性

民间资本的又一名称是民间金融，到目前为止，理论界也没有一个统一明确的标准定义。在国外经济学界，大部分学者一般将金融分为正规金融和非正规金融。所谓的非正规金融即是除正规金融以外的所有金融活动。从概念界定来看，这两个概念是相对的。同时，通过对非正规金融部门经营特点的研究，把非正规金融部门定义为不受政府对于存贷利率、信贷目标、资本金储备以及审计等要求约束的部门。民间金融是不受中央银行管制的，并且是不受国家信用控制的信贷和金融交易活动制约的，它本身就被排除在正规金融体系外。国内学者姜旭朝则认为民间金融应该有广义和狭义之分。广义的民间金融包括向社会集资、高利贷行为、合会组织和市民之间的借贷活动、典当行业活动、农村合作基金会业务等。狭义的民间金融指的仅仅是个体之间的借贷活动。当然还有一部分观点认为，民间金融泛指个体、家庭和企业之间发生直接金融交易的行为。岳彩申教授表明，在法律界，有关于民间金融已经争执了很多年，但仍然有两个突出的问题属于疑难杂症没有有效的解决方法：一是民间金融的发展应受哪些法律制约，以及是否应当有针对性地制定一个统一规范的法律文本；二是到底该如何从法理角度规定民间金融的边界，也就是到底有哪些民间金融行为该纳入法律的范畴。

从以上观点中，可以简单归为两点：一种是民间金融，是非正规的；另一种就是相对的，是官方金融或者说正规金融。因此可以得出，那些在我国民间金融市场环境中普遍存在的，但凡是没有经过政府批准设立，且没有受制于金融管控的形态就属于民间金融的范畴。从国内目前爆发的一些集资案件中，我们可以看出民间金融基本具备三个特征：第一，民间金融主要发生在隔离于正规金融的区域，其形式是多元化的。由于它处在合法与非法之间的灰色地带，因此也就具备一定的隐蔽性与分散性的特征。第二，在一定范围内，这些参与主体主要是那些相互之间保持着业务来往的企业或是亲缘血缘关系的个人，那么信用就成了这种民间金融发展的基础，私人性就成了这种借贷活动的特性。因此，这种民间金融的形式广泛存在于熟人网络内，并且很多民间金融行为并没有伴随抵押物或质权。第三，相对于正规金融而言，民间金融利率的弹性空间更大且受人为控制。民间金融利率水平随时发生变化，主要是因为影响民间金融利率的因素不稳定。决定利率水平的因素不仅与血缘、亲缘和业缘有关，运营风险也是一个很重要的因素。从总体水平上来讲，民间金融的借贷成本要普遍高于正规金融。

3.1.2　民间资本投资的重要性

政府投资和民间投资是扩大内需带动经济增长的两个重要因素，其中，民间投资是决定性因素。民间投资是经济全面复苏的关键，民间投资调动不起来，就谈不上经济的可持续发展。我国经济企稳回升的情况下，要想有效拉动我国经济增长，仅靠政府投资还远远不够，仅靠扶持国有大中型企业也远远不够，只有真正激活民间资本的投资热情，撬动比 4 万亿元更多的民间资金的投资积极性，才能提升整个经济体系的效率和活力，才能扩大内需增加就业。在应对国际金融危机的过程中，政府一直十分重视启动民间投资。中国刺激经济的一揽子计划不仅仅是两年内完成的 4 万亿元投资。中国的财政投入还要带动社会投资，特别是民间投资。我们应对国际金融危机的冲击，离不开民营经济和民间资本的重要作用。国家出台的一揽子保增长的措施能不能见到实效，真正起到"四两拨千斤"的作用，关键看市场机制的作用发挥得如何，看带动社会资金和民间资金投入多少。为了拯救深陷困境的中小企业，国家有关部门先后出台了一系列政策措施，其中包括先后 3 次划拨专项资金支持中小企业发展，几次调整税率和提升相关行业出口退税，扩大商业银行信贷规模，支持银行向中小企业发放贷款，放宽银根等。由此可见，如何实现中小民营企业健康发展、激活民间资本的投资热情已引起党和政府的高度重视，日益成为我国经济保持持续健康发展的关键因素。

3.1.3　民间资本投资环境分析

首先，是政治法律环境。近年来，国家各级政府大力整治党风和公务员作风，提高政府公务员的办事效率，增加事务和官员的开明程度，给民间投资者极大的信心和鼓舞。其次，积极鼓励民营企业加强自主创新和转型升级，培育自主国际知名品牌，并且为民间资本进入国际流通领域提供更多优惠政策和投资环境，这一系列政策措施为民间资本发展得到了良好的国际环境。再次，积极鼓励和引导民间资本以独资、控股、参股等多样化方式投资社会基础设施项目，为国有企业改革加油助力，而且可以有效监管国有垄断企业和不正当竞争，有助于建立良好的市场竞争秩序和健康的价格形成机制。对于民间资本在公共服务领域的进入和融资方式，一直因为技术渠道的壁垒和政策制度原因，无法在该领域获得很高的投资效率。因此，在借鉴国外经验的基础上，给出了更多、更适合的选择，像是将某些基础设施建设和维护的权利让渡给民营企业，民营企业在后期收取使用者一定的服务费，在约定期限以后，无偿转移给政府的 BOT 融资方式。这不仅可以减少政府的财政负担，也可以为民间资本投资拓宽新的渠道，还有其他的 TOT 和 PPP 模式都是民间资本进入公共服务领域很好的模式，也是国际上采用最多的方式。当然，我国可以根据本国国情和不同行业领域的情况，探索出更适宜本国的融资方式和进入方式。最后，鼓励民间资本进入金融服务领域是民间资本投资的重要进步，不仅给民间资本找到新的投资领域，而且解决了中小民营企业融资难、贷款难的问题。国有商业银行对中小民营企业的贷款审批程序烦琐复杂，批准条件严苛，以致民营中小企业无法形成有效规模。鼓励民间资本发起和设立村镇银行和贷款公司等金融机构，为中小民营企业的投融资提供新的选择和机会，也为民间资本形成合理有效的投资规模和途径提供机会。当然，在这些良好的法律政策环境和国际国内环境下，民间资本投资面临难得的发展机遇，但是我们也应该看到民间资本有其自身的脆弱性，它也面临巨大的挑战。民间资本投资者的投资意识不强，经验不足，操作失误可能性比较大，因此，加强对民间资本投资的引导和监管尤为重要。民间资本如若不能健康有序的发展，会给人民生活和社会稳定带来极大隐患。

3.1.4　民间资本投资面临的困境

随着全球金融危机慢慢过去，我国经济开始进入企稳回升阶段。在这一过程中，投资的带动作用十分明显。相关报告指出，当前多数中央投资只是带动了地方政府和国有企业投资，进而带动了银行大规模的信贷投放，广大中小民营企业很难参与其中。民间投资热情何以如此低落？主要有四方面的原因：

一是缺乏有效的财税政策扶持，民营资本的不公正待遇明显。民间投资在审批、财税、土地、补贴等方面待遇不公，税外负担沉重。据全国工商联调查显示，民营企业在投资过程中总会遇到土地使用困难、融资困难、审批程序复杂等一系列障碍，造成民间资本事实上在夹缝中艰难成长。

二是投资领域狭窄，盈利空间或前景不太好。近年来，民间投资虽然发展较快，但多集中在批发零售贸易和餐饮、建筑、房地产业等一般竞争性行业。

三是金融体系不健全，民营企业投融资困难。由于我国的金融体系不健全，民间资本没有国有资本的天然优势，银行等金融机构对民营企业存在"规模歧视"和"重公轻私"的"所有制歧视"，并且在金融危机期间金融机构为防控风险，对中小企业贷款的条件特别苛刻。再加上我国的民营企业发展历程较短，管理经验不足，实力相对较差，造成民营企业特别是中小民营企业通过银行贷款越来越难。大多前景好或技术含量较高的中小企业融资较难，即使通过高利贷融资也很难满足企业资金需求。同时，老百姓怕出风险，不乐意或不敢把资金交给民营资本家来经营，以致民间资本存在天然缺陷。民营企业缺乏资金支持，造成民营企业的投资能力十分有限。民间资本可以投资股票、期货、外汇等资本市场，但目前的中国虚拟资本市场只有资金实力雄厚的公司才有较大的盈利机会，小资金根本无法和大资金对抗。

四是部分领域存在行业垄断或实际上的垄断，民营资本进入十分困难。尽管国家相继出台了《国务院关于鼓励支持和引导个体私营等非公有制经济发展的若干意见》《反垄断法》《国务院关于鼓励和引导民间投资健康发展的若干意见》等一系列政策措施，对民间资本逐步放开投资领域，鼓励和引导民间资本进入法律法规未明确禁止准入的行业和领域，进一步拓宽民间投资的领域和范围；规定凡是允许外资进入的行业和领域，均允许民营资本进入；放宽股权比例限制，加快垄断行业改革，鼓励民营资本以兼并重组方式进入；鼓励民间资本进入石油、铁路、电力、电信、市政公用设施等重要领域，为民间资本拓宽投资领域，起到了一定的积极作用。但这些政策法规基本上是原则规定，具体配套措施跟不上，操作起来难度很大，并且现实中还存在以"明宽暗管"为特征的市场"假开放"现象，即有些行业虽然没有规定限制民营资本进入，但市场无形壁垒森严，准入制度含混模糊。一些垄断行业除了行政管理部门外，其设计、施工、管理都由行业行政管理部门所属事业单位或公司掌握，通过对民资设置门槛，达到"肥水不流外人田"的目的。民间资本能否真正进入这些行业与这些行业是否存在"缺乏管制的行政垄断"密切相关。因为垄断方在没有任何体制约束的情况下，往往对弱小方任意采取或明或暗的、使对方无法招架的卡制手段，使之遭遇到所谓的"投资触礁"而无计可施。再加上民间资本要想进入垄断行业，还必须获得资金支持方有实力进入，造成无论开放多有吸引力的垄断领域，民间资本也不敢大规模进入。

3.2 民间资本投资风险的源起与性质

近几年，随着我国实体经济尤其是民营企业收益率的降低，发展速度相对放缓，其融资困境进一步加深，而民间资本的兴起，在一定程度上为解决融资困境提供了一线生机，民间资本随之迅速发展起来，并逐渐在投资中扮演了重要的角色。究其原因，一方面，它在一定程度上弥补了正规金融机构信贷供给不能满足需求的现状，解决了一部分民营企业融资的问题；另一方面，由于民间资本运行带来的高额收益，使利益追逐者都跃跃欲试，这无疑刺激了其快速蔓延式的发展，并使其逐步成为地方经济中固定资产投资的主力，拉动了地方 GDP 的快速增长，对政治、社会和文化领域也产生了较大的影响。但民间资本在迅速滋长的过程中的潜在风险也成为不可忽视的问题。

3.2.1　民间资本投资风险源起

民间资本是相对于国有资本而存在的，是除国有资本以外的所有资本（不含国外资本）。从内容上说，民间资本包括民营企业所掌握并用以投资的一部分资本，以及居民存款、市场游资、居民手持现金、退休基金、房屋保险基金、非国有经济的资产和范畴。改革开放以来，民间资本作为最富有活力的资本，经过多年的发展，在农村经济、民营企业和社会发展中扮演着越来越重要的角色，其规模也呈不断扩大的趋势。相关统计数据显示，2017年全国城乡居民储蓄存款余额超过 50 多万亿元，民间资本已经成为中国经济成长中不可或缺的重要战略资源，这部分资源的配置是否合理、运用效率能否进一步提高，直接关乎国家的经济安全和经济增长。但是，长期以来，由于民间资本生存于"体制外"，运行在正规金融的夹缝里，处于地下隐蔽状态，面临"体制性抑制"与"体制性约束"，加上宏观管理部门、微观主体对民间资本"冷眼看待"，民间资本的规模和范围均受到一定的限制。迄今为止，有关民间资本生存和发展的管理制度、法律制度、监管制度、信息制度等规范民间资本发展的相关制度法规仍未完全建立，民间资本供求仍然存在明显的"期限错配、结构错位"现象。一方面，大批民营企业存在融资难问题；另一方面，大量的民间资本闲置或低效率运转，这种资本配置错位的矛盾也大大刺激了地下金融（包括地下钱庄、不规范的私募基金、灰色的一级半市场等）的快速滋长。同时，因监管主体缺位和机制不完善，民间资本长期"地下运转"，风险丛生。特别是近年来，受经济下行、流动性趋紧等综合因素影响，一批高杠杆、高成本扩张企业资金链断裂，民间借贷逾期违约案件高发，各地非法集资吸储、民间借贷纠纷等案件大幅增加，在温州、鄂尔多斯、榆林等民间资本最为活跃地区，民间借贷更是乱象环生，这些均标志着以民间借贷为主的我国民间资本风险进入了集中暴露期。值得注意的是，在当前经济回暖尚不明确、民间借贷利率上升的背景下，民间借贷市场正在从两年前的苏浙等沿海地区扩展到山西、内蒙古、湖南等内陆地区，从制造业扩展至商贸流通业乃至普通家庭，一些地方甚至有"全民放贷"之势。2017 年央行研究局的一份调查报告表明，近两年来，我国民间借贷资金量呈现逐年递增之势，存量资金增幅超过 30%。由于借贷行为缺少正规合同，往往以借条协议、口头协议形式为主，这使借贷风险日益变大。这表明，我国民间资本风险仍然存在进一步放大趋势，民间资本借贷危机一旦爆发，极容易引发一系列连锁反应和恶性循环，不仅会影响正常的金融管理秩序，而且有可能危及区域金融生态和正规金融体系的稳定，冲击实体经济，甚至形成金融危机，直接诱发各类社会违法犯罪活动，对地区经济和社会稳定造成恶劣影响。

3.2.2　民间资本投资风险的层面分析

（1）宏观层面。综观多年以来我国民间资本市场的发展，可以说步步惊险，源于多方面因素，主要有以下几点：

第一，经济的周期性波动。经济的周期性波动主要通过民间金融市场上借款人的经济行为来影响民间金融风险，其作用侧重于需求方面。经济繁荣时期，借款人投资回报率上升，投资者投资意愿强烈，资金需求扩张，市场的融资杠杆率提高，投资者的风险偏好也随之增加，开始大量投资于高风险项目。而当经济转向衰退，投资者的资金回报率大幅降低，投资于高风险项目的企业开始陷入破产违约的困境，信用违约风险自然随之产生。

第二，金融主体的有限理性。民间金融市场上的贷款者也呈现机会主义的有限理性。当民间金融市场资金需求持续快速增长、民间利率显著提升时，越来越多的贷款人开始无视自己掌握的信息，借款人承诺的利率取代了借款人的信用水平，成为贷款人发放贷款的重要依据。同时，由于民间金融市场上的金融交易信息往往缺乏标准抵押品，因而信用违约风险很大。

第三，民间金融市场监管不足。首先，由于民间金融游离于正规金融体系之外，没有纳入国家统计和金融监管，而其自身也有利率高、额度小、形式多样、市场价格不统一等特点，这就加大了中央银行准确掌握其资金规模、投资方向、运行等情况的难度，中央银行制定的货币政策，有可能因为民间金融的未知因素而造成效果的偏离。其次，民间金融市场上，放贷人笔数多，但每一笔放贷的金额都不大，导致放贷人的单位监督成本过高，而且各个放贷人之间缺少信息共享，难以形成合力监督。再次，如果借款者向多个民间金融机构借款，那么每一个放贷人都没有对借款人信用能力和偿还能力进行监督的激励，容易发生"搭便车"现象，导致监督的缺失，这就使民间金融市场失去了防范风险的最后一道屏障。最后，外部监管的针对性和有效性的不足、监管职责的不明确、多头监管、监管规则位阶低的现状，也严重制约了民间金融机构风险防范体系的建设。

第四，民间金融机构的内控机制缺失导致经营失范。当前，民间金融交易活动的合法与非法的界限尚未得到法律的清晰界定，民间金融风险防范的内控设计不能做到有法可依。此外，民间金融组织交易程序过于随意，交易手续简单，形式自由多样，具有很大的主观色彩，对信用担保和抵押品的要求较低，不规范的交易流程也是引发民间资本风险的因素之一。

第五，政府对民间金融活动的抑制与打压。民间金融作为一种内生性的金融制度，有效地担负起了支持民营经济和中小企业发展的重任。但国家出于宏观调控的需要，常常对一些民间金融活动进行抑制和打压，迫使一些民间金融活动深入地下，既增强了民间金融活动的隐蔽性，也阻碍了民间市场的组织化进程，无形中也提高了其风险水平。

第六，国家货币政策的转变与产业升级转型步伐的失调。国家货币政策与产业升级转型步伐的失调，是民间资本风险爆发的又一根源。当某个产业处于新兴阶段、具有发展前景又能加快当地经济的发展步伐时，政府往往会通过宽松的货币政策等大力支持企业发展、升级、转型。但国家在调整货币政策时往往要综合考虑通货膨胀与就业。因此，一旦国家实行紧缩性的货币政策，将给企业带来巨大的灾难，从而引发民间资本借贷风险。

（2）微观层面。在这一层面，民间资本风险又可表现为多种形式，即可分为利率风险、信用风险、流动性风险或操作风险等多种类型的风险。总体来看，其主要呈现下列基本特征：

第一，复杂性。民间金融活动的形式多种多样，包括民间借贷、民间集资、合会、私人钱庄、私募基金、典当行等。交易形式的多样性和复杂性决定了民间金融风险的复杂性和不确定性。

第二，隐蔽性。由于民间金融游离于正规金融体系之外，没有纳入国家金融监管与统计，民间金融活动长期游走于灰色边缘区域，风险往往比较隐蔽，在风险爆发前金融监管机构往往难以察觉，风险的隐患较大。

第三，传染性和扩散性。民间资本主要来源于三个方面：自有资金、民间存款和正规金融机构贷款。这三者从一定程度上讲都是来源于正规金融机构中的存款。由于民间金融抵御市场风险的能力较差，一旦民间金融组织爆发风险，将会对正规金融机构造成冲击，其风险将扩散到正规金融机构和实体经济中。

第四，显著的地域性。民间资本的地域性主要体现在两个方面：一是民间资本风险的成因具有区域性；二是民间金融的影响范围具有区域性。民间金融产生于地区民营经济的发展，源于正规金融资源的缺乏，依托于中国社会传统的血缘、地缘、亲缘关系，依赖于人际关系的相互信任，因此风险一旦爆发，往往会影响区域内参与民间借贷的当事人。

3.3 民间资本投资偏好分析

民间资本的投资行为在不同市场环境下有不同的偏好，但这种投资偏好会呈现出一定的群体特征。偏好是微观经济学价值理论的概念，是潜藏在人们内心的一种情感和倾向，它形成的原因包括示范效应、天生偏好和突发事件等。投资偏好是指投资者在特定的市场环境、资源禀赋和文化传统背景下形成的投资行为倾向，即在投资过程中表现出的主观倾向或者态度趋向，这种主观倾向决定了民间资本的运作方式、投向和结构。民间资本投资行为在不同市场环境下有不同的偏好，但这种投资偏好会呈现出一定的群体特征。民间资本投资偏好是一把双刃剑，其内含的正面因子能够促进民营企业和社会经济发展；但其内含的负面因子会导致民间资本供求关系存在明显的"期限错配、结构错位"现象，特别是当经济增速回落、流动性趋紧时，民间资本投资偏好蕴含的风险就会集中暴露，从而诱发金融风险和金融风波。

3.3.1 民间资本投资偏好形态——以温州民间资本为例

温州民间资本的产生与发展是中国民间资本发展历程的缩影，虽然温州民间资本投资的规模、领域、结构和运作方式在不同时期有着不同的状态，但在特定的历史环境、特定的资源禀赋和特定的文化传统背景下，温州民间资本投资偏好呈现出一定的群体特征。

（1）进取型投资偏好。温州民间资本的核心竞争力并不在于其雄厚的资金，而在于其"敢为人先"的创新进取精神。由于温州地理环境的限制导致其可利用的资源非常少，一直以来，土地、水、能源和人才等主要生产要素都较匮乏。但联系温州模式的发展和温州地域文化的形成会发现，温州人吃苦耐劳、敢于冒险、务实进取，具有很强的商业创造技能，温州民间资本充满了进取、创富精神和盈利动机。这种进取型投资偏好与市场经济发展初期的内在需要相吻合，是温州模式得以兴起的推动力。正是因为这种进取型投资偏好，温州民间资本即便在资源匮乏时代依然能白手起家。如：温州平阳县水头镇和瓯海区郭溪镇的皮革生产业是在没有畜牧业做基础的情况下发展起来的；温州苍南县龙港镇和宜山镇的纺织业是在没有棉花生产的情况下发展起来的；温州瑞安市塘下镇的汽摩配产业也是在当地没有汽车摩托车制造业的情况下发展起来的。温州民间资本对商机有着独到的嗅觉，善于发现市场空白，敢于冒险抢占先机。在改革开放的大潮中，温州出现了中国第一批个体工商户、第一批私营企业、第一批专业市场，温州民间资本投资成立了中国第一家股份合作制企业、第一家民营包机公司，投资建设第一座中国农民城、第一条中外合资的地方铁路，这些都无不体现出温州民间资本"敢为人先"的进取精神。

另外，民间资本进取型的投资偏好还表现在善于捕捉市场与政策空间。温州民间资本独有的灵活性，反映了其对各式各样的投资环境的适应性和对国家政策的高度灵敏性。比如，20世纪末我国开始进行住房改革，2001年温州民间资本就转战上海、杭州等地开辟了购房团之先河，接着又看准了国家西部大开发、建设国际旅游岛等政策对于重庆、海南等地区的影响力，在房价处于低点的时候就果断买进，在一定时间内都收获了高额回报。温州民间资本对国家的政策十分敏感，在房地产市场上摸爬滚打了十几年，自己摸索出了判断调与涨的土方法，总结出"调涨不调跌"等调控规律。由此可见，温州民间资本的进取型投资偏好是有政策导向性的，民间资本也习惯于在各种各样的政策环境中找寻盈利机会。长期以来，温州民间资本参与金融领域的积极性从未减弱。随着金融综合改革试验区的设立，民间资本开始加速挺进金融产业。温州民商银行建立、温州银行增资扩股、农村合作金融机构股份制改革等都成为民资进入金融领域的良机。截至2017年6月末，温州民间资本已经进入金融领域的资金规模合计超过450亿元，其中，进入银行业的资金超过300亿元，占比近70%。

（2）抱团投资偏好。温州人的自组织能力很强，抱团投资是温州民间资本最典型的运作模式。民间资本虽然是分散的，但通过抱团投资机制能够围绕利润、商机迅速积聚起来。抱团投资偏好源于温州社会强烈的宗族意识和家族文化，以亲缘、地缘为中心的人际关系网络成为抱团投资活动最根本的信用基础。民间资本抱团投资偏好在整合资源和降低信息成本方面有着天然的优势，能够形成一种紧密的分工协作、互助互利关系，以创造与分享合作成果，这种现象就是"抱团取利"。这种独特的资金运作模式，使温州民间资本投资在市场化改革初期形成较强的规模效应，并且具有很高的投资效率，曾经催生了中国最活跃的民间资本和最发达的民营经济。民间资本的这种偏好主要表现为产业资本抱团投资偏好，形成了具有区域特色的产业集群。

在改革开放初期，温州人选择的是"小商品、小生意、小作坊"的生产形态，由于进入门槛低，投资成功的生意会引起周围人竞相模仿，进而抱团投资，越来越多的小作坊便沿着"一人带一户、一户带一村、一村带一镇"的路径繁衍，最终形成了电器、服装、皮鞋、包装印刷、金属制品、塑料制品、通用设备等产业集群。产业集聚具有显著的区块特征，以乐清柳市的低压电器企业集群为例，正泰集团、德力西集团、天正集团、人民电器集团、长城电器集团都集中在这一区域，其他大大小小的低压电器企业更是数不胜数，形成了集原材料生产、组装加工、销售为一体的产业链。这种社会化分工和专业化协作的产业体系，在技术、资金、品牌的集聚方面更具优势。随着传统制造业利润率逐步降低，温州民间资本抱团投资偏好更多地表现为金融资本抱团偏好即各种投机行为，形成温州"炒房团""炒煤团""炒棉团""炒油团""炒银团"等，扎堆投资于房地产、能源、原材料、农产品、贵金属等市场。投资者凭着对市场敏锐的嗅觉果断出手，将资金大规模集中投向上述领域，当将价格推升到一定高度时，又抱团撤离，快进快出，以期获得高回报。

（3）高杠杆投资偏好。温州经济具有高杠杆率的特点，特别是民间资本高杠杆运作之风盛行。民间资本的高杠杆投资偏好根源于民营企业治理结构和民营企业家的决策模式。民营企业主权力高度集中，决策高度自由，往往凭经验和直感决策。市场初期这种决策模式效率很高，但面对复杂信息和模糊信息的时候，企业家的决策能力与市场环境不匹配，决策纠错机制和风险防控机制缺失，往往导致投资决策失败。而且温州民间资本的发展壮大时期正是中国宏观经济处于高速扩张阶段，宏观经济长期繁荣背景下形成的企业成功定律是："投资规模越大，增长速度越快，盈利能力越强。"这种既定的成功模式加剧了民间资本所有者的过度自信，在信贷顺周期性推动下，他们往往采取激进投资策略，凭经验和直觉盲目决策，其结果表现为外延性规模扩张和高杠杆投资偏好。

首先，银行信贷顺周期助长了民间资本的高杠杆投资偏好。特别是2016年和2017年，温州银行业两年贷款增量达2000亿元。一方面是融资环境宽松；另一方面是在产业转型升级政策的推动下，温州一些具有一定规模的中小企业开始谋求转型，纷纷将投资重点转向利润率高、资金需求庞大的新型制造业或房地产业，如庄吉集团（以服装生产为主）投资造船业，信泰集团（以眼镜生产为主）投资光伏行业，乐清三旗集团（以电缆生产为主）巨资打造葡萄产业链，还有一些民间资金投向矿产、地产、证券等资金密集型的非主业领域。这些企业的多元化投资资金主要来源于银行信贷和民间借贷。根据温州统计年鉴数据计算，2016 年和 2017 年温州规模以上企业平均企业资产负债率在 70% 以上，高于浙江和全国。其次，活跃的温州民间借贷市场为民营企业高负债扩张提供了空间。温州民间金融活动历来活跃，民间金融等影子银行信贷同样具有顺周期效应。

（4）跨区域投资偏好。温州地少人多，资源贫乏，因而在改革开放初期，大批温州人陆续涌向全国乃至世界各地谋生，形成 200 多万的在外创业大军。他们走南闯北，四海为家，凭借吃苦耐劳的精神和人格化的社会交易网络，在全国各地和世界各地求生存、谋发展。温州民间资本跟随几百万在海内外闯荡的温州人流动，从白山黑水到南国海滨，从繁华都市到穷乡僻壤，从山西、内蒙古的煤炭投资到四川、贵州的水电投资，从上海、江苏的教育投资到新疆的棉田、油田投资，到处都有温州民间资本活跃的身影。目前，还有将近 60 万温州人移民到 131 个国家和地区，在那里经商创业。可以说，温州民间资本跨区域投资使温州经济演变成了温州人经济，这种资本转移不但可以为资本流入地区带来稀缺的资本，更为重要的是带来温州人的创业精神和价值观念，进而促进当地的经济增长。

温州地方政府无为而治的做法曾经是温州模式得以发展的重要支撑力，而当下要素价格大幅度上扬、经济持续低迷、产业升级陷入困境，投资环境不尽如人意，导致本地企业大量外迁，温州民间资本外流现象日益严重。比如：奥康集团等制鞋企业在重庆打造"中国西部鞋都"；45 家塑料编织企业在重庆兴建塑料编织产业园；20 余家合成革企业及其上下游配套企业集体搬往丽水；灯具企业集体南迁广东古镇；温州锁业群体转移到江西上饶；家具龙头企业外迁上海、东莞；多家知名服装企业陆续在上海、杭州等地设立新的总部；五金机械、标准件、不锈钢管件、无纺布、制革等优势产业，也陆续开始或完成向周边省市或者中西部地区集体迁移。据统计，近十年温州本地现有工业企业和整体外迁企业对外累计投资额超过 1000 亿元，相当于温州本地限额以上工业性投资的 50%；外迁企业年工业产值达到 3000 多亿元，接近温州市全社会工业总产值的一半。另外，2006 年至 2017 年，温州贷款余额与 GDP 的比值远高于全国平均水平，这恰恰证明温州资本在大量外流，而且趋势不可逆。

3.3.2　不同形态民间资本投资偏好风险

温州民间资本投资偏好内含的敢为人先、吃苦耐劳的企业家精神在市场经济早期为温州民营经济发展立下了汗马功劳。然而，随着市场交易规模的不断扩张、产品更新换代和产业结构转型升级压力的逐渐增大，温州民间资本的先发优势和先天优势开始削弱，民间资本投资偏好蕴含的"负面因子"的抑制作用逐渐显现。例如，民间资本进取型偏好蕴含的冒险精神在原始资本积累阶段能够使投资者获得较大的财富效应，但在经济下行和实业发展受困时期，民间资本的冒险精神如果主要体现为高杠杆投资偏好，反而提高了民间资本投资失败的概率。

（1）进取型投资偏好诱导民间资本进入投机性领域催生资产泡沫。民间资本的进取型投资偏好特质在市场早期的效度更高，在市场竞争进入体系化、规范化的新阶段，进取型投资偏好蕴含的强烈投机性和高度逐利性会诱导民间资本进入投机性领域催生资产泡沫。当传统行业进入微利时代，民间资本必然追求房产、矿产、股票、期货等高收益高风险的投资领域。在信贷顺周期推动下，超预期的大量资本涌入投机领域，从而扰乱市场秩序，催生资产泡沫，破坏金融生态平衡。温州民间资本经常大量、快速地集中收购一个地区的某种资源，身份由"开发者"变成"掠夺者"，不仅直接推高当地资源价格，而且容易激化温州资本与当地资本的矛盾。民间资本进取型投资偏好面临的最大风险就是政策性风险，特别是投资领域的行业特性使其极易受到宏观经济运行波动的影响，一旦经济进入下行阶段，民间资本进入投机领域的风险就会迅速暴露。在国家对于矿产、地产行业进行宏观调控期间，没有及时撤离的民间资本多有巨额损失。据相关行业商会统计，近年来温州民间资本在省外矿产投资损失近 200 亿元。而投资房地产的民间资本缩水更加严重，受 2010 年以来国家房地产调控政策持续影响，房价资产泡沫破灭，温州本地房价更是领跌全国。据测算，高峰时期温州民间资本投资房地产达到 3800 亿元左右(含温州本地)。根据同一区域房价的前后比较，缩水幅度约为 30%，则该部分民间资本缩水约 1140 亿元。

（2）抱团投资偏好对人格化交易方式的路径依赖导致产业结构代际锁定。民间资本抱团投资偏好在资源整合与降低信息成本方面有着天然的优势，在市场化改革初期形成了强大的"抱团"优势与规模效应，为温州中小微民营企业的发展创造了条件。但抱团投资偏好一个显而易见的特点是，基于人际网络的扩展，也就是沿着熟业熟人投资，形成了较为封闭的商帮和商圈文化，而区域经济壁垒明显，外来资本难以融入。这种人格化交易方式的路径依赖不仅会导致产业结构代际锁定，而且在社会信用体系不健全的背景下，抱团投资极易演变成非法集资。抱团投资偏好使温州民间资本能以较低的成本进入传统劳动密集型行业，温州经济一直以来主要依靠企业集群方式获得低成本竞争优势，低成本竞争策略使温州企业在技术创新方面投入不足。抱团投资偏好也制约了产业转型升级，转型即意味着新的社会分工体系和市场网络，将可能承担更大的机会成本及经营风险，容易导致产业结构代际锁定。在形成一定规模与知名度的产业集群中，一些企业不思进取、盲目跟风，企业之间产品功能相似，导致恶性竞争等问题，加剧锁定"低小散"的产业结构特征，影响企业集群的更新换代。抱团投资偏好采用风险共担、集资入股的资金运作模式，这对参与者特别是资金募集者的道德信用要求非常高，而在当前社会信用普遍下降的背景下，抱团投资极易演变成非法集资，进而引发民间金融纠纷。

（3）高杠杆投资偏好和期限错配决定了信用链的脆弱性。经济繁荣期，一些中小企业为了弥补规模扩张和多元化投资的资金缺口，除了大量银行贷款外，不惜高利向民间借贷，导致企业陷入高负债陷阱，加剧了企业流动性风险集聚。高杠杆投资偏好蕴含的冒险精神和高度逐利性诱导民间资本投向房地产、矿产、造船、光伏等高风险行业，导致"投资热钱化"和"产业空心化"，一些企业甚至已沦为融资平台，从而加剧了信用链的脆弱性。2011年下半年以来，温州企业跑路风波就是由于高杠杆投资偏好造成的过度融资导致资金链断裂。首先，高杠杆投资偏好内含的高风险溢价助长了信用链的脆弱性。一方面，企业在高速扩张的资金压力下普遍有高负债偏好，对利率不敏感；另一方面，商业银行通过提高贷款利率来覆盖风险成本，双方供需特质匹配，因此在温州借贷风波爆发的2011年，商业银行对企业贷款利率上浮30%~50%的情况很普遍，上浮100%的也比较多。另外，在企业杠杆率高企的背景下，再通过民间借贷加杠杆的风险更大，风险溢价更高，2011年温州民间借贷综合利率始终维持在24%以上的高位，从而埋下金融风险隐患。其次，信贷资金期限错配决定了信用链的脆弱性。温州中小企业"短贷长用"的期限错配现象十分普遍。据温州市金融办统计，近十年温州银行业的短期贷款比例平均值为75%，2015年至2017年温州市场上的短期贷款占比接近80%，远远高于全国55%的平均值。银行的短期贷款供给满足不了企业的中长期借款需求，特别是那些正在进行多元化投资扩张的企业。银行贷款的"短贷长用"不仅蕴藏着巨大的流动性风险，也为民间融资中介的"过桥贷款"提供了市场空间。温州市金融办的调研报告显示，2017年下半年，有近80%的小微企业需要通过民间资金转贷。转贷资金期限更短，趋利性更强，进一步加剧了信用链的脆弱性。当流动性趋紧时，一批高杠杆、高成本扩张企业资金链断裂，民间借贷逾期违约案件高发，各地非法集资吸储、民间借贷纠纷等案件大幅增加。这些均标志着以民间借贷为主的温州民间资本风险进入了集中暴露期。最后，从金融技术层面来看，高杠杆投资偏好为担保链风险爆发埋下隐患。由于中小企业缺乏抵押品，为了分担个体违约风险，温州银行业大量发放互保联保贷款，其中一家企业的资金链断裂，资金链风险就会演化为担保链风险，导致银行不良贷款不断攀升。

（4）跨区域投资偏好导致民间资本外溢影响产业结构优化。基于产业转移的民间资本跨区域投资偏好，有助于促进我国区域经济的协调发展，促进要素市场的完善，但无助于温州本地的产业结构优化。跨区域投资偏好导致企业外迁和民间资本集中外流，尤其是龙头企业的外迁还会对整个产业链产生影响，造成产业集群的整体衰落，直接影响区域经济增长速度和产业结构升级，导致最近几年温州经济增长的速度在浙江省的排名不断下降甚至垫底。近年来，在实体经济收益率和虚拟经济投资收益率相差较大，民间资本外流的同时，留在温州本地的实业资本也无暇顾及产业结构的优化调整。受资本利润诱惑，产业资本不能守住实业，转而投向金融、房产、矿产等高风险高收益行业。产业资本"脱实向虚"，不仅助推经济泡沫，加大投资风险隐患，并且加剧了温州"产业空心化"，从而进一步引发企业外迁、资本外溢的浪潮。特别值得关注的是，部分跨区域投资企业将温州作为融资平台，域内贷款域外投资，导致温州辖区内贷款资金投放量大但地方实体经济依然"融资难"，进而使温州经济空心化。并且该部分资金投资失败的风险几乎都留在了温州，这也是近几年温州银行机构不良资产持续快速上升的重要原因。

3.4　民间资本的融资风险——以供需为视角

民间资本，主要指从所有权角度出发，区别于国有资本和外商资本，是指一个国家或地区内部的非国有资本和非外商资本的总和。这部分资本主要掌握在民营企业和股份制企业中，按其性质属于私人资本，是私人股份和其他形式所有的私人资本的统称。我国民间资本应该是实质上属于私人的集体企业资本、非外商资本的各种形式的私有资本以及混合所有制资本中属于私人的部分。

3.4.1 我国民间资本的供给形式

（1）合会融资。"合会"也叫"呈会""拼会"，是原始的民间互助式融资活动形式。呈会的发起者称之为"会首"，参与者称之为"会员"或"会脚"，如果呈会规模较大，还可以请"会总"作为"会首"与"会脚"的介绍人。会总的作用主要是提高呈会的可信度和凝聚力。交付汇金为"应会"，使用资金为"得会"。传统呈会，会首可以享有头期资金的无息使用权，但是要承担起维持呈会运行的责任。呈会的运行本质和国家信贷一样，是建立在信用的基础上的。

其发展大体经历三个阶段，名称和方式因地点、时间不同，多有变化。第一阶段纯属民间互助，是一种数额较小的轮回形式；第二阶段是互助和计息相结合的借贷型；第三阶段是社会集资型。呈会的信用分为单式呈会（由会首和会脚组成）和复式呈会（会首与会脚之间由会总作为居间人），前者取决于回收的信用状况，信誉好还要具有相当经济实力，后者不单依靠会首信誉，还要看会总的社会影响力。改革开放以后，整个社会经济大幅度增长，一方面许多企业急需筹集资本扩大生产；另一方面广大居民群众剩余资金的大量积累，开始由基本消费转向投资，寻求资金的保值增值。于是促使了"呈会"的发展，将原来互助式的民间借贷，转化为企业资金筹集和资金积累的方式。并且在传统呈会里融入了现代股份制企业集资和经营理念，创造了"温州模式"。1987年，我国法律将呈会列入投机倒把活动范畴，将其定义非法集资范围。亲戚模式下的资本运作是当时民间资本的主要形式。参与呈会的亲友信任一致是融资的基础，但是抗风险能力较差。考虑到资本的趋利性和规避风险性，利息杠杆被引入"呈会"。采用"动员—参与"的形式，开始了利息杠杆为特色的新式呈会。

随着经济的发展，呈会筹资显现了其缺陷性。首先，依靠个人信任网络的呈会，其融资规模具有天然的狭窄性，另外熟人之间的道德风险和商业投机滥用，导致信用的扭曲。1985年，很多"民间金融互助会"以营利为目的开设，形成了"抬会"风波，致使高利贷活动猖獗，而国家银行储蓄下降，信贷资金不足，危害社会金融安全，更甚些形成社会问题，呈会的存在受到质疑。其次，"呈会"是短期的借贷关系，定期回收本金和少许的利息。经营企业是个较长的投资行为，呈会的暂时性筹资的特点，不符合企业发展的需要。经营者针对企业持续发展的焦虑，小农互助式筹资方式迫切需要改变。最后，呈会筹资面临借贷关系转为股权关系时，会导致产权不清。市场的不断扩展，经营者的思路分歧，成为企业走向分裂或倒闭的主要问题。

（2）银背融资。"银背"又称"钱背""钱中"，是抽取佣金的资金中介。银背活动在浙闽一代具有悠久的乡土传统，时间可以追溯至封建社会时期。从金融业务的角度看，银背介乎信用社与居民分散互助借贷之间，实质上是私营的存贷业务。从利率角度看，一方面，其存款利率一般高于银行、农村信用社等金融机构的存款利率；另一方面，其放贷利率也高于正规金融机构发放的贷款，具有更大的规模优势和信用优势。"银背"有其相关的体系和规范（又称行规）：考察参与者的年龄和身体素质；考虑资金数额；考察债务人的资质，避免逃债风险。

20世纪80年代，国有企业通过改制，提高了自身的经营管理能力，增强了市场竞争力，同时私营经济繁荣发展，市场竞争环境压力逐渐增强。企业要想立足市场，长远发展，必须提高技术质量，扩大企业规模，建立良好的市场信誉，实现产品和技术上的创新。这一系列的企业行为，都急需资金。小农互助式的呈会已无法满足企业持续经营和扩大经营的需要，而银行和信用社贷款受政策因素限制，主要为体制内经济服务，民间借贷利率成本过高，"银背"吸引了集资者的目光。银背本是隐蔽性较强的地下存贷体系，1984年中央出台"允许农村社会资金自由流动"的政策，使银背实现短暂的由地下转为地上。银背短暂合法化主要还是市场对资金的渴求度造成的，地方政府出于两方面的原因给予其一定的支持和保护。一方面是维护当地金融市场环境，整顿金融秩序，打击投机性强的抬会和倒会泡沫；另一方面维持民营企业资金链的运行，缓解日益尖锐的资金供需矛盾，补充正规金融供给能力的不足，为私营经济的发展提供便捷的金融服务，释放金融市场的系统性风险。

（3）证券融资。呈会和银背都属于民间借贷的形式，企业除了依靠民间借贷融资，近些年又增加了存单、债券、房地产等不动产的内容，主要是借款人将这些资产进行抵押、质押，借贷人从中收取部分手续费。证券融资是我国企业融资的主要途径之一，但是对发行债券的公司有严格的限定和约束。为了能获得发行证券的资格，就要具备一定规模和资质，企业应当大力发展自身实力。我国现阶段的企业融资途径，包括外部融资和内部融资，大型上市公司多是通过发行股票和公司债券进行筹资。但是我国中小企业占企业总数的90%以上，因自身发展不足和证券市场债券、股票发行的严格资质限制，大部分企业无法从证券市场上进行融资。我们从人民银行最新公布的货币信息可以看出，证券市场融资在社会融资规模的占比为15%左右。中介融资比例基本处于上升趋势，从2015年占社会融资规模的28%上涨至2017年上半年的31%，其中信托贷款尤为明显。

（4）其他融资。票据贴现融资是民间融资的形式之一，主要是一些面额较小的银行承兑汇票的贴现。银行汇票风险系数较低，银行贴现手续繁杂，部分小面额银行汇票持票人的票据变现能力差，易减缓资金的周转速度。所以持票人去经营规模较大的民营商贸行，实现票据贴现，不需要增值税税票和购销合同，凭借中间人介绍和银行承兑汇票查询书，可以直接取得现金。贴现率受票据期限长短和金融机构贴现利率的影响。据统计数据显示，山西吕梁地区四大商业银行的平均贴现利率为 3.5%～3.8%，民间票据贴现利率为 3.2%～3.3%。民间票据贴现融资时间快，易于获得资金。信用担保融资又称民间有息贷款，是由第三方融资机构提供的，主要目的是解决中小企业融资问题。根据国家发改委 2017 年的数据显示，我国已有超过 1000 家担保机构，累计担保企业达 48 318 户，担保金额累计超过 1300 亿元，实现收入超过 30 亿元。目前，我国担保行业已初具规模，从事担保业务的法人已超过 4000 家。信用担保融资主要包括流动资金贷款担保、综合授信担保和工程项目担保。另外还有典当贷款。典当贷款是指中小企业需要短期资金救急时，以质押或抵押的方式从典当行获得资金的方式。

3.4.2　民间资本供需失衡与成因

当前，我国进入"新常态"经济发展阶段，必将面临与经历增长速度换挡期、结构调整阵痛期以及前期刺激政策消化期的"三期叠加"时期，现存经济体制未来发展改革的方向必然是更加市场化，且混合所有制经济是"中国梦"的发展基石。民间资本还将迎来前所未有的发展机遇。可以预期，民间资本必将逐步成为市场的主体，也必将占据各个经济领域。然而，当前我国民间资本市场却出现了供求失衡现象，具体表现为民间资本供给充足，但有些处于闲置状态，派不上用场；民营中小企业对民间资本需求欲望特别强烈，却处于融资困境。而之所以如此，是由于存在以下原因：

（1）民间资本供求发展的客观不匹配是民间资本供求失衡的根本原因。民间资本的供给渠道主要有储蓄存款、短期理财产品、居民手持现金、民营企业存款等，这意味着民间资本供给数量的多少取决于居民和企业的财富积累程度。一直以来，我国整个社会的财富积累是稳定增长的，而民营经济主体则是快速增长的，民营经济扩大再生产的资金需求更是加速增长的。这种民间资本供求发展的客观不匹配，导致了民间资本供求失衡并且供求缺口不断扩大。

（2）民间资本供求均衡实现的渠道不畅是民间资本供求失衡的直接原因。

改革开放以来，民营经济不断发展壮大，从最初定位的公有制经济的补充发展成为现在的国民经济重要的组成部分，当前民营经济对 GDP 的贡献超过60%，在促进产业结构调整和优化、扩大劳动就业渠道、促进公有制企业转换经营机制、促进自主创新能力增强等方面发挥了积极的作用。民营经济持续快速发展必然会导致资金需求的不断增加。然而，我国以银行为主导的金融体系改革缓慢，现存金融资源主要投向了城市中的优质客户，青睐大企业、大客户、大项目，对民营经济的支持力度有限，面向民营小微企业、中小企业等民营经济主体的贷款条件苛刻，贷款支持规模有限，导致民间资本供求的正规金融渠道受阻；同时，民营经济主体无法从正规金融渠道获得资金，只能寻求民间借贷等非正规金融渠道来获得资金支持，而非正规金融往往处于金融监管范围之外，相关组织机构运营缺乏规范，长期在地下运行，风险较高，从而导致民间资本供求的非正规金融渠道亦不畅。

（3）民间资本供求自身存在的"两多两难"问题是民间资本供求失衡的重要原因。民间资本供求自身存在的"两多两难"问题是民间资本多、投资难。中小企业多、融资难。也就是说，民间资本供给规模巨大却处于"闲置"或"游离"状态、民营企业对民间资本的融资需求强烈却处于困境状态。首先，由于我国存在体制制度上的缺失和民间资本投资政策上的约束，使大量的民间资本因为找不到合适的投资方向而处于游离、闲置状态。其次，在资本逐利性的趋势下，许多闲置的民间资本脱离了实体经济，逐渐进入"钱生钱"等套利环节或者投机市场，如民间资本出现的炒股、炒房、炒煤、炒油等投机活动，从根本上来说都是民间资本游离、闲置所导致的。然而，民间资本脱离实体经济进入投机市场追逐高回报的投机模式是不可能持续的，投机活动的背后便是经济泡沫。经济泡沫一旦破灭，民间资本将会受到极大的损失，严重降低了民间资本的使用效率。其实，民间资本供求"两多两难"问题也是民间资本失衡的主要表现形式，其根本原因在于当前金融系统与实体经济的不匹配，金融无法满足日益活跃的民营经济对资金的需求，而民间资本和中小企业融资需求之间存在的体制上障碍，导致民间资本供求不可能实现均衡。

（4）民间资本供求总量失衡的原因还有宏观货币政策导致的民间资本风险不断暴露等因素。近年来，央行一直采取稳健的货币政策，市场上资金供给趋紧，这种紧缩的市场流动性也加剧了资金供需之间的不平衡性，更加使民营中小企业融资困难的境况雪上加霜。在资金供求不平衡的影响下，民间借贷利率不断攀高，导致民营中小企业从民间借贷市场融资的成本也不断大幅增加。然而，在巨额的融资成本压力之下，民营中小企业不堪重负，纷纷出现企业倒闭、企业主"跑路"等各种民间资本借贷纠纷案件；而这些频繁出现的民间借贷纠纷事件，一方面表明我国民间资本市场在体制制度上的缺陷与不成熟；另一方面也反映出我国当前民间资本供求市场处于严重失衡状态，甚至是市场失灵状态。结合前文的民间资本市场供求趋向判定准则可知，我国民间资本的供求缺口趋于扩大，且近期供求缺口扩大速度剧增，因此，可以断定我国民间资本市场供求趋向是沿着发散型动态演化路径演进的。换句话说，我国民间资本市场中民间资本供给曲线的弹性大于需求曲线的弹性，即我国民间资本市场现阶段处于发散型动态演化路径的无序状态。因此，必须进行民间资本市场的市场化改革，促使民间资本市场向稳定均衡状态趋近，确保我国民间资本市场的健康发展。

3.4.3 民间资本融资管理风险识别

资本的本性决定了民间资本投融资的城市基础设施项目必然是经营性基础设施，只有能产生收益的项目才有可能成为资本追逐的对象。由于民间资本的投融资是要有回报的，因此，它只适用于有收益的经营性城市基础设施的投融资，具有一定的风险，其中包括开发风险、建造或完工风险、运营风险等。任何一项风险的产生，都会给项目的实施造成巨大的影响。民间资本投融资城市基础设施建设最关心两个问题：一是投资回报；二是投资风险。如果不能很好地解决这两个问题，那么吸引民间资本投融资城市基础设施建设就是一句空话。

（1）项目融资风险阶段划分，根据项目发展的时间顺序，其风险可以划分为三个阶段，即项目建设开发阶段风险、项目试生产阶段风险及项目生产经营阶段风险。第一，项目建设开发阶段风险。项目建设开发阶段的风险是从项目正式动工建设开始计算的。项目动工建设后，大量的资金投入到购买工程用地、购买工程设备、支付工程施工费用等，民间资本的利息也由于项目还未产生任何收入而计入资本成本。从民间资本的角度看，在这一阶段，随着民间资本的不断投入，项目风险也随之增加，在项目建设完工时项目的风险也达到或接近最高点。第二，项目试生产阶段风险。项目在试生产阶段的风险仍然很高，即使这时项目建成投产了，如果项目不能按原定的成本核算计划生产出符合质量的产品，也就意味着项目现金流量的分析和预测是不正确的，项目很有可能生产不出足够的现金流量支付生产费用和偿还债务。第三，项目生产经营阶段风险。在这一阶段，项目进入正常运转，如果项目可行性研究报告中的假设条件符合实际情况，项目应该生产出足够的现金流量支付生产经营费用和偿还债务，并为投资者提供理想的收益。这时，民间资本的项目风险随着债务的偿还逐步降低，融资结构基本上依赖于项目自身的现金流量和资产，成为一种"无追索"的结构。

（2）项目融资风险因素及合理分担。城市基础设施建设项目投资大，周期长，不确定的因素很多，因而承担的风险也就很大。如何在政府部门和民间资本之间合理分担风险，是民间资本投融资城市基础设施建设能否取得成功的关键。一般来讲，具体风险的确立和分担都应由项目成本的高度来决定。原则上，每一风险应由最能控制该风险发生的一方承担，也就是说谁最能影响风险，谁最能控制风险，谁就应该承担风险。值得注意的是，随着我国有关法律体系的逐步完善和改革开放的进一步深入，很多风险正在悄悄发生变化。例如，外汇风险曾是国外投资者最为担心的问题，但是由于我国加入世界贸易组织，外汇的兑换风险已不十分突出，而外汇汇率风险则成了主要的外汇风险。此外，在合资的项目融资模式中，应充分考虑政府公共部门在公共项目中的主导地位，根据项目所在地的经济发展水平及法律健全度，采取不同的出资方式。这种政府主动承担较大风险的做法，无疑会给民间资本投融资城市基础设施建设带来极大的信心，从而使公共项目建设由被动开发走向主动开发，由非营利性开发逐渐转向营利性开发。

3.5　民间资本投融资风险管理策略

近年来，民间资本投资已开始变得不再陌生，越来越多的人开始关注该项事业的发展运营，目前已有部分文献资料可供参考。大概集中于民间资本投资的发展、民间资本投资的制度及民间资本投资的供需等三大方面。目前，对民间资本投资引导不足现象，使大量民间资本一直扮演着"破坏者"与"受害者"的角色，给我国社会经济带来了极大伤害，在我国社会经济转型的特殊时期，加强对民间资本的引导，促进民间资本发展法律先行，已具备了必要的实践性。博登海默曾经说过，通过法律促进自由，平等和安全性，是深深植根于人类本性所驱动的意图。我们可以看到，简单地注重从政策层面引导民间资本，很难建立高效的合理性法律价值用于真正意义上的引导民间资本，难以形成一个宏观、连续和稳定的法律体系，难以疏导民间资本，取得良好的效果。因此，民间资本引导法律规制是有着强必要性，将闲置的民间资本积极引入资本市场的发展中，对促进我国经济发展与市场产业化都有着重要作用。

3.5.1　基于资本投资偏好的风险管理

民间资本投资偏好是一把双刃剑，其内含的正面因子能够创造民营经济的发展奇迹，但其内含的负面因子会导致民间资本风险的集中暴露，从而诱发金融风险和金融危机。因此在遵循民间资本投资偏好的基础上，坚持改革创新理念，从观念、政策、金融、管理和服务等各个方面加强对民间资本投资的引导，充分激发民间资本的活力，创造全新的经济增长点。

（1）彻底打破制度障碍，优化区域金融生态环境。温州民间资本投资未能得到进一步发展，既有政策、制度等体制的约束，也有市场环境瞬息万变、经济政策等不协调因素及金融机构和企业自身素质的制约。当务之急是要消除民间资本发展的制度障碍，真正在制度层面赋予民间资本以合法的地位，也就是要确定"禁区"、缩小"盲区"、开放"特区"，给民间资本充分而明确的空间。同时，还要制定公平、合理的准入和退出机制，消除民间资本投资顾虑，营造公平、合理的市场环境，促进市场化竞争，切实保护民间投资的合法权益，真正将雄厚的民间资本优势转化为经济转型发展的推动力。另外，急需建立一整套与区域社会经济结构相匹配的现代征信体系，推动建立信用信息共享平台，加强金融知识宣传教育，提高投资者的风险意识。

（2）创新民间资本管理公司业务，打造专业管理团队。民间资本管理公司作为探索民间资本规范化投资的创新模式，其设立的目的是为了促进民间投资的规范化和专业化运作，引导民间资本投向实体经济，防范地下融资形成的风险集聚。稳定的赢利模式是民间资本管理公司可持续发展的根本。民间资本管理公司以资本金、股东额外投资资金以及私募资金作为主要资金来源，主要资金运用是债权投资和项目投资。当前，民间资本管理公司除开展项目投资、定向集合资金等业务之外，还应积极向股权投资探索转型，积极开展外延服务，打造专业管理团队，做民间资金管理的专业机构。可以试水与证券公司合作开展投资业务、融资顾问服务、财富管理业务等，丰富公司业务，还可以探索与小额贷款公司的业务合作，发挥民间资本管理公司融通功能，解决当前小贷公司融资难题。

（3）以多层次资本市场夯实产业转型升级基础。建设多层次、广覆盖的资本市场，推进企业股改、上市重组，引导企业到"新三板"等各类场外交易市场挂牌融资。发挥好本地股权、产权、金融资产等各类要素交易市场的作用，推动各类股权（产权）交易中心、金融资产交易平台、中小企业金融服务中心、民间财富管理中心等发展壮大。创新市政建设项目融资方式，利用政府和社会资本合作（PPP）方式引导社会资本参与基础设施建设和高新企业发展。同时，加快建立现代企业制度，优化企业产权结构，综合各类融资工具，夯实实体经济发展基础。

（4）以金融特色小镇建设引导民间资本回归聚集。特色小镇是以新理念、新机制、新载体推进产业集聚、产业创新和产业升级。比如，2015年第一批浙江省省级金融特色小镇有37个，包括杭州上城玉皇山南基金小镇、宁波梅山海洋金融小镇、嘉兴南湖基金小镇、金华义乌丝路金融小镇等。特别是杭州上城玉皇山南基金小镇目前已集聚了各类基金机构160家，管理资产规模超过500亿元。目前，温州已经在规划和建设温州万国（财富）小镇、瓯海汇富小镇、南麂基金岛（小镇）等市级金融特色小镇，通过建设这些现代金融服务业集聚示范区，推动金融、文化、旅游、商业等多产业融合、集聚、创新和升级，并以点带面，促进经济创新特色发展，提高资金运作效率和区域经济发展水平。

3.5.2　构建"四位一体"的民间资本风险管理机制

民间资本的规范化发展与风险防控最首要的问题是，需要构建一套集法律规范、政府监管、行业自律、社会监督于一身的"四位一体"的民间资本风险防控机制，具体包括：

（1）立法司法部门的监督管理。相关立法部门要尽快出台"民间金融法"等法律法规。清晰地界定民间金融的合法与非法的界限，并且对现行存在矛盾的法律法规做出修改，尽快制定"反垄断法"，打破国有正规金融的垄断局面；司法部门负责制定民间金融交易活动违法犯罪的惩罚法律，对民间融资纠纷进行事后裁定。

（2）政府部门的监督管理。政府在民间资本风险监管中可以实现以下职能：一是政府投资担保公司。政府投资主体可单独或与民间投资主体合作设立间接支持中小企业发展的政策性扶持机构——中小企业信用担保机构，为中小企业提供融资担保、短期资金拆借、融资租赁等服务，从而有效降低信贷风险。二是政府投资设立中小企业投资信息网络平台。政府可建立以政府投资为主的专门为民间投资主体服务的信息网络平台，通过设立融资项目信息库，广泛收集小微企业、个体创业者的融资需求信息，采取灵活多样的对接方式，为中小企业提供资金融通、资产管理、融资中介、信用担保、政策性资金申请等专业化融资服务，借助互联网技术和现有的小企业网络服务商资源，解决信息不对称问题，实现中小企业和金融机构的有效对接，实现信息的高效配置。

（3）行业组织的自律管理。民间金融是一种非制度化的内生体系，是按照市场的规律自发组织的。应成立民间金融行业协会，充分发挥民间金融行业协会的组织协调功能与服务功能，以及对民间金融活动进行监督、约束和管理的职能等，大额的民间金融交易活动在行业协会实行登记备案，从而实现行业协会的自律管理。同时，行业协会也可给民间资本借贷者之间的协调、业务合作和信息共享提供一个很好的平台。

（4）民间借贷者的社会监督管理。民间借贷者之间出于规避风险的需求，会自发地对内部风险控制加以改进。民间金融机构需要借鉴成熟的金融运营模式，设计一套完整的内部控制流程。

3.5.3 构建民间资本的风险预警机制

首先，要加大对民间融资的管理，及时收集掌握民间融资情报信息，在融资初期及时介入，剖析借贷规模、利率水平、资金流向，提出防控风险的指导性意见，做到问题早发现、早处置，引导民间融资规范化运作。其次，应针对民间借贷的不同风险来源，从利率风险、信用风险、操作风险、流动性风险四个方面分别进行指标设置和归类。如：民间借贷的利率风险指标应主要包括：利率敏感比率、实际 GDP 增长率、通货膨胀率、CPI 指数等；民间借贷信用风险指标主要包括：抵押贷款率、次级贷款率、损失贷款率、利息回收率等；民间借贷操作风险指标主要包括：营业费用率、资产利润率；流动性风险指标主要包括：保证金比率、风险备付金比率、短期贷款比率等。最后，应构建民间资本风险预警体系的风险预控模型，包括事前防警、事中跟踪和事后排警等组成的一套完整的动态体系。

为此，需要在以下几方面同时做出努力：

（1）建立市场准入制度。首先，要根据各个地区民间金融机构发展的不同水平确定不同的准入方式：对经济发达地区，可以鼓励符合规定设立条件的民间金融机构通过收购、兼并等市场化方式进行改造，发展本地区的民营银行；对经济欠发达地区，严格要求民间金融机构向监管部门提供资产担保等放贷资格的保证。其次，要控制国有股份所占比例，防止大企业或政府垄断，从而让民间金融机构演变成正规金融现象的发生。最后，从机构的注册资本、组织结构、业务范围、人员组成等多个方面，对各种不同类型的民间融资机构的准入条件进行设置，在民间金融机构管理人员的任职资格上，应按照金融机构经营管理的要求来设定管理人员的选用标准。

（2）建立市场退出制度。首先，应制定或修改相关法律，明确规定民间金融机构的退出标准，比如一旦资本充足率低于某个标准，就应该强制其退出市场；其次，建立专门的资产管理公司处理退出市场的民间金融机构的不良贷款。

（3）建立存款保险制度。存款保险制度不仅能够树立公众对民间金融机构的信心，弥补民间金融机构缺乏国家公信力的不足，也能降低民间资本的风险。政府应通过设立专门的存款保险机构，确保其职能发挥的独立性。同时，要将存款保险收费制度同银行业金融机构相关法规发展程度、风险分类和分级状况等因素结合起来。

（4）建立信用担保制度。信用担保机构的建立可以弥补借款者信用状况不足的缺陷。借款者向信用担保机构上交一定比例的担保费，一旦借款者无法及时偿还贷款，信用担保机构将向放贷人支付代偿资金，担保机构同时向借款人进行追讨，索要包括借款本金、利息、违约费用等金额。

3.5.4 完善民间资本投资管理环境

（1）建立我国互联网金融征信体系。互联网金融作为一种新兴的金融模式，在优化金融资源配置，促进实体经济发展，加快经济转型升级中，发挥了至关重要的作用，同时也为民间资本投资提供了畅通的渠道。但是我们也应该注意到，在互联网金融快速发展的同时，与之相适应的信用体系建设却呈现滞后状态。由此带来的潜在信用风险和监管问题也在集聚。主要表现在：因内控缺位导致个别互联网金融平台发布虚假的资金供求信息来骗取客户投资资金；因平台对客户监管不力或没有实行注册实名制会出现一些客户打着借款的幌子提供虚假信息进行诈骗的行为；平台建设缺位导致资金支付或借贷环节存在安全隐患而无法有效保护金融消费者权益等方面，这需要建立互联网金融征信体系来保障民间资本适合的投资环境。

（2）健全完善的相关监管制度，规范民间投资。完善现有的监管体系，以弥补现有监管制度在覆盖互联网金融方面的空白与不足，是破解民间资本投资困境的关键。在现有的法律基础上，从以下几个方面对有关监管制度进行修订和完善：一是建立和完善互联网金融统计调查和风险分析。比如加大对互联网金融机构的日常风险监管力度，对风险进行预警分析，定期检查并消除潜在的风险，对有关的机构及时进行提示和纠正，以避免由小及大，由点及面的区域金融风险。二是根据各类互联网金融机构的经营特点，针对具体的互联网金融机构，制定监管制度。对待网络银行，可以结合传统的商业银行监管方式，构造符合当下网络银行特征的风险监管体系，建立 CA 安全认证系统，对每个客户端身份进行验证，监控电子货币发行和流通，打击网络金融犯罪活动。

（3）加大政府引导和扶持力度。政府引导和扶持是民间资本投资困境解决的关键。要从以下几个方面入手：一是信息公开化。政府通过建设和完善信息公布平台，定期发布与项目投资、前沿技术相关的产业政策，向民间投资者发布经济新动态、市场准入限制、宏观经济政策、产业发展动向、市场调研结果、最前沿的科技创新、合作项目、人力资源供求等信息，引导民间投资者正确判断投资形势，合理投资。二是建立企业征信平台。通过政府相关部门的授权和监管，成立市场化决策运营公司，构建企业征信体系、制定评级制度以及建立失信惩罚机制、企业诚信档案，更新保管好数据库，为贷款的银行和社会公众提供长期以来企业的征信信息。三是完善社会服务体系。按照市场化原则，通过资格认定、业务委托、奖励等方式，鼓励引导建立以商会、自律性行业协会、科研机构等中介服务组织为中心，面对民间投资的人才培养计划、技术信息服务、信用评价、管理咨询、法律服务、政策解读等智力支持的社会性服务体系。

综上，民间资本投资的引进可以缓解资金困难的问题，划分产权和竞争机制的引入可以更好地促进工作效率，但也存在一些问题。比如投资后在利益驱动下会造成服务价格飙升、国有资产流失及环境污染等问题，且在不同地区投资也会存在着严重的差异性。因此，为适应时代发展规律，解决民间资本的地区效应差异性与资本错位现象已成必然。根据我国民间资本的形成与特点、投融资现状及遇到的瓶颈问题提出，要适合现阶段民间资本发展模式，促使民间资本投资带动产业经济的发展。

4 实体经济视角下的民间资本管理

实体经济是任何一个国家国民经济的基础和稳定器，发达国家的经济发展史告诉我们：实体经济强大，则国家强盛；实体经济衰落，则国家没落。只有不断发展壮大实体经济，才能增强我们国家抗击经济风险的能力。但是近年来，由于受到劳动力、土地、原材料价格不断上涨以及人民币升值等因素的影响，实体经济的利润率越来越低，民间资本参与实体经济的意愿降低，为数众多的民营企业纷纷逃离实体经济，大量民间资本进入房地产、股市、贵金属买卖等高利润高风险行业，使实体经济的发展雪上加霜。因此，我们必须正视民间资本对于实体经济发展的重要性，必须鼓励并推动民间资本回归主业，回归实业，进入更多的实体经济领域，参与各行业的竞争，推动我国经济持续稳定增长。本章将在阐述民间资本参与实体经济投资与发展的必要性和意义的基础上，分析目前我国民间资本进入实体经济领域所面临的困难和障碍，深入探究民间资本参与实体经济投资与管理的相关策略。

4.1 民间资本与实体经济关联性解析

民间资本逐渐成长为一股影响较大的资本力量。2017年民间投资占到投资总规模的 70% 左右。可见，民间资本作为全社会固定资产投资的重要组成部分，日益成为推动我国经济增长不可或缺的强大支柱。因此，研究民间资本与经济发展的关联性是非常有必要的。

4.1.1 民间资本参与实体经济管理的必要性

从经济学角度讲，实体经济是指物质的、精神的产品和服务的生产、流通等经济活动，包括农业、工业、交通通信业、商业服务业、建筑业等物质生产和服务部门，也包括教育、文化、知识、信息、艺术、体育等精神产品的生产和服务部门。实体经济是任何一个国家发展壮大的基础。经过几十年的快速发展，中国制造已经从国内走向了世界，我国成为世界上最大的制造加工厂。然而随着近几年来原材料、工人工资、工厂用地价格的提高，以及受到企业外部市场需求变化、竞争加剧、融资困难等因素的影响，中国实体经济的发展步履维艰，走到了难以抉择的十字路口，非常需要得到新生力量的投资与参与，尤其是民间资本的参与。民间资本主要指民营企业流动资产和居民家庭的金融资产。

改革开放以来，我国民间资本对国民经济的发展发挥了巨大的促进作用：据全国工商联统计，民间资本对中国 GDP 的贡献率超过 60%，企业数量占全国企业总数的 70% 以上，提供了 85% 以上的城镇新增就业岗位和 90% 以上的农村转移就业岗位，在技术创新方面民营经济也表现卓越，有 65% 的技术创新成果、75% 的专利、80% 的新产品是由民营经济实现的。而且，经过 40 年的改革开放，民间资本迅速积累，特别是近十几年来增速更快。据估计，目前我国民间资本总量达三十多万亿元，民间资本已经成为促进中国经济发展的主要动力。实践经验证明，民营经济是社会主义国家经济的重要构成，最富有活力和创新精神，适应市场经济的变化和竞争力较强，每次经济变革和调整，民营经济都能依靠创新和实践取得新的发展。

我国经济发展方式的转变、经济结构的转型和经济质量的提升都离不开民营经济的发展。民营经济年均增速超过 20%，截至 2017 年 6 月，民营经济从业人数约达 9000 万，现今经济发达的江浙地区，民营经济扮演着举足轻重的角色。由此可见，民营经济除了对国民生产总值的贡献外，还提供了大量的就业岗位，解决了许多农民工和待就业人员的就业问题，确保了民营经济自身的资本积累，还使大部分城乡居民富裕起来。由此可知，民营经济是我国民间资本快速积累的主要推动因素，随着政府对民营经济的重视和准入政策的放宽，民营经济发展前景较好，民间资本存量还会增长。此外，改革开放以来，社会生产物质极大丰富繁荣，广大人民群众生活水平不断提高，居民手中的资金也在不断增长。资金保值增值的渴望，银行存款利率的偏低和物价增长的通胀苗头，促使居民将资金投入金融市场或实体经济，形成了民间资本。逐年不断增长的居民储蓄数额显示民间资金的充裕性，而我国金融投资市场发展不完善，金融理财产品缺乏、监管措施存在缺位，金融市场风险高等现状，使居民富余资金缺乏高效收益的渠道，形成民间资本借贷或高利贷的资金来源。

4.1.2　民间资本流动对实体经济的影响

在我国民间资本大量积聚之时，民间资本对经济及社会产生的影响是不可忽视的。民间资本的发展具有两面性，下面将从民间资本与公共资本、民营企业发展、社会经济可持续发展等方面对其进行阐述。

（1）民间资本对区域经济发展的正面影响。第一，互补公共资本不足。在我国现今的金融体制下，向银行贷款是中小型企业获得资金的主要途径。然而，商业贷款在很多情况下需要通过繁杂的手续来实现，如房产抵押、他人担保等。这些复杂的手续加之现今金融体制的不完善，导致很多中小型企业出现贷款难的状况。由于民间资本的存在，民间借贷应运而生，这一现象与公共资本相互补。民间资本通常是通过熟人借贷，以欠条形式作为证明，到期还本付息。金融资本的借贷，不仅手续繁杂，而且灵活性低。通常有固定的借款数额、期限等，不能做到随需随贷。与之相比，民间资本借贷更加灵活。民间资本在贷款人需要的时候，便可以通过自己的人脉贷到资金，而且在借款金额，还款时限等方面都具有较大的灵活性。民间资本借贷程序简单，来源广泛及其灵活性，都在很好地与金融资本互补，可以缓解中小型民营企业的资金借贷压力。第二，便于企业快速获得信息，促进民营经济发展。民间资本在我国的借贷形式，主要通过中间人介绍形成借贷关系。所谓的中间人在我国的民营经济中通常是指通过自己的人脉进行民间资本的流通。这种借贷关系的发展使一种叫"熟人圈经济"的诞生。伴随着这种以"熟人圈经济"为基础的民间资本流动，在我国民营经济圈形成了一种企业间网络。民间资本的借贷将不同的企业联系在一起，在资本流动的同时伴随着新知识、新工艺的传播。对于市场信息获取不流畅的中小型民营企业，民间资本的流动有利于市场信息的加速传播，便于中小企业迅速获得市场利息。市场信息获取的后知后觉是导致企业遭遇发展瓶颈的重要原因之一。若民间资本借贷发展成熟，"熟人圈经济"会更加完善，可以改善企业获得市场信息的速度，促使企业健康快速成长起来。第三，拉动需求、增加供给、开阔市场。在新古典经济模型中，资本积累是促进经济增长的关键因素。我国的民间资本聚集，有利于加速资本的积累。在民间资本积聚时，民间资本的拥有者便会寻求投资机会，将资本投入某一行业，如民间资本过剩带来的炒房热、炒棉花热等。这一系列的投资热潮都将拉动需求，加速各类产品的供给。随着社会消费需求的不断增加，在资本逐利性的驱使下，民间投资主体便将投资目光逐步投向新的市场，挖掘新的消费渠道，并在生产中不断形成规模化效应。例如在温州，民间资本投资者可以将小小的打火机发展成为占领大部分欧洲市场的产品，而小小的纽扣也可以被做成全国的大市场。在民间资本积聚的同时，不仅拉动了需求，加速了经济的增长，同时还不断开拓出新的市场。这就是民间资本的魅力所在。

（2）民间资本对区域经济发展的负面影响。第一，过度积聚、加大资本贷出风险。资本的逐利性是其基本特征之一。民间资本掌握在个体或民营企业等未受过专门训练的群体中，对资本投资风险的判断意识薄弱。在民间资本流通的过程中，资本的贷出者最根本的目的是为了获取经济利益，因而将资本过多的投入当下获利较多的行业而忽视其潜在风险。民间资本过于集中于某一行业，资本带给那些当下行业较热的贷款者，如房地产等行业。这些过热的行业，常常由于人们的盲目追捧使其产生虚假浮华现象。当民间资本被投资到一些非实体经济中时，其所面临的风险便自然加大。加上我国民间资本借贷的法律保护体制等的不健全，致使民间资本承担了较大的难回收的风险。第二，资本流向不当，不利于经济稳定持续发展。民间资本投资的逐利性与投资主体的盲目性，致使民间资本过度集中于某一行业，而不能有效地受政府宏观调控的控制。在理性经济人的假设下，投资活动变得被动而机械，投资主体跟风现象太重，民间资本投资过度集中，易造成虚假的经济繁荣。盲目投资所带来的虚假经济繁荣容易造成经济泡沫，带来经济较大的波动性，不利于经济的稳定持续发展，与政府经济发展目标相违背。

4.1.3　民间资本参与实体经济管理的现实意义

面对我国实体经济目前的发展困境，大力促进民间资本参与实体经济的投资和发展，具有极其重要的意义。

（1）民间资本投资于实体经济是一种双赢。我国是一个人口众多、人均资源匮乏的国家，如果没有工业产业的充分发展，服务行业就没有基础，消费就失去了来源，工业也就失去了反哺农业的能力。民间资本具有天生逐利性的特点，实体经济应是民间资本的最终落脚点。随着我国对于战略性新兴产业以及新的消费热点的培育，目前实体经济正在孕育着众多优秀的项目，如高端电子信息、生物医药、新型通信等行业。这些正在兴起的朝阳产业在建立产业链时非常渴求资金来推动。如果民间资本选择这些新兴产业进行投资，就可以使先进的核心技术得到产业资本催化，迅速转化为生产力和经济效益，民间资本也可以获得长久稳定的利润回报，最终实现双赢。

（2）有利于民间资本在投资实体经济过程中实现产业报国的理念。很长一段时间以来，我国经济发展的资本来源主要依靠国有资本和外资。虽然随着我国经济的飞速发展，民间资本不断壮大，规模日渐充盈，但是在发展实体经济方面，民间资本一直没有得到高度重视，处于边缘化地带。其实我国大多数的民间资本具有强烈的实业报国理想，如果能够为其配备优良的政策环境、畅通的投资渠道，民间资本非常渴望进入高成长性的实体经济领域参与投资与发展，以发挥其巨大的资本潜能。我国目前还处于工业化的加速期，在今后相当长的时间里，实体经济的发展仍将是我国国民经济和财政收入的基础和保障。坚定地保持实体经济的主导地位，对于促进就业、保障民生、确保国民经济的健康较快发展非常重要。

（3）投资于实体经济有利于消除虚拟经济泡沫。20 世纪 80 年代以来，虚拟经济得到迅猛发展，并推动了整个世界经济的增长和进步。虚拟经济是市场经济高度发达的产物，属于新兴事物，其最终目的仍然是服务于实体经济。虚拟经济因实体经济的需要而产生和发展，理所当然应该以实体经济为基础。如果虚拟经济过度背离实体经济，将产生经济泡沫，会导致虚拟经济系统的崩溃，并最终引起实体经济衰退。近年来受疯狂的"土地财政"和国际金融危机的双重影响，房地产市场、资本市场等虚拟经济迅猛发展，给实体经济的发展带来了严重冲击，民间资本也纷纷逃离实体经济，手上有闲置资金的人都不愿意投资到实业上去，而更愿意在投机市场上牟取暴利，炒房、炒矿、炒艺术品、炒贵金属等行为使中国实体经济严重失血，无力完成技术升级和产业转型。因此，让民间资本回归实业，参与到实体经济的各个领域，对于重新提振实体经济、消除我国虚拟经济中的泡沫具有重大意义。

4.1.4　民间资本参与实体经济管理的现实障碍

中国并不缺少民间资本，缺少的是完善的政策环境。大力促进民间资本参与实体经济，推行"实业立国"的国家发展战略，可以有效地突破技术创新瓶颈，实现实体经济再造，对我国当前乃至长远的经济繁荣具有更加重要的战略意义。但是由于目前市场环境不甚理想，民间资本参与实体经济的投资与发展面临着重重阻碍。

（1）市场环境不利于民间资本的发展，导致民间资本参与实体经济缺乏热情的主要原因是市场环境不理想。比如：某些领域存在进入障碍，民间资本无法进入；民营企业资金不足、融资困难问题长期存在；民营企业不受重视；实体经济利润率较低等。并且受到实体经济前景不明朗、生产订单不足、产能过剩、效益下降等因素影响，民间资本投资意愿不强烈，普遍持谨慎观望态度。还有，相对于民营企业而言，根据以往积累的资源优势，国有企业得到国家经济政策的支持力度更大，发展空间也更有利。再加上民间资本具有天生的逐利性，投机市场火热，使民间资本游离于实体经济之外成为必然。

（2）进入某些行业领域的门槛太高。长期以来，民间资本进入一些行业受到多种限制，困难重重。首先是铁路、水利、电力、石油、天然气等行业，由于国家没有批准放开竞争，这些行业对于民间资本来说则很难进入。还有一些行业表面上看似允许民间资本参与，但实际上设置了太高的准入门槛，对于民间资本而言是看得见但进不去，如金融服务业。我国对设立金融服务企业大多有较高的注册资本限制，而且必须取得人民银行的批文和金融许可证。并且金融服务业表面上看似门类众多，但是细分行业之间发展极不平衡，可供民间资本选择进入的空间很小。

（3）政府投资对民间资本形成挤出效应。2008年的金融危机席卷全球，大型基建项目和工业项目占了相当大的比例，这些项目几乎都被国有企业拿到。政府资金无法通过投资有效地吸引、带动民间资本投资，取得"四两拨千斤"的效果，反而对民间资本产生了挤出效应，后续投资乏力。

（4）投机性资本非理性膨胀，严重影响民间资本对实体经济的投资和参与。近年来，受投资渠道狭窄、社会闲置资金及热钱投资欲望强烈的影响，各类投机性行为不断涌现，房地产市场、资本市场、农副产品、古玩字画、贵金属等出现非理性投机，给实体经济的发展带来了严重冲击，以致经济"空心化"的问题愈演愈烈。过多的资金涌入这些领域，造成市场供求的严重失衡，还吸引了大量民间资本逃离实体经济进行投机经营，造成资源的浪费和配置不合理。

4.2　民间资本参与新型城镇化建设

新型城镇化是指以科学发展观为指导思想，通过新型工业和现代服务业带动各产业发展，从而形成城镇间合理的空间结构布局。有效发挥各自优势的新型城镇化道路，是城镇带动农村的可持续化发展道路。新型城镇化建设具有公共物品属性，鉴于公共物品的非竞争性和非排他性，单靠政府的财政支持无法满足要求，需要依靠广泛的金融机构的共同支撑。然而，金融机构的营利性需求与新型城镇化建设的公益性是一对矛盾体。以农业经济为主导的小城镇难以从商业银行获得资金支持，新型城镇化得到的来自农村信用社的金融支持受到很多限制，国家开发银行无法为新型城镇化提供建设资金。因此，民间资本参与新型城镇化建设是双赢的，不仅解决了新型城镇化建设的资金来源问题，促进新型城镇化建设中公用事业和公用服务的高效提供，提高新型城镇化建设的收益，而且为民间资本开辟了新的投资机会和渠道，开阔了新的发展空间。

4.2.1 民间资本参与新型城镇化建设的必要性

要拓展民间投资的直接融资渠道，加快推进项目融资和产权交易步伐，大力推行项目融资或项目经营权有偿转让投资方式，降低民间资本的融资难度和融资风险。民间投资服务体系要充分担当起"为资本找项目，为项目找资本"的桥梁作用，通过吸纳民间资本，促进民间资本转型升级。建议政府加快地方金融改革步伐，引导建立产业投资基金或投资联盟，作为集聚民间资本的平台，提高民间资本的组织化程度，减少投资的盲目性。

（1）民间资本促进了民营经济的发展。目前，国有商业银行主要向经济效益较好的国有经济融资，对非国有经济融资有限，民间资本恰恰满足了非国有经济的资金需求，与国有商业银行形成信贷资金的互补，为中小微企业解了资金方面的燃眉之急。这些民营企业既可以通过民间资本获得创业资金，又可以通过其追加资金。因此，民间资本从一定程度上解决了民营企业的融资难问题，促进了民营企业的健康有序发展。

（2）民间资本有利于解决"三农"问题。民间资本的资金在参与城镇化建设中主要是扶持广大农村中的中小微企业和个人，有利于带动农村经济的发展，扩大农村劳动力就业，进一步提高农村的生产力水平，为农村的"三农"建设提供资金来源，符合国家解决"三农"问题的战略政策。民间资本的参与为解决"三农"问题提供了新的视角，是对正规金融的有效补充，有利于推进农村产业化经营、金融创新和政策性住房建设等。

（3）民间资本解决了资金供求矛盾。民间资本消除了经济调控的负面影响，规避了宏观经济政策调控对中小企业的不利影响。民间资本可以根据市场的资金供求情况，以多种灵活的方式，聚集正式金融机构以外的社会上的闲散资金，并将资金配置到具有发展前景的急缺资金的企业或产业领域，从而解决潜力产业的资金供求矛盾，促进新兴产业的快速发展，为其提供资金支持，同时这些产业又反过来带动民间资本的发展。

（4）民间资本的信息优势有利于市场化操作。民间资本往往是合约双方通过自愿协商达成市场化融资活动，因此合约双方的信息是对称的。资金供给方对借款人的投资项目和资金用途有比较详尽、深入的了解，有利于其更快地做出融资决策，并对借款人的资金使用情况进行实时监督。民间资本的市场运作机制和模式，不但促进了我国金融的多元化、多体系发展，而且为国有正规金融的市场化操作提供了有价值的借鉴意义。

4.2.2 新型城镇化为民间资本带来全方位的投资机遇

当前，我国城镇化已进入快速发展期，随着城市发展和城镇人口增加，道路、交通、环卫等基础设施需求迅速增长，对能源的消费需求也不断增加。新型城镇化为民间资本带来全方位的投资机遇包括以下方面：

（1）城镇基础设施快速发展是城镇化的基础。研究表明，到 2020 年，仅仅由于城镇人口增加而新增的市政建设，包括公共交通、市容环卫、污水处理、绿化、热水供应、道路桥梁等资金需求就达 16 万亿元。长期以来，我国在基础设施领域的投资仍处于较低水平。据统计，我国现有基础设施资本存量达 25 万亿元，仅次于美国和日本。但 1980 年至今，我国人均资本存量仍低于所有经济合作与发展组织（OECD）成员方，没有因为总量的增加而明显改善。当前，城镇化基础设施建设过度依赖地方政府资金，资金主要来源于地方财政拨款和银行贷款，既会因缺口过大而减缓城镇化进程，也会加大政府债务风险，因此必须引入民间资本。城镇化基础设施建设大多具有超前性和公益性，投资规模大、建设周期长、运营成本高、资金回报慢，对民间资本缺乏吸引力。我国城市基础设施资金来源以地方政府投资为主，民间资本参与程度不及 10%。城镇化进程中所需产品大多具有准公共品性质，实践证明，无论政府投资或是私人投资提供，都存在严重不足或缺陷，较理想的模式是公共私营合作。从国际经验看，城镇化进程中的投资都经历过从政府投资到私人投资再到目前被广泛采用的公共私营合作制的模式投资。公共私营合作制模式，指政府及其公共部门与企业之间结成伙伴关系，并以合同形式明确彼此的权利与义务，共同承担公共基础设施或公共服务建设与营运。

（2）新型城镇化基础设施建设存在大量资金缺口。今后一段时期，城镇化还将保持过去 5 年的增长态势。但与发达国家城镇化率 80% 的水平相比，我国城镇化水平依然滞后，未来还有很大的提升空间。2010 年发布的《中小城市绿皮书》推测，到 2020 年我国城镇化率将达到 60% 左右，这意味着有 2.5 亿农村人口进入城镇工作生活，由此将产生巨大的资金需求，预计社会保障和市政公共设施支出共计将超过 30 万亿元，即便剔除社会保障方面的开支，基础设施投资需求大约也在 20 万亿元以上。另外，随着信息化的推进，智慧城市、无线城市、数字乡镇等新理念引入城镇化建设。智慧城市的建设逐渐被全国各大城市视为未来新型城镇化的重点领域。据国家信息中心预估，"十三五"期间将有 600~800 个城市建设智慧城市，总投资规模将达 2 万亿元。而"宽带中国计划"、移动通信网络覆盖和"三网融合"的实施，城乡信息基础设施水平将大幅提升，同时也将创造新的投资机遇，尤其是在目前信息基础设施尚不发达的中西部地区和广大农村地区，投资需求巨大。再考虑到中国政府债务规模要控制在 GDP 的 60% 左右，到 2020 年可新增的政府债务不会超过 20 万亿元。这样，在政府安全的负债空间范围内，可以预计到 2020 年，中国在推进新型城镇化过程中将面临巨大的资金缺口，这个缺口只能由社会资本来补充。

（3）新一届政府全方位的政策支持。随着新一届政府对于经济体制改革的态度逐渐清晰，在经济上，将更加重视市场的基础性作用，要求激发市场主体活力，而鼓励社会资本参与基础设施建设领域成为全面激发市场主体活力的重要环节。近年来，财政部、发改委、人民银行、银监会联合下发了《关于制止地方政府违法违规融资行为的通知》，对地方政府通过违规集资、BT、信托等方式举债和违规注资或提供担保等行为进行制止，并要求清理整改。可以看出，我国正在对国有资本进行强有力的调控，规避债务风险，保持经济稳定增长。与此同时，我国鼓励社会资本全面进入城市建设领域，十八届三中全会决议也明确了"允许社会资本通过特许经营等方式参与城市基础设施投资和运营"的改革方向。这对于社会资本来说，无疑是一轮新的机遇。在新时期的新型城镇化道路上，社会资本将获得政策的全方位支持。

4.2.3 民间资本参与城镇化建设面临的主要问题

从目前我国城镇化发展实践来看，民间资本已参与城镇建设的部分领域，在一定程度上起到了增加资金供给、提高城镇运行效率的作用。但民间资本参与城镇化的程度依然不高，发挥作用有限，主要存在以下几个方面的问题：

（1）现有"土地财政+地方政府融资平台"的城镇化投融资模式，使地方政府引入民间资本的意愿不高。在我国城镇化进程中，"土地财政+地方政府融资平台"的投融资模式是地方政府为筹措建设资金、弥补财力不足而形成的特殊投融资模式。这种模式使地方政府缺乏引导民间资本投资城镇化的动力。扩大民间资本参与城镇化的份额，必然会减少土地财政支撑城镇化建设的比重，导致地方政府通过借助土地财政来扩大政绩的效果"大打折扣"。依靠地方政府融资平台的融资模式不仅致使市场扭曲和资源配置低效，还导致普遍的地方政府短期行为，降低了地方政府引进民间资本的意愿。一方面，土地财政除不可持续、极易引发风险等弊端之外，还助长了政绩激励下的短期行为；另一方面，由于缺乏有效的监督，一些地方政府依赖融资平台极力扩大融资量，过度透支政府信用，筹集的资金超出城镇化建设的需求融资量的不断加大推高了地方政府债务风险，受到了监管层和市场的关注。截至2017年12月，全国城市土地出让金总额为超过4万亿元，同比增长近50%。同时，中央政府和地方政府加总债务总额约30万亿元，其中地方政府债务19.94万亿元，而地方政府债务主要来自地方政府融资平台，债务余额接近14万亿元。2017年中央经济工作会议强调，要把控制和化解地方政府债务风险作为经济工作的重要任务。

（2）政府主导的城镇化投融资模式对民间投资产生"挤出"效应，公共私营合作制的不健全削弱了民间投资的效果。政府投资对民间投资具有引导、带动和示范作用，但如果投资的范围、结构和力度掌握不当，也会"挤出"民间投资。当前，我国城镇化已经进入快速发展时期，基础设施建设、公用事业建设以及公共服务的需求迅速增长。有研究表明，到2020年，仅由城镇人口增加而新增的市政建设的资金需求大约就有16万亿元。根据项目区分理论，市政公用设施按照垄断性和公共性的程度，可分为非经营性和经营性两种类型。绝大多数市政公用事业，如供水、供气、公共交通、排水、排污、道路、桥梁、垃圾处理等都具有经营性特征，都可以作为民间投资的对象。政府投资应该限定在城镇化建设中民间资本不愿意投资的非经营性领域，为民间投资留出空间。如果政府投资于经营性领域，则会"与民争利"，导致民间投资的获利空间狭小而被"挤出"。在推进城镇化的过程中，由于缺乏对经营性、非经营性的明确区分，政府包揽了大量基础设施建设、公用事业建设以及公共服务供给，很大程度上替代或挤占了民间资本。此外，城镇化基础设施建设大多具有超前性和公益性，投资规模大，建设周期长，运营成本高，资金回收慢，对民间资本缺乏吸引力。

（3）城镇化建设投资领域过高的准入门槛，增加了民间资本的参与难度。民间资本参与城镇化建设的阻碍，不仅表现为政府投资对民间资本存量的"挤出"，更体现在一些领域的准入门槛阻止了更多的增量民间资本进入。针对民间资本政策落实方面的独立评估报告显示，民营企业在市场准入方面仍遭遇不少体制性和政策性障碍，部分实施细则不具体，操作性不强或门槛设置过高,实践中很难落实。在城镇化建设投资中,由于隐形准入门槛的阻碍,基础设施领域一直是民间投资涉足最少、进入最为艰难的领域。从城镇投资口径反映的国有投资比重变化看,国有及国有控股投资比重逐年下降,但在电力、交通、水利和公共设施投资中的比重持续居高不下。尽管电力行业国有及国有控股投资比重下降较多,但水利、公共设施下降幅度较小,铁路、道路和航空运输业等细分行业近年来甚至出现不降反升的情况,可见民间资本的参与程度十分有限。就电力、交通、水利和公共设施行业整体而言,2017年国有及国有控股投资依旧占有 70% 左右的比重,这意味着基础设施领域仍然是民间投资的禁区。

(4)民营企业过高的融资成本和税费负担,抑制了民间资本投资城镇化的积极性。当前民营企业普遍面临融资贵、用工难、税费重、成本高、利润薄的五重困境,其中融资贵和税费重是影响企业生存发展的两大难题。一方面,融资难和融资贵已成为民营企业发展的头号困境。我国高度集中的金融体系与高度分散的企业体系不相适应。企业体系高度分散,中小微企业占全国企业总数的 99% 以上;而金融体系却高度集中,国有大中型银行占据大部分信贷资源。由于受到规模、盈利能力、资信等级、可抵押担保品等条件约束,国有大中型银行"重大轻小""嫌贫爱富",许多民营企业尤其是大量的民营中小微企业难以从正规金融机构获得信贷资源。即便少量的中小微企业获得银行授信,也面临高昂的融资成本,除了要缴纳超出基准利率的利息,还要扣除一定比例的保证金,并支付一大笔担保费和其他中间费用。相对于能得到银行信贷融资的少数企业而言,大多数中小微企业只能依赖民间借贷市场融资,不仅加剧了资金的稀缺性,而且进一步推高了民间利率,增加了企业的债务负担和经营风险。另一方面,高税费是阻碍民营企业生存发展的重要因素。尽管当前各地政府也在积极给小微企业减轻负担,但减税力度太小。有研究表明,过去两年对小微企业减免的税收总额为每年 300 亿元左右,减免额不到总税收的 5‰,收效甚微。更严重的是,在当前经济增速下行的形势下,政府税收增速也随之下降。一些地方政府为了保证财政增收,开始提前收税、收"过头税"、清收漏税,甚至乱收费、乱罚款等,进一步恶化了企业生存环境。中国企业家调查系统显示,"税费负担过重""资金紧张"分别高居企业发展最主要困难因素的第二位和第四位;超过一半的民营企业感到税费过重,超过三分之一的民营企业感到资金紧张。考虑到民营企业融资贵和税费重的双重困境,民间投资会更加谨慎,积极性受到较大程度的抑制。

4.3 民间资本介入新型城镇化铁路建设的思考

随着中国社会多元化发展和民间资本越来越庞大，民间资本表现出较强的投资能力。民间资本越来越多地参与交通运输等基础设施建设，并取得了一定程度的发展。在民间资本投资的组织过程中，需要从政策、市场、模式、机制等多方面加以落实，出台相应的政策措施和具体细则，为民间投资营造一个平等、公平的投资环境，加强对民间资本投资的法律保护；同时，政府要发挥财政支持作用，以一部分财政引导资金，建立健全为民间资本投资服务的金融组织体系，带动民间投资参与交通运输体系建设。这样才能在多元化资本市场的支持下，实现民间资本投资力量的放大，有效地集合多层次的、多元化的民间资本，促进交通运输体系建设。

4.3.1 政府对民间资本参与铁路建设的态度

1993 年，中国共产党第十四届中央委员会第三次全体会议通过的《中共中央关于建立社会主义市场经济体制若干问题的决定》提出基础性项目建设要鼓励和吸引各方投资参与。2003 年中共十六大通过的《中共中央关于完善社会主义市场经济体制若干问题的决定》提出，放宽市场准入，允许非公有资本进入法律法规未禁入的基础设施、公用事业及其他行业和领域。非公有制企业在投融资、税收、土地使用和对外贸易等方面，与其他企业享受同等待遇。2001 年 12 月国家计委颁布的《关于促进和引导民间投资的若干意见》提出，凡是鼓励和允许外商投资进入的领域，均鼓励和允许民间投资进入；并鼓励和引导民间投资以独资、合作、联营、参股、特许经营等方式，参与经营性的基础设施和公益事业项目建设。2004 年 7 月国务院发布的《国务院关于投资体制改革的决定》规定：放宽社会资本的投资领域，允许社会资本进入法律法规未禁入的基础设施、公用事业及其他行业和领域。逐步理顺公共产品价格，通过注入资本金、贷款贴息、税收优惠等措施，鼓励和引导社会资本以独资、合资、合作、联营、项目融资等方式，参与经营性的公益事业、基础设施项目建设。同时该文件还鼓励基础设施利用资本市场融资。

政府的政策导向十分明显：政府不仅从原则上允许社会资本进入铁路建设，而且确立了鼓励和引导社会资本以多种方式参与铁路建设的投融资机制。为了广泛吸收民间资金参与铁路建设和投资，铁道部于 2005 年 7 月出台了《关于鼓励和引导非公有制经济参与铁路建设经营的实施意见》,全面开放铁路建设、客货运输、运输装备制造与多元经营四大领域,并制定了 7 项措施扶持非公有制经济参与铁路建设经营。铁路建设主管部门确立了"政府主导、多元化投资、市场化运作"的铁路投融资体制改革总体思路,积极推进投融资体制改革。一是推动铁路投资主体多元化。二是扩大铁路债券发行规模。2003—2017 年,成功发行铁路债券超过 1500 亿元。三是不断放宽市场准入。目前已经开始有社会资本进入铁路领域,参与铁路建设经营,如华能集团、太钢集团参与了石太铁路客运专线建设,浙江光宇集团参股衢常铁路等。

4.3.2　民间资本介入城镇铁路建设的现实障碍

近年来,民间资本对进入金融、通信行业表现出浓厚的兴趣,而对于进入铁路则仍犹豫彷徨。这其中虽有市场方面的原因,但更多的是各种障碍的阻挠。

(1)垄断体制使民间资本难以进入。到目前为止,民营资本唯一成规模的铁路项目是巴新铁路(内蒙古的巴彦乌拉到辽宁的阜新),虽然该铁路建设非常顺利,但诸如与国家路网的衔接联运、运输定价、清算方法等大量的经营核心问题,都没能明确解决。民间资本进入铁路已经没有了显性障碍,但面对着垄断体制,民间资本随处都会遇到限制性的措施,所以进展极其缓慢,已经进入的项目也处于摸索状态。

(2)民间资本进入铁路建设存在制度性缺陷。政策法规是政府对社会进行公平管理的重要手段,但由于铁路行业政企分开不到位,政府管理部门和企业的权责边界不清晰,故而铁路管理方面的现行政策法规还存在一些缺陷,限制了民间资本的大量介入。一是项目审批制阻碍民间资本的进入。铁路建设项目实际上仍然是审批制,且项目需要审批的批文多,耗时长,构成了对民间资本进入铁路的行政壁垒,民间资本进入铁路门槛很高、很难跨越,一般资质的民间资本往往被排除在外,即使勉强进入,也会被苛刻的条件所约束,难以拿到具有较好经济效益前景的建设线路。二是缺乏明确的管理程序。民间资本进入铁路建设,尤其是控股、独资进入铁路建设经营,不仅会涉及从立项到竣工的全部工程程序,有的项目还会涉及经营管理方面,必然会涉及政府职能部门、地方政府的公共管理问题,也会不可避免地与政府部门的所属公司发生利益冲突。由于没有明确的程式化的法规,民间资本不知如何走程序完成进入铁路的必备手续,而且缺乏法规明确规定的相关部门的服务,民间资本投资难度和投资成本都会加大。三是缺乏对民间资本进入铁路的优惠政策。铁路是基础设施，投资额度大、周期长、回报率低。尤其是急需大规模进行铁路建设的中西部地区，一些具有重大政治、军事、国土资源开发等亏损线路的建设，必须依靠优惠政策的扶持，才有可能引进民间资本。然而，目前这方面的政策措施还滞后于实践需要。四是缺乏进入铁路后的融资渠道。民间资本即使实力雄厚，但在铁路建设中融资也是不可缺少的。民营企业、民间资本固定资产较少，很难满足银行的要求，加上贷款手续繁杂、费用高昂、时间漫长，民间资本很难获得银行的抵押贷款。而且民营企业担保体系不健全，银行给民营企业提供的贷款品种单一，往往只能获得一年之内的流动资金贷款。这类贷款又不符合铁路建设周期长的特点，如果采用短期贷款多次周转的变通办法，又会极大地增加融资成本与风险。

（3）民营资本的素质急待提高。其一，目前，我国的民间资本还没有经过产权市场的充分整合，呈现结构散、规模小、聚合度低、竞争力弱的特点。它们进入一些技术简单、投资不大、易于模仿、便于进入的行业，轻车熟路，十分顺畅；而进入铁路这种资金密集、技术密集、人才密集型行业，则难以腾挪，无法发挥自身优势。我国的民间资本、民营企业大多游离于基础设施领域相关产业之外，缺乏与国有大中型企业建立协作关系的经验。其二，民间资本的经营者大多文化素质不高。虽然不少民间资本和民营企业经营者已开始意识到这一问题，在提高自身素质上下了很大功夫，也取得了良好成效，但是由于体制原因，仍存在不少问题。一些接班的后代，虽然凭借着良好的教育资源，弥补了父母文化的不足，但又缺乏先辈创业的勇气与吃苦耐劳的精神。而铁路建设和经营的产业链条很长，从投资、建设、运营、管理到收回投资，需要较长的时间，需要健全的管理，需要完善的现代企业制度，才有可能完成。再者，一些民间资本经营者发展观念淡薄，经营行为不规范，重视机会成本，热心于风险投资或各类炒作，甚至偷税漏税、假冒伪劣，严重影响了民间资本的声誉和形象。

4.3.3 民间资本参与实体经济管理的典型模式

（1）创造良好环境，允许民间资本进入某些垄断行业。应该逐步打破行业垄断，适当鼓励民营资本进入石油、铁路、电信、电力、水利、天然气等垄断领域；降低准入门槛，放宽对民间资本的限制，支持民间资本进入金融、市政公用事业、国防科工等领域；加强政策扶持，积极培育新兴产业，引导民间资本进入新能源、高新技术产业、战略新兴产业等领域；鼓励和引导民营企业通过参股、控股、资产收购等多种形式，参与国有企业的改制重组，合理降低国有控股企业中的国有资本比例，充分发挥民间资本和民营企业经营管理机制的优势，促进国有企业发展。应该规定涉及民营企业的收费和处罚项目，必须在政府网站等媒体上公布，任何部门不得下达或变相下达收费指标。通过营造民营企业发展的宽松环境，使民间资本能够找到合理的投资渠道，得到稳定的投资回报，从而为资金流向实体经济创造良好的宏观环境。

（2）在加强金融监管的前提下，积极引导民间资本进入金融领域。目前，应该在加强金融监管、规范经营、防范金融风险的前提下，放宽对地方金融机构的持股比例限制，允许民间资本以入股的形式参与地方商业银行的投资；逐步加快村镇银行的发展速度，引导鼓励民间资本发起或参与设立村镇银行、贷款公司、农村资金互助社等金融机构，但必须纳入金融监管机构的监管范围内；应该逐步开放金融领域，允许民间资本创立民营中小银行，简化中小金融机构呆账核销审核程序，大力扶持民营中小银行的发展，以更好地打破金融垄断，促进金融市场的充分竞争；鼓励兴办民间担保机构、典当行业等合法的民间金融机构，扩大民间资本参与国有企业改革。

（3）创造新的"制度红利"，引导民间资本投资高新技术产业。政府应该正确利用好民间资本具有"逐利性"的特点，在行政审批、财税支持、金融服务等方面进一步提供优惠政策措施，积极培育战略性新兴产业，引导民间资本投资或参与成长性良好的高新技术企业。目前，我国正处于产业升级转型的关键时期，一些高成长性、前景广阔、蕴含巨大商机的新兴产业正在兴起，如高端电子信息产业和生物医药行业等，这些兴起中的朝阳产业急需大量资金推动，而民间资本的天然逐利性，促使其具有寻找高成长空间投资项目的本能。所以政府应该正确利用好这种特点，通过制定政策措施，吸引民间资本的眼球，调控和引导民间资本投资参与到高新技术产业的发展，使先进的核心技术经过产业资本催化，迅速转化为生产力和经济效益，民间资本也可以从中获得丰厚的回报，并且也可以加快我国产业结构升级的步伐。

（4）加大农村改革和开放力度，鼓励民间资本参与"三农"发展。政府应该逐步加大农村土地、林权等方面的改革力度，扩大农村土地的流转范围，延长土地转让和承包期限，大力引导民间资本投资兴办各类农场，发展高科技育种、现代养殖等产业，实现农业产业规模化、集约化经营，使"三农"成为吸纳民间资本的聚集地，从而有效推动农村产业结构升级与调整，从根本上改变我国农业落后的现状。

（5）政府应完善和发展民间资本投资服务体系。政府应进一步完善和发展民间投资服务体系，包括信息服务中心、技术创新中心、投资咨询中心、信用担保机构等，为民间投资者提供专业化服务。政府应该着力解决民间投资发展过程中的市场信息不灵、进入领域狭窄、低水平重复建设等问题，引导民间投资健康发展。要拓展民间投资的直接融资渠道，加快推进项目融资和产权交易步伐，大力推行项目融资或项目经营权有偿转让投资方式，降低民间资本的融资难度和融资风险。民间投资服务体系要充分担当起"为资本找项目，为项目找资本"的桥梁作用，通过吸纳民间资本，促进民间资本转型升级。建议政府加快地方金融改革步伐，引导建立产业投资基金或投资联盟，作为集聚民间资本的平台，提高民间资本的组织化程度，减少投资的盲目性。

4.3.4 民间资本介入铁路建设的策略选择

根据以上分析可知，民间资本真正进入铁路建设领域，还有很长的路要走。不仅需要相关部门出台实施细则和办法，也需要有眼光的、有远见的民间资本积极应对，通过不同的形式表达自己的诉求；更需要理论界针对中国铁路行业的现状和民间资本的特征，进行艰苦的探索，真正寻找出一条具有中国特色的进入道路。

（1）注重体制机制建设：第一，深化体制改革，构建良好的民间资本投资环境。该项措施的重点是实行政企分开的管理体制，明确责任制度，调整经营机制。这样政府部门会脱离自身的利害关系，既能确保政府的公正性，也确保了运输市场的公平，有利于调动民间资本投入铁路的热情。第二，制定合适的利益激励机制。首先，要改革铁路调度权力。经营模式中产权的划分和归属，必须在保持统一性和赋予民间资本一定盈利产权之间做出平衡，合资铁路的运输调度指挥权可以通过协商指定运输计划和统一费率来保证。其次，要改革运价机制使之与市场化融资相适应。在政府必须干预定价的前提下，允许民间企业有一定的定价空间，使其可以在瞬息万变的市场环境中根据供求关系调节价格，获得正当合理的收益。第三，建立健全民间资本投资铁路的相应政策法规。国家除了出台政策鼓励民间资本投资铁路建设，更应对一些重要的问题，制定相关详尽的政策，比如民间资本投资铁路的具体方式、企业投资项目的核准管理办法、对社会投资的回报具体途径、项目建成后运作模式、交通运统一指挥、其清算方法、政府的相关扶持政策、政府监管措施等，这些都有待逐步细化解决。第四，建立健全相关的铁路投资法。建立有效的政策法规保证投资者的利益、降低投资者风险是吸引投资者的必要条件。应本着公平对待、利益共享、合法保护的原则，针对民间资本投资者建立一个可信的平台。通过立法的形式，把国家关于放宽市场准入、引入竞争机制，促进铁路发展的方针政策制度化、法制化，为实现铁路投资体制改革目标提供有力的法律保障。第五，建立"保险"机制。铁路建设项目需要巨大的资金投入，民间资本的投入意味着将承担很大的风险，因此对民间资本投资进入铁路行业应当给予大力的支持和适当的补助。因此，建立一套完善合理的市场退出机制，提高铁路资本的流通性，会在很大程度上对投资者起到安心和鼓舞的作用。第六，鼓励民间资本成立"联合协会"。民间资本在铁路投资方面占的比例毕竟是少数，如果民间资本投资者都孤立开来，那么在铁路的运输调度指挥权和定价等重要方面将更难争取到话语权。如果投资者们联合起来，成立一个民间资本联合协会，相互依靠，壮大自己的力量，通过组织方式将中小型投资者集结成大股东，便于争取合法的权力。

（2）发展多元化投融资模式。第一，充分利用民间资本的独立运营项目开发模式，完全由民间投资建设和运营，如采用 BOT 模式；第二，也可以利用民间资本的统一运营项目开发模式，通过国家和民间资本共同投资的办法，共同出资建立公司，共同开发建设和运营维护，做到收益共享，风险共担的效果，如 BMT 模式、BT 模式等，这些模式对于民间资本投资铁路行业都具有很强的推动作用。第三，借鉴 PPP 模式，扩大民间资本的介入空间。为改变效率低下的现状，新建铁路干线、客运专线、煤运通道等大型项目时，可通过 PPP 模式引进民间资本参与其中，如按照现代企业制度的要求，设立产权关系明确的股份制公司，在职能部门主管下，自主经营、自负盈亏，全面负责铁路建设资金筹措、工程建设、运营管理。由于铁路建设周期长，建设期间几乎无收益，按照以往纯工程方式进行建设施工，长时间没有投资回报，对民间资本缺乏吸引力，发行股票筹资更不可能。所以，可以走边建设边开发经营的新路子。这种新组建的公司，其组织架构的第一层次为总公司，总公司下设铁路建设公司和铁路开发公司，都是独立法人，由总公司控股。建设公司主管铁路工程建设和建成后的运营，开发公司是为铁路工程建设和建成后顺利运营设置的，在铁路工程建设期间，依托在建工程项目，在国家优惠政策的扶持下，开展多种经营。如：组建货运服务公司、物流公司、快递公司，发展现代物流业和运输延伸服务业；在铁路沿线、车站周围进行物业开发、资源开发、产品开发；在铁路沿线开展旅游、商贸、餐饮服务等。开发经营所得收益，部分用于支付股东权益和贷款利息，其余全部投入铁路工程建设。待铁路工程建设完毕投入运营后，国家收回优惠扶持政策，铁路开发公司在市场中自由发展。总公司可由相关部门控股，资金来源一为国家投资，二为铁路经由地的地方政府投资，三是形式多样的民间投资。较大的民间资本可以直接作为发起人参股；一般民间资本可以通过产权交易市场进行整合，组成财务公司、铁路建设基金等，联合起来作为发起人参股；由于铁路开发公司的经营，更由于铁路建成后的稳定收益，还可以通过股票市场溢价发行股票，吸纳小额零散资金进入铁路建设。新建铁路公司除了多方筹措资本金外，还可以通过负债补充资本金，如通过银行贷款、民间金融机构贷款、发行铁路建设债券等，其中后两种方式也是吸纳民间资本的途径。但要深入研究，形成合理的资本结构，达到筹资成本最低、筹资风险最小的目的。铁路是基础设施，投资回报率低，周期长，为增加对民间资本的吸引力，应赋予新建铁路企业一定的运价自主权。用设定最高限价的方法，根据保本、盈利、还贷、市场关系、比价关系、市场承受能力等多种因素，给予企业一定的经营自主权。

4.4 民间资本介入基础设施建设的现实选择

城镇化是一项长期而又复杂的系统工程，涉及农村转移人口市民化、产业发展、城市基础设施建设、房地产开发和保障房建设等诸多问题。解决这些问题的关键在于对所需大量资金的有效投入和合理配置。据国家开发银行估算，未来三年我国城镇化投融资资金需求量将达 30 万亿元，平均每年需要 10 万亿元投入，约占每年全国固定资产投资额的 22%。实现城镇化健康可持续发展，应深化投融资体制改革，建立多元可持续的资金保障机制，引导民间资本参与城镇化。民间资本参与城镇化是一种双赢的发展模式，不仅能缓解城镇化的投融资瓶颈，促进城镇化进程中的基础设施、公用事业和公共服务更加及时、高效地提供和运营，提高城镇化发展的质量和效益，而且能为民间资本开辟新的投资空间，创造新的发展机遇。

4.4.1 扩大市场准入空间

在经济"新常态"背景下，民间资本所依赖的经济金融形势和环境发生了新的变化，其在介入基础设施建设过程中需要扩大市场准入空间。

（1）彻底转变观念。各级政府部门、国有企业等应彻底转变对民间资本、民营企业的偏见，在不断增加引进民间资本参与基础设施建设政策力度的同时，公平、有效地看待民间资本，不断扩大民间资本在基础设施建设中的比重，减轻政府部门的财务负担，充分发挥民间资本的积极作用。

（2）实行公平竞争。按照市场经济的要求，在基础设施行业进一步放开准入限制，划分自然垄断环节与竞争性环节，进行合理的行业重组，形成更有效的产业组织结构，促进有效竞争格局的形成。在国家鼓励和促进民间资本参与铁路、电力、航空等基础设施的同时，出台配套的法律法规政策，保证民间资本在参与基础设施项目投资建设运营的全过程中有法可依，做到"进得来、出得去、效益有保障"。

（3）健全投资配套制度。我国基础设施领域改革主要是依靠政策手段推动民间资本参与基础设施领域的建设和发展，沿袭的是一种先改革、后立法的传统改革路径，缺乏整体性、连续性和稳定性，执行起来存在较多弊端。因此，建立一套清晰、透明、规范、符合国际惯例的，涉及项目投资、建设、运营、退出各方面的法律规章制度，对加快我国民间资本进入基础设施领域的市场化改革显得尤为重要。

（4）提高投资回报率。基础设施投资规模较大、期限较长，短期内很难收回投资、实现赢利，为消除投资顾虑，政府可以采取一定的措施提高民间资本的基础设施投资回报率。一是土地开发补偿。对电厂、轨道交通、体育场馆等大型基础设施项目，在符合城市总体规划和土地供应总量的前提下，由政府批准给予投资者一定数量的开发用地使用权。二是价格调整。对于政府定价低于合理成本利润价格的，政府可以逐步提高其产品或服务价格，保证民间资本投资具有一定的回报率。三是现金补偿。对不能以价格调整达到减低民企投资风险的，政府可以通过建立基础设施投资建设补偿基金及相关的管理制度，对投资出现严重亏损的企业进行合理、适当的现金补偿。

4.4.2 提高企业综合实力

民间资本能否盘活存量，用好增量，发挥正能量，资金流向极为重要。经济新常态背景下，投资实体经济的资本收益率远低于投资金融资产的资本收益率，在逐利性驱使下，民间资本由产业投资向金融资本投资转移的迹象逐步显现。在这一过程中，有必要提升企业的综合实力。

（1）提升企业家自身素质。在民营企业的发展过程中，民营企业家具有决定性的作用。因此，首先就要不断提高企业家的自身素质，包括企业发展理念、社会责任性、人格魅力、市场敏感度、决策艺术、人才建设、工作态度等。由于基础设施属于公众产品，应符合大众的需求，保证人民群众的消费权益。民营企业要想实现长远的发展，企业家首先不要拘泥于陈旧的管理模式、局限于短期的投资行为、轻易开展多元化投资，而应该树立创新、进取、做大、做强、做久的企业发展理念。

（2）建立科学的现代企业管理制度。通过建立合法的法人治理结构，避免企业家个人的主观随意决策，提高投资决策质量；尝试股份运作，可以通过与基础设施领域具有综合实力的大型国有企业进行股份联合投资，优化公司的股权结构，不仅可以消除民营企业在投资规模上的弊端，促进项目的投资建设进程，同样可以降低民营企业单独投资基础设施建设的风险。

（3）行政审批公平化。在现有鼓励和支持民间资本进入基础设施建设领域政策环境下，科学界定政府行政管理部门、行业监管机构、国有资产监管机构三者在行政审批上的职责分工、职能界限、权利安排和责任承担，明确和规范审批条件、过程和时限，公平、公正对待民间资本参与基础设施领域项目的每一项支持性文件的审批过程，不区别对待、不随意添加额外的补充文件。

（4）强化服务功能。在民间资本进入基础领域的过程中，不断深化政府改革，加快向服务型政府转变，为民营投资者创造良好的外部环境。首先，通过建立以促进政府部门与民间投资者紧密沟通与合作为目的的服务机构。尽快培养一批具有引导民间资本进入基础设施领域专业知识队伍，为民营企业提供基础设施项目投资、建设、运营、管理、技术等方面的咨询和服务，提高民企管理者的素质，帮助他们解决在投资过程中遇到的问题和困难，鼓励和调动民间投资者的积极性。同时，及时监督、了解民间投资者参与的基础设施产品或服务的价格和质量，促进银行、财政、税务等部门与民营企业的沟通，维护消费者的权益，确保基础设施项目的社会效益。其次，不断增强政府向民营企业提供信息服务的能力。一方面，强化投资咨询机构，如会计、审计、法律事务所等中介机构服务民营企业的意识，为民营企业及时提供项目管理中需要的决策信息，规范企业的财务管理；另一方面，建立动态的基础设施项目库，为民间投资者提供项目建设规划、建设规模、在建阶段等基本信息，引导民间资本投向。

4.4.3 为民间资本搭建有效平台

目前我国民间积累了大量资金，由于多数民间资本尚未找到合适的投资渠道，导致其运作流程不够规范。民间资本的盲目投机炒作，不仅破坏了我国正常的物价体系，也破坏了我国正常的市场秩序。因此，在民间资本介入基础设施建设时，需要为其搭建有效平台。接下来，就以民间资本投资铁路建设为例，试着给出以下策略：

（1）扩大铁路债券融资规模，是铁路吸引民间资金的现实选择。目前我国资本市场上堆积了大量寻找稳定收益的资金，铁路债券是优质的金融产品，具有融资成本低、收益稳定、风险较低的特点，积极扩大铁路债券发行规模，建立稳定的发债机制，无疑是解决铁路建设资金短缺的一条捷径。

（2）确立"以存量换增量"的股权融资思路。首先，铁路拥有数量庞大的资产，可以充分利用和发挥铁路资产潜力，通过改制上市，盘活存量资产，增强建设新线的能力。大秦铁路、广深铁路等企业成功上市，不仅为铁路建设筹集到了大量民间资金，而且搭建了铁路通过市场扩大融资的平台。我们应充分发挥既有上市公司的融资平台作用，进一步收购铁路优质资产，以配股、增发、可转换债券等形式实现在资本市场再融资。其次，TOT 项目融资方式是"以存量换增量"思路的具有可操作性的现实选择。TOT 项目融资方式，即在特许期内将投产运行的项目移交给投资商经营，以项目在期限内的现金流量为标的，一次性地从投资商那里融得一笔资金，用于建设新的项目。TOT 模式因其能够有效保证政府对铁路设施的最终控制权，成为一种适合我国铁路设施政策特点的可行的创新融资模式。并且其操作性较强，能积极盘活铁路资产存量，实现资产保值增值，为民间资本的进入开辟新的渠道。

（3）扩大融资租赁方式的采用。铁路运输和工程建设每年需要巨额资金用于购置机车、车辆以及工程设备等，目前主要是以企业投资形式向银行借款购置。为了更广泛地利用社会资金，减轻铁路对投资资金的需求压力和促进铁路加快技术更新,应积极支持各类社会资本开办铁路设备融资租赁公司，为铁路机车车辆以及大型设备等进行国内和国际融资租赁。

（4）探索 ABS 融资方式。ABS 资产证券化融资方式作为一种创新型的融资方式，是指以项目所属的资产为基础，以该项目资产所能带来的预期收益为保证，通过在资本市场发行债券来筹集资金的一种项目融资方式。虽然这种融资模式在我国铁路领域尚未得到实际应用，但国内外其他领域已有大量可借鉴的经验。美国的资产证券化发展已有长时间的历史，已由最初的抵押贷款发展到无形资产（版权、专利）领域，资产证券化极大地推动了美国经济，提高了美国社会整体资金运营能力。积极探索利用资产证券化盘活铁路流动性差但质量较好的资产，也是利用民间资金支持铁路发展的重要渠道。

4.4.4 加强对民间资本的监管

目前民间资本进入基础设施领域所遇到的市场垄断力量很大。很显然，国有大中型企业在基础设施领域的垄断很大程度上阻碍了民间资本的进入，这就意味着民营企业要想通过公平竞争保障投资效益的实现，就需要政府一系列的保证措施。

（1）明确区分政府的行政职能和资产管理职能。在基础设施领域，如铁路行业，国有企业管理、行业政策制定和行业监管都归属政府主管部门，在民间资本获得市场准入的同时，行业的行政性垄断严重阻碍了投融资体系的改革，也不利于形成自主经营的市场主体和有效的监管制度。因此，必须按社会主义市场经济的要求，进一步推进改革政府对垄断行业的管理体制，逐步实现政企分开，实现政府从市场的直接参与者向规则制定者和行业监管者的角色转变，从根本上打破行业垄断，确保民营企业的公平竞争。

（2）组建基础设施行业独立、专业的监督机构。分离政策职能与行业监管职能，组建独立的法定监管机构，逐步建立统一高效的现代监管体系。分离后的行业主管部门主要承担制定行业发展规划、产业政策、市场规则等职能；而目前行业主管部门以及其他部门承担的行业准入、价格制定、成本和服务标准监控等维护市场秩序的政府监管职能，交由政府独立的监管机构承担。不仅可以实现行业准入、成本、价格、服务内容和质量、安全、环境、普遍服务等专业化监管，更有利于维护公平竞争的市场秩序，实现行业的持续发展。

（3）建立合理的价格形成机制。目前，基础设施行业的价格管理在自然垄断环节和竞争性环节都采取相同的定价方式，均由政府价格主管部门依据企业上报成本和主管部门的调价方案直接审定价格，不适应基础设施行业引入竞争的要求。因此，要根据我国基础设施行业的具体情况，借鉴国内外成功经验，推进现行价格管理体制改革，逐步形成既有利于降低价格水平，又有利于激励民间投资的价格管理机制。在政府价格管理部门和行业监管机构之间进行价格政策、价格管理和价格监督等方面的合理分工。政府价格管理部门主要负责价格政策的制定、价格政策落实情况的监督检查和对监管部门价格管理行为的监督；行业监管部门主要负责垄断环节价格的核定和调整、竞争环节价格的监控以及对价格执行方面违法违规行为的处罚等。因此，基础领域引进民间资本就必须加强对具有自然垄断特性的网络设施的接入监管，努力创造公平、有效的竞争环境；加强对垄断行业的价格、质量、安全、环境监管，维护消费者和投资者的共同利益。

（4）带动投资。一是通过"政府主导，社会参与，市场运作"的基础设施建设项目投融资模式，由政府主导基础设施的目标和条件，集中少量预算内或预算外专项资金作为带动性投资，通过市场运作的手段与操作方式，广泛开拓社会投资渠道吸引民间资本跟进；二是在有条件的地方设立多种形式的基础设施投资基金，通过社会公开招标招股或者发行基础设施债券，吸纳民间资本作为项目资本金或股本金，更加广泛地参与到基础设施中来。

5 民间资本与 PPP 管理

近年来，中国的 PPP（Public Private Partnership，公共私营合作制）模式发展迅速并日趋成熟，对于促进私人资本的发展和提高其参与 PPP 项目的积极性，发挥了十分重要的作用。但在实际操作中也存在一些问题，例如，民间资本参与 PPP 项目大多处于被动状态，其发展能力和风险控制能力也相对较弱，再加之国有企业雄厚的资金对民间资本产生的"挤出效应"，必然导致民间资本腹背受敌。因此，民间资本如何在 PPP 模式下良性稳步成长，地方政府应如何为民间资本"保驾护航"等问题急待解决。

5.1 PPP 模式的发展历史

现阶段，我国正在深化经济改革和产业升级，取得了一定的成果。但是，目前我国经济结构性问题依然存在，必须进一步深化市场供给侧结构性改革，不断提高要素生率。为了吸引社会资本参与到我国公共事业和基础设施建设中，提高公共产品的供给力度，稳定经济增长，调节产业结构，弥补市场短板，我国推出 PPP 模式，并将其上升到国家战略层次，以政府为主导，积极引入民间资本，共同服务于我国的公共事业建设。PPP 项目正不断应用到医院、城市建设、铁路、公路、环保等领域中，但是在维护、实践、设计、经营、融资等环节，PPP 模式操作复杂、周期长、专业性强，且受到各种不确定因素的影响，其模式并不完备。因此，国有控股和民营资本投入具有很大的差异，民间资本投入远远达不到设定目标。大力推广 PPP 模式，是公共服务领域落实供给侧结构性改革的重要举措，有助于增强公共产品的供给能力，提高供给质量。

5.1.1 PPP 的历史和现状

PPP 模式用三个英文字母表示，被译为公私合作（合营）模式，公私合营是指在基础设施和公共服务领域建立一种长期的合作关系，通常模式是：由社会资本（民营资本）承担设计、建设、运营、维护基础设施的大部分工作，并通过"使用者付费"及必要的"政府付费"获得合理的投资回报。在该模式中，政府部门负责基础设施及公共服务价格和质量监督，保证公共利益最大化。PPP 模式发源于英国，在撒切尔夫人时代得到最全方位的应用，为了鼓励民间资本进入公路、铁路、水利、医疗等国家把控部门，英国提倡"民营资本行动"，公共部门（政府）与民营资本（私营企业）供应商会签订长期的服务合同，获得民间资本的管理优势、先进技术和源源不断的资金支持。它不仅仅是政府和民间资本的"联姻"，更多的是把公共项目的责任和风险转移至私营企业。政府、银行、企业三方或多方共同合作，实现多赢的融资模式。在我国，随着经济下行压力不断加大，政府债务压力也在不断增加的大背景下，从李克强总理 2016 年政府工作报告和总理治理方略以及财政部、发改委的具体建议的提出，我国在公共基础设施建设中出台 PPP 模式试行文件，从以前简单的建设—移交（BT 模式）发展至现在的建设—经营—移交（BOT 模式）阶段。在公私合营中，政府和企业分别承担各自风险，并签订一系列委托协议和工程合同，最终各方根据自己的优势在合作中达到比自己单独行动在 PPP 模式中各参与方需要共同承担责任和融资风险，并获得合理合法的经济效益。

经过三年来宣传推广，PPP 模式已成为基础设施和公共服务供给的重要着力点，政策红利持续推出。目前，中央各部委都已通过单独发文或联合发文的形式向地方政府及社会发布了一系列 PPP 相关的政策文件，初步形成了涵盖鼓励、引导、规范、评估、考核、监督、管理、风险防控、金融支持、配套扶持等多项内容的 PPP 政策支持体系，民间资本参与 PPP 的政策法治环境不断完善。2014 年，国务院下发《关于创新重点领域投融资机制鼓励社会投资的指导意见》，民间投资参与 PPP 的领域和范围进一步拓宽。2015 年，国务院办公厅转发财政部、发展改革委和人民银行《关于在公共服务领域推广政府和社会资本合作模式的指导意见》，其中明确指出："政府和社会资本合作模式可以有效打破社会资本进入公共服务领域的各种不合理限制，鼓励国有控股企业、民营企业、混合所有制企业等各类型企业积极参与提供公共服务，给予中小企业更多参与机会，大幅拓展社会资本特别是民间资本的发展空间，激发市场主体活力和发展潜力，有利于盘活社会存量资本，形成多元化、可持续的公共服务资金投入渠道，打造新的经济增长点，增强经济增长动力。"民间资本是市场机制的细胞与基因，是市场经济中的重要力量。"十二五"期间，我国民间投资对固定资产投资的贡献率达到74.3%。我国正在通过全面深化改革释放民间资本活力，调动民间资本的积极性。特别是随着我国推广运用PPP模式的政策框架和制度体系的逐步完善健全，越来越多的民间资本参与到PPP项目中来。例如，江西省目前落地的103个PPP项目，总投资共计400.8亿元，其中社会资本投资为333.9亿元。在社会资本中，民营资本为176.1亿元，民营资本占社会资本投资的比例达到52.7%。由此可见，PPP模式是民间资本投资的重要渠道，推广运用PPP模式是扩大民间投资的重要举措。

5.1.2　PPP的发展脉络

受政治及区域环境的不同，各国PPP模式发展阶段差异较大。从灵活性和专业化程度可将PPP发展分为三个阶段：发展中国家多处于第一阶段，灵活性低、专业化程度低。处于这一阶段有中国、印度、墨西哥、巴西等国，国家主要职能往往集中在建立政策和法律框架、对PPP具体的操作细节做出安排。PPP的模式较为单一，主要由政府主导。这一阶段PPP模式多面临着政府私人部门合约关系不明确，风险无法有效规避。多数发达国家处于第二阶段，灵活性和专业化程度适中。主要国家有希腊、新西兰、荷兰、西班牙、法国等。英国、加拿大和澳大利亚等少数国家处于最高阶段，项目灵活性和专业化程度均很高。英国和加拿大的项目集中在教育、医疗、交通等领域，而澳大利亚主要以基础设施为主导。PPP项目普遍具有投资规模大、运营周期长、法律合同关系复杂等特点，加之风险分担机制的不对称性，使项目前期谈判周期较长，实际收入减少，总体成本增加，项目融资能力减弱、现金流紧张带来的财务压力，这些都束缚了PPP模式在很多新兴经济体的大规模发展。而其中最为关键的私人部门也饱受压力，始终面临多种风险敞口。从参与PPP模式项目动机看，每个项目参与者都有不同层次动机和利益诉求。政府部门通常是利用民间资金解决基础设施短缺的问题，发挥私人部门的高效率，获得项目所带来的社会经济效益，改善设施和服务水平；而私人部门的动机主要是通过资金和管理优势获取项目，赚取利润，并进一步扩大市场占有率。不同参与者对项目特性的认知偏差往往会导致公共部门与私营部门参与项目的动机不当。因此，为避免以上问题，政府在做出应用PPP模式决定之前，应比较不同模式的优缺点，以提高项目的建设和运营效率、提高服务水平为标准，选择最有价值的融资方案。一旦决定采用 PPP 模式，应进行项目的财务评估，从而确定是否需要提供必要的支持。此外，应用 PPP 模式还需有合理分担项目风险和收益的考虑。对承包商而言，要成功获得并实施项目，最根本的就是要能够向公众提供高质量、低成本的基础设施服务。很多人错误地认为，"采取 PPP 模式就是要把尽可能多的风险转移给私人部门""承担更多的风险就可以获得更多的回报，从而把承担风险看成是获得高额回报的机会）"。事实上，让私人部门承担其无法承担的风险，一旦风险发生时又缺乏控制能力，必然会降低提供公共设施或服务的效率，增加控制风险的总成本，包括政府的成本。只有达到最优风险分担时，才能达到效率最高和总成本最低。也就是说，合理的风险分担应该是在各方都能接受的区间内寻找一个最优风险分担量。

5.1.3　PPP 的主要融资方式与经验

在 PPP 模式下，想要在营利性相对较弱的公共品投资中吸引民资参与，必然要考虑民资进入后的回报问题，一方面要保持项目回报率的吸引力，另一方面许多项目投资都带有公益性，因此也要考虑整体回报率不能过高。由于 PPP 项目的债务率较高（一般在 70% ~ 90%），因此融资工具的便利性和丰富程度也是影响 PPP 项目成功与否的重要因素。

（1）商业银行贷款在地方政府融资受限和偿还能力受质疑的情况下，将失去一大贷款投向。PPP 的发展在满足新型城镇化所需基础设施的同时，也增加了商业银行信贷投放的渠道。比如，北京地铁 4 号线分为 A、B 两部分，共计 153 亿元，A 部分为土建工程部分；B 部分为机电项目，包括地铁车辆、售票系统等。B 项目由北京市京港地铁有限公司建造并负责运营，该公司由港铁股份、首创股份以及京投公司组成，其中港铁股份和首创股份分别占比 49%，京投占比为 2%。项目规划时间分为建设期和特许经营期，2004—2009 年为建设期，2009—2034 年为特许经营期，30 年特许经营期结束后，北京地铁 4 号线将归政府所有。该项目的融资模式为：除京港地铁的注册资本金 15 亿元外，剩余的资金全部来自银行贷款，贷款的期限为 25 年，而利率仅为 5.76%，同期的十年期国债收益率为 5%，一般商业贷款为 6.12%。京港地铁 4 号线是成功 PPP 项目的典型案例，社会资本和政府合作提供公共服务，既保证了项目的公益性，也照顾了社会资本的利润。商业银行在特许经营公司的组建过程中提供了期限长且利率较低的无追索权或有限追索权贷款。类似于北京地铁 4 号线这样的项目，由于有稳定的利润来源，银行机构贷款有较高的安全性，因此银行机构也愿意参与。在具体的参与模式上，有项目融资、银团贷款和并购贷款等多种模式可供选择。

（2）银行理财借道支持。PPP针对理财资金投向，《商业银行理财业务监督管理办法（征求意见稿）》有明确的限制，主要是管住嵌套通道，但对于银行理财资金投向实体经济，却是监管层鼓励的，因此银行理财资金通过信托渠道参与PPP项目投资是可行的。其方式是，商业银行是资金的提供方，而信托公司则投资参与PPP项目。银行的理财资金在此过程中只是获得PPP项目的固定回报，且只是作为名义上的机构投资人股东。而退出时则相对较为复杂，一般有两种方式，即股权转让和直接减资。作为名义上的股东，银行理财资金或信托是通过机构投资人股东这一身份来参与的，当然也面临一些风险，如政府信用、项目失败等，因此风险控制也需要注意。另外，资管计划也可以通过理财直接融资工具参与PPP，其实理财直接融资工具与传统的银行理财产品有较大区别，作为一种标准化投资载体，目前购买人主要是商业银行资管计划，其具有标准化、可流通性、充分信息披露、程序简单等优势。此举有利于打破商业银行理财业务的刚性兑付、服务实体经济。

（3）资产证券化。资产证券化在一些经营性项目和准经营性项目中得以经常应用，具有未来稳定现金流的资产就可能被证券化。由于PPP项目大多涉及民生，主要是一些公共基础设施项目，受众面比较广，且需求弹性小，价格稳定，并可带来稳定的现金流，因此适合PPP资产证券化。同时，PPP项目通过收费方式收回前期投资，在项目开始前可以对项目进行充分尽职调查，而且公共项目由于使用价格稳定，所以其现金流可以很好地被预测。银行参与PPP项目的资产证券化，一方面，可通过信托等通道，用表外资金购买PPP资产证券化产品，由于PPP具有较好的安全性、长期性等特点，因此PPP资产证券化在一些银行理财产品或资管计划中得到大量应用；另一方面，银行的非银业务部门也可以参与到PPP资产证券化中来，如PPP资产证券化的设计产品以及承销等。

（4）通过多级加杠杆引入产业基金。该模式为近年来较为重要的融资模式创新。产业基金的优点在于融资便利，产业基金的合理架构有利于通过灵活设计风险和利润分配结构，来吸引各类风险偏好不同的投资人参与。同时，产业基金中政府的重要作用在于：一是参与适当股权比例，充分发挥政府资金的引导作用；二是与项目投资人共担风险，有利于提升投资人的投资信心；三是社会资本引入具备独特优势的合伙人，充分提高项目投融资、建设和运营管理效率。从实践来看，一般情况下，投资产业基金的潜在资金至少有银行资金（如政策性银行），以稳健收益而非高收益为目标的保险资金、社保基金等，以及追求一定回报率的社会资本，而理论上通过产品设计我们认为产业基金有能力创造出符合不同投资人风险偏好的募资产品。传统产业基金投资人的类型对 PPP 产业基金也有一定的借鉴意义，且我国养老金、社保金等公共资金收益率普遍低下也是客观事实，理论上只要有风险和收益率设计合理的投资产品这些公共基金完全有动力去投资，而一般而言 PPP 并不缺少内部收益率在 7% 以上的项目，并且一些研究显示国际上的一般 BOT 项目内部收益率还普遍在 10% ~ 20%，这些收益率都高于或显著高于我国当前养老金等的实际收益率。

（5）其他融资方式。其他融资方式主要有四种：一是股权融资。由于股权融资涉及企业出让部分股权，可由银行撮合社会资本组成产业投资基金，通过企业增资的方式成为 PPP 项目公司的新股东。二是保理融资。保理融资比较复杂，也比商业银行贷款困难得多。一般来讲，PPP 项目公司在运营中产生的应收账款转让给商业银行，PPP 项目公司通过保理获得融资，商业银行则拥有债权；另外一种则是 PPP 项目公司的交易对手方通过保理融资，其原理一样，只是这个应收账款是在 PPP 项目公司的贸易和服务中产生的。三是融资租赁。此种模式涉及 PPP 项目公司和租赁商，租赁商采购设备后，PPP 项目公司通过租借的方式获得设备，租赁商则拥有 PPP 项目公司一项债权，租赁商将这一债权转让给商业银行，商业银行收取相应的设备租金。四是项目公司发行公司债券、企业债券、中期票据等中长期公募债券，发行项目收益债券以及发行定向融资工具等非公开发行债券。

5.2 PPP 模式下民间资本的发展困境与成因

当前我国面临着较大的经济下行压力，政府仅凭自身的财力和能力独立建设复杂的基础公共设施早已不再是最优经济选择。在这种情况下，PPP 合作模式开始重新被大众所熟悉，并逐渐被推广。从国外经验来看，PPP 是发展公共基础设施的有效合作模式，可以达公有资本和社会资本的双赢，而目前我国社会资本占比中，民营资本超过半数，调动民间资本深度参与 PPP 合作将是促进其快速发展的有效途径。同时，我国正在全面深化改革，力求调动民间资本积极性。由此可见，PPP 模式可以是民间资本投资的重要渠道，民间资本也将是 PPP 模式发展的中坚力量。但伴随着 PPP 模式实际运行中出现的种种问题，民间资本在参与 PPP 项目中存在着诸多障碍和困境，鼓励民间资本参与成为目前 PPP 合作模式中需要解决的重大问题。参与 PPP 项目中的民间资本不论是签约数量、签约资本总额，还是在 PPP 项目中的行业分布情况，其参与热情和参与程度都不尽如人意。究其根本，主要有以下几个方面：

5.2.1 准备阶段的困境

第一，PPP 研究的专业化咨询机构和专业性人才缺失。虽说在中国 PPP 模式早已存在，但并没有形成理论，真正形成具有现代意义上的 PPP，是以党的十六届三中全会为重要标志。此后，直至 2013 年 PPP 才真正迅速发展起来，但专业性人才培养滞后，专业化咨询机构建设缺失，导致在人才建设方面难以满足 PPP 的发展需求。从国家层面来看，2014 年 5 月 25 日，财政部成立政府和社会资本合作（PPP）工作领导小组，同年 12 月 2 日，财政部政府和社会资本合作（PPP）中心正式获批，其主要承担 PPP 工作的政策研究、咨询培训、信息统计和国际交流等职责。但该中心主要从事宏观层面的政策研究以及中央与地方的信息统计，在咨询培训方面存在缺口，且主要服务于国有企业，很难对民间资本参与 PPP 项目有具体的专业化的指导。此外，目前社会上还未出现专门的 PPP 项目研究中心。由于专业化咨询机构和专业化人才的缺失，使民间资本在面对 PPP 项目时，出于"经济人"谨慎投资的心理，对"新奇"的 PPP 项目持观望态度。因为不论是操作管理方式，还是利益风险分配方式以及进入与退出方式都知之甚少，又无专业化咨询机构和专业人才可供咨询，以致 PPP 项目的落地率不高，落地速度降低。

第二，民间资本参与 PPP 项目缺乏法律保障。近三年内，国务院及相关部委也针对 PPP 项目出台了若干相关政策，但政策的实施情况和 PPP 项目的落地率都不见好转。原因主要体现在：① 我国尚未对 PPP 进行专门立法，目前主要停留在政策层面，权威性缺失导致落地情况大打折扣。② 目前的政策规章还停留在宏观控制和指导意见层面，对 PPP 项目的技术、流程及合作模式都没有具体的政策规定。③ 各项政策规章指导意见与《政府采购法》《土地管理法》《招投标法》等相关法律衔接不畅，使 PPP 项目实施过程中出现违法违规行为。④ 一些地方政府在实施项目的同时，以各地情况相异为由，对国务院政策断章取义，"择其善者而从之"，地方政府自由裁量权过大，容易发生寻租事件，滋生腐败。因此，民间资本在参与 PPP

项目时，较为谨慎，很难充分参与项目，担心发生争议时无法可依，无据可循。

第三，民间资本的"先天不足"使其备受歧视。国有企业和民间资本的不合理竞争主要体现在融资方面。常见的融资渠道为政府投资、直接融资和间接融资。顾名思义，政府投资是指政府直接给予政策优待、资金支持、土地支持；直接融资是指资本主体通过发行股票、发行债券以及投资基金等方式来实现融资目标；间接融资是指资本主体通过与金融机构签订贷款协议，获得银行贷款支持，以及除政府投资和直接融资以外的其他融资渠道。国家虽出台政策扶持和鼓励民间资本参与 PPP 项目，但是国有企业国企往往能"近水楼台先得月"，民间资本的政策扶持优势不明显。直接融资和间接融资方面，面对有政府背景的国有企业和风险较高的民间资本，出于规避和减少风险的考虑，不论是投资者还是一些地方和金融机构都倾向于前者，民间资本受到"歧视"在所难免。甚至有的地方政府在进行 PPP 项目准备时就优先考虑国有企业，使民间资本因一些"显性或隐性门槛"对 PPP 项目望而却步，严重影响了民间资本的投资动力和参与热情。

5.2.2 参与阶段的障碍

第一，PPP 模式主管机关不明，职能交叉，责任推诿。目前主管国家 PPP 项目的主要是三个部门，即财政部、发改委和人民银行。当然，城市供水、高速公路建设、民生养老等具体领域实施 PPP 模式还涉及其他相关部门，但谁是 PPP 项目的第一主管机构并不十分明确。比如棚户区改造工程，财政部主管招投标及财务工作，发改委进行项目审批和项目入库，规划局负责城市规划，有的地方政府还专门成立"棚改办"负责 PPP 模式的棚户区改造工作，却始终没有明确谁是 PPP 项目的第一主管部门。这很容易造成有利可图时，各个执行部门会竞相争夺执行，导致政出多门，政策"打架"；而在无利可图时，则可能产生权力真空，执行缺位；出现问题时，各部门相互推卸责任，导致行政效率低下，民间资本求助无门，无所适从。

第二，民间资本费用重，获利少，抗风险能力差。中国实行"三去一降一补"的供给侧改革已取得一定成效，但经济下行压力依旧严重。民间资本与国有企业对经济下行的反应更加直观和强烈，就间接融资中的银行贷款而言，民间资本产能过剩，滞留风险较高，银行等金融机构为保证资金的正常运转和收回，贷款的利息率也会提高，民间资本每年需要支付的贷款利息较高，资金压力大。此外，中国目前处于新旧动能转化时期，科技人才创新创业，产品与服务的经济附加值降低，人工成本上升，民间资本为此付出的费用逐年上升，且 PPP 项目多为微利项目，平均收益率在 6%～8%，所获利润微乎其微。在这样的大背景下，政府为推行 PPP 模式，吸引民间资本进入，减少民间资本的经营风险，会确保其经营具有一定的收益水平，但是又不应收益过高，如果收益过高，政府方面也会做出相应控制。相对于民间资本，国有企业面对这种情况则更加从容一些，在产能过剩及滞留风险存在的情况下通常会选择降低利润率，以获得长期发展。

第三，参与度偏低。随着有关政策的陆续出台，全国各地推广 PPP 模式的热度持续高涨，投资规模不断扩大。但是，在实践中，民间资本对 PPP 项目的参与度偏低，往往只能成为项目的配角，有时甚至连参与角色扮演的机会都没有，民间资本参与程度与 PPP 模式推广应用的初衷存在偏离。为服务于国内 PPP 产业的发展，各级政府设立了许多 PPP 产业引导基金，明确以社会资本身份参与 PPP 项目。PPP 产业引导基金一般依据项目审核结果进行资金认缴。目前来看，国内 PPP 项目的落地情况并不理想。2016 年 1、3、6 月末，全国 PPP 项目落地率分别为 20%、21.7%、23.8%。2016 年 6 月末，全国 PPP 项目落地率显著低于财政部 PPP 示范项目的落地率（48.4%）。在这种情况下，PPP 产业引导基金并无多少实际资金到位，实际投资率偏低。社会资本即便具有明确的身份定位，也面临没有项目可供投资的窘境。目前，PPP 模式的政策、制度供给与需求的匹配度还不高。受到传统思维与管理体制的束缚，地方政府实际操作与政策导向偏离的情况时有发生，民间资本参与 PPP 项目还承担着一定的政策性风险。一方面，在 PPP 项目管理与决策中，一些政府部门多是沿用传统的行政指令，不足以表现 PPP 模式最根本的契约精神。为规避"道德风险"，在公开招投标或竞争性谈判和磋商中，一些政府部门偏向于优先选择国有企业主体，民营企业并未得到同等对待。另一方面，PPP 项目时间跨度长，由于项目存续内政府领导或者管理部门的更迭，一定程度上影响项目的实质性推进、协议的达成以及承诺的兑现，难以长期维系公共部门与私人部门之间的合作关系。

5.2.3 退出阶段的风险

第一，民间资本的退出机制不完善。对民间资本退出机制做如下规定：政府和社会资本合作过程中，如遇不可抗力或违约事件导致项目提前终止时，项目实施机构要及时做好接管，保障项目设施持续运行，保证公共利益不受侵害。政府和社会资本合作期满后，要按照合同约定的移交形式、移交内容和移交标准，及时组织开展项目验收、资产交割等工作，妥善做好项目移交。依托各类产权、股权交易市场，为社会资本提供多元化、规范化、市场化的退出渠道。从上述规定中不难看出，政府对提前终止项目和正常合作期满情况下的民间资本退出并没有给出具体指示，而是保证公共利益不受侵害。另外，民间资本与政府虽按照合同内容及相关标准进行交接，但其中标准多样，合同体系交叉，利益关系复杂，以及因实施周期长导致的风险难以把控，退出时需要考虑上述因素乃至其他更多的因素，使民间资本很难"功成身退"，更严重的则是民间资本参与 PPP 项目后，企业情况每况愈下，最终破产倒闭。这不仅违背了政府开展 PPP 项目来"搞活"民间资本的初衷，还对政府将来凭信用开展 PPP 项目设置了障碍。

第二，契约关系与利益冲突并存。PPP 模式强调政府部门和私营部门之间的长期合作，公私合作参与各方以平等民事主体身份协商订立法律协议，通过利益共享与风险分担机制，建立平等协商的契约伙伴关系。但是，由于利益目标和组织文化存在差异，公私合作参与各方的潜在冲突贯穿于 PPP 项目的整个生命周期，如果处理不当容易引发误解，甚至导致项目失败。公私合作参与各方存在利益冲突。PPP 项目具有资金需求量大、投资周期较长、收益有限、风险较高等特点，政府部门以提供高质量的公共服务为核心目标，以完备的行政法律规范为依据，依靠行政计划与财政预算，按程序提供公共服务；而私营部门以利益最大化为核心目标，其考核体系更加注重 PPP 项目的商业性，投资运作倾向于趋利避险，追求短期高收益。由于公私合作参与各方对于风险的感知和承受能力不同，政府类似"预算软约束"的承诺会削弱风险分担机制，造成政府部门以较高的前期投资换取运营成本的节约，而项目风险转移至私营部门，致使公私合作关系不可持续。公私合作参与各方还存在组织文化差异。由于受到行政管理思维的影响，政府部门的行政管理意识和利益权衡意识较强，善于运用行政手段协调项目参与各方的分歧，保证项目管理的合法性。而私营部门作为市场主体，对 PPP 项目所涉及的行政管理安排了解不足，更善于从商业角度分析公共产品的收益与成本。公私合作参与各方的组织文化差异将提高沟通难度、增加合作成本，以致共同信任难以建立。

5.2.4　PPP 缺陷分析

第一，风险分担不合理。PPP 项目的设计最重要的有两点：一是风险划分；二是基于风险的利益分享。利益平稳的结果是公共部门资金价值（VFM）

最大化，同时能够提供足够的吸引力，让私营部门愿意进入传统的公共领域。风险有几个层次，包括整体经济情况决定、项目决定和公共合作关系决定。不过，PPP 实际的风险划分已经形成了一些公认的惯例。例如，将风险分配给最有能力承担且能产生最大项目效益的一方，因为它最能控制该风险。因此，宏观层面的风险一般由公共部门承担，而微观层面的风险由私营部门承担，降低微观层面风险通常是引入私营部门提高效率的体现。PPP 项目的实践表明，风险分担是 PPP 项目成功的关键，风险分担一般是合同具体细节规定的，这就使合同的议定过程至关重要。PPP 项目建设及运营过程中难免会出现各种各样难以预见的问题，若问题得不到有效解决，很容易导致项目失败。在必要的时候，政府和私人部门需要对风险分配进行合理调整，共同解决收入低于预期、融资难等问题。因此，合理的风险分担是 PPP 项目成功的关键因素。在 PPP 模式下，特许经营期限多在 10～30 年，甚至更长。政府与私人部门关注的角度不一样，对于私人部门来说，如果过于关注当前利益，一味博取较低的建造成本，由于后续的运营维护成本持续上升，项目总成本反而可能不会下降。政府部门也是如此，虽然可以缓解当期财政压力，但如果提供了过高的补贴承诺，则会增加未来的支出压力，加大债务风险。

第二，PPP 模式本身的不确定性。从统计数据来看，PPP 签约率较低成为大力推广 PPP 模式最大的制约，其实这根源于 PPP 本身存在的诸多不确定因素。主要包含以下几点：一是 PPP 模式引入的可能不是增量资金。在基建投资的资金来源构成中，超过一半的为自筹资金，而这些资金绝大多数是新进入的民营资本，有可能出现 PPP 项目中引入的资金本来就是要进入基建投资领域的民营资本，由此 PPP 模式起到的作用不是引入增量民营资本，起不到扩大基建资金来源的作用。二是 PPP 模式缺乏长期的、稳定的激励机制。由于很多公共基础设施项目存在收益率低、周期长的特点，从而降低了民营资本进入的积极性，需要政府出台一些包括财政补贴、税收优惠、融资便利等激励计划，但到目前为止这方面还缺乏一个系统性的激励机制，以致影响 PPP 模式的整体签约率。三是国际上缺乏大规模 PPP 融资的成功先例。目前国际上有 PPP 模式成功的单个案例，但是尚无整个国家层面大力推广、涉及金额上万亿元的 PPP 模式成功案例。四是地方政府对于推广 PPP 缺乏足够的经验和知识。中国大规模推广 PPP 模式融资在国内和国际都尚属首次。PPP 模式本身从项目的遴选、收费方式的确定、政府补贴的力度到项目收益率的确定等很多方面都需要大量的专业知识和专业人才，而短时间内掌握足够的知识来应对 PPP 模式推广几乎是一件不可能的事情。

第三，PPP 模式不确定性较高，存在一定的风险。PPP 项目是一个长期而复杂的过程，这种大范围建设活动的风险也存在于项目的整个寿命周期中。一般来讲，PPP 模式主要有如下风险：一是法律风险。在 PPP 模式中，政府方为主导，话语权较大，加上国家 PPP 系统的规则体系刚开始建立，无法涵盖 PPP 运作的每一个方面，很多环节缺少统一的法律来规范，因此项目实施过程中可能会出现改变政策的现象，给项目顺利实施增添了法律风险。二是审批、决策周期长。一般来讲，PPP 项目多涉及民生，需要经过各级政府部门环环审批，可能会出现因一些不可预测的原因导致项目难以通过的情况。三是政治影响因素大。由于 PPP 项目多涉及民生，与群众的利益息息相关，在项目运营过程中，可能会出现因环保问题、运营价格变动而受到群众的反对，政府政策的稳定性和持续性对 PPP 项目至关重要。四是存在地方政府违约风险。PPP 模式是基于政府和社会资本所签订的合同开展的，然而我国政府在公用和基建等领域一直处于主导地位，在 PPP 项目失败的案例中，有些是由于地方政府违背承诺而致合作方利益受损。五是项目收益没达到预期。这个主要是由于地方政府新建了其他竞争性项目，使项目的收益无法达到预期，导致项目出现再谈判的情况。20 世纪 80 年代中期以来，拉美地区的 PPP 项目有一半以上都出现过再谈判的情况。

5.2.5 现有约束

第一，当前我国面临着较大的经济下行压力，政府仅凭自身的财力和能力去独立建设复杂的基础公共设施早已不再是最优的经济选择。在这种情况下，PPP 合作模式开始重新被大众所熟悉，并逐渐被推广。从国外经验来看，PPP 是发展公共基础设施的有效合作模式，可以实现公有资本和社会资本的双赢，而目前我国社会资本占比中，民营资本超过半数，调动民间资本深度参与 PPP 合作将是促进其快速发展的有效途径。同时，我国正在全面深化改革，力求调动民间资本的积极性。由此可见，PPP 模式可以是民间资本投资的重要渠道，民间资本也将是 PPP 模式发展的中坚力量。但伴随着 PPP 模式实际运行中出现的种种问题，民间资本在参与 PPP 项目中存在着诸多障碍和困境，鼓励民间资本参与成为目前 PPP 合作模式中需要解决的重大问题。比如，在基础设施建设领域，特许经营项目投资规模大、回报周期长，大部分需要政府财政支付补贴企业。政府在招商引资时积极承诺，项目建设运营后不按合同支付，当一些地方政府换届时还可能产生推诿责任现象，地方政府的支付违约将使企业难以支持陷入困境，尤其是中小型企业容易遇到资金链断裂的危机。而在合作过程中，企业也常常因新规章文件出台导致项目成本增加，如果政府不分担新增成本，可能造成企业因无法盈利而违约。主体平等在政府与企业的合作中往往不能完全实现。

第二，政府与民间资本存在各自的利益诉求。在 PPP 的合作模式当中，政府和民间资本的目标不尽相同。政府部门希望通过 PPP 合作模式来提高公共服务建设的效率，其目的在于通过企业在资源、业务等方面的优势和政府的号召力形成互补，实现以小博大、减轻债务负担的目标。而民间企业则更希望通过 PPP 的合作，以最小的成本收获最大的利益，同时获得良好的口碑。两者因为利益诉求的不同，在合作中很容易出现"逆向选择"和"道德风险"问题。一方面，政府有可能因市场舆论压力和成本的考虑，一味选择投标价格较低的企业，反而会导致一些规模较大、相对工作效率更高的企业因为成本报价更高的原因而被淘汰出市场；另一方面，也会存在一些民营企业在中标后出于成本的考虑而不顾建设质量，这也是目前"豆腐渣工程"形成的一大原因。此外，还有一些工程因签订合同进展缓慢导致双方不再合作。例如，2014 年 3 月实施的"松花江流域水域污染"项目，就是由于流程烦琐导致签约工作缓慢，同时中方不愿提供主权担保，亚开行取消贷款，项目停滞。这些都是双方在合作过程中各自的利益诉求不同导致的问题。

第三，民间资本参与 PPP 存在着一定的政治约束。当前，在 PPP 模式的发展过程中，虽然政府明确强调在投资标准、融资渠道、财税政策、土地使用等方面做到一视同仁，但一些地方政府仍然对私有企业存在偏见，往往由于私有企业的规模较小，对于优质项目在招标时另设门槛，使国有企业和私有企业无法做到公平竞争。甚至有些地方在 PPP 项目准备时就明确优先考虑国有企业，使私有企业可望而不可即。同时，由于政府政策变化较为频繁，以及合同的执行环境不够透明会影响私企的盈利，民间资本无法预测这些政策风险。在 PPP 的模式中，政府方为主导，话语权较大，加上我国 PPP 较为系统的合作模式建立不久，很多方面都缺乏法律的统一规范，在项目的实施过程中可能有政策的变更，从而增加了法律风险，也增添了合作过程中的不确定性。并且由于 PPP 项目多涉及民生，这与群众的利益息息相关，因此在项目的实施过程中，环境原因、服务质量以及对运营价格的反对等因素不可避免，影响着民间企业对项目投资的热情。

5.3　基于 PPP 模式的民间资本管理策略

　　PPP 项目自身就是一种突破市场的不完全竞争机制，打破行业壁垒的创新，使市场在资源配置中起决定性作用，对更好地发挥政府作用、均衡政府和市场所占比重有重要意义。中国民间资本资源十分丰富，引导民间资本参与 PPP 项目，充分利用民间资本，不仅有利于公共产品及服务的有效供给，还可以缓解中国经济下行压力，促进国民经济的持续上升，这对于民间资本而言也是一次难得的机遇。因此，引导好民间资本参与 PPP 项目意义重大。相较于中央政府的宏观调控，地方政府对民间资本的管理更为直接、高效，民间资本对地方政府的政策也表现得更为灵敏。而且地方政府是 PPP 项目的直接参与方，针对民间资本参与 PPP 项目出现的困境及问题能及时提供帮助。而公共政策不仅是政府进行公共治理、实现政府目标的最直接、最有效的工具，也是公共组织实施社会管理的重要手段。制定合理的公共政策会在很大程度上提高民间资本参与 PPP 项目的热情和动力，并获得良性发展，起到助力作用。

5.3.1　鼓励民间资本参与 PPP

　　当前正值我国经济改革与调整的攻坚期，国内经济运行基本平稳，但结构性问题突出，围绕提高全要素生产力的供给侧结构性改革成为经济改革的主要方向。为了补短板、调结构、稳增长，在基础设施和公用事业领域引入社会资本以增强公共产品的供给能力，我国从国家战略和治理机制变革的角度系统性地推出了政府部门与私营部门共同提供公共产品和服务的 PPP 模式。经过近年来的制度规范，PPP 模式的运作日渐成熟，其在解决公共设施建设资金来源问题、提升政府部门效能、分散政府投资风险、拓宽社会投资领域等方面的作用日益彰显，市场对环保、公路、铁路、智慧城市、医院等领域的 PPP 项目期待较高。然而，PPP 项目在设计、融资、实施、运营、维护等过程中涉及的操作环节多、专业性强，民间资本参与项目的难度较大。总的来看，国内 PPP 项目中民间投资和国有控股投资分化明显，与拉动民间投资的初始目标差距较大。在市场内生的投资增长动力不足、货币政策提升民间投资的效果有限的情况下，如何把握鼓励民间投资的政策窗口期、寻找 PPP 模式下民间资本的融入点，是供给侧结构性改革进程中急待研究、解决的重要问题。

（1）优化进入和退出机制。在当前的 PPP 合作模式下，想要在营利性相对较小的公共品投资中吸引民资参与，必然要考虑民资介入 PPP 项目后的一系列问题。首先，要解决的便是 PPP 项目中民间资本的进入障碍——融资困难。在整个 PPP 合作模式中，民间资本融资面临的最大问题是融资渠道较窄，光靠主流的银行贷款渠道无法完全满足民营企业在参与大型 PPP 项目中所需要的项目资金。因此，我们需要拓展民间资本在参与 PPP 项目中的融资渠道。在项目的前期准备中，民间资本可以通过信托、基金、保险资金的股权计划以及客户资管计划来获得股权资金；而在建设期，我们可以通过固定资产贷款和项目收益类证券来保证持续的建设资金需求。其次，基金和信托的债权资金也是一大选择，但其融资成本将会较高，所以这种方式在 PPP 长期稳定微利但不暴利的大背景下，很难对民间企业有较大的吸引力。最后，在项目运营期，企业同样可以通过银行流动资金贷款和资产证券化进行有效融资，其中资产证券化是在运营期最适合企业进行融资的渠道。因为 PPP 项目大多涉及民生，因此受众面广、需求量大，且价格相对稳定。PPP 项目要想合理地投入运营，市场化的退出机制必不可少，政府和社会资本合同期满后，应按照合约的内容、形式和标准将项目还给政府部门。可以采取通过股权转让、资产证券化等方式推动 PPP 项目与资产发展深化相结合，尽量避免政府干预式的"非市场化"方式，以免损害相应的民营企业的利益，增强项目流动性，吸引更多民间资本参与。

（2）公平对待国有企业、民营企业，无政治偏见。显然，要想民营企业更广泛地参与到 PPP 的合作模式中，还需最大限度地减少地方政府在选择合作机构过程中的政治偏见，不再"唯国有企业论英雄"，通过更大力度的 PPP 立法和稳定的政策来约束政府资本与社会资本双方的行为，确定出统一的项目招标和执行标准，对国有企业和民营企业做到一视同仁，以激发民间资本对 PPP 的投资热情。政治偏见在某些地区很难短时间内消除，需要上级政府在推动 PPP 加速发展的过程中进行一些窗口指导，引导地方政府在选择合作企业时能够真正关注企业的资质，而非关注企业的性质。

（3）建立公平的利益分配机制和风险分担机制。PPP 项目涉及多方利益，而由于政府和民间企业对利益的诉求不同，必然会导致利益冲突。公平的利益分配机制不仅对利益各方起到极大的调节作用，也提高了项目信息公开的透明度，有助于营造公平竞争的环境，加大优质项目对民企的开放度，调动民间资本参与的积极性。一方面，政府部门要推广 PPP 项目民间合作的机制，通过相关法律来保证私人部门的利益，保证项目回报率对民营企业具有一定的吸引力；另一方面，为保证公众利益，不偏离基础设施和公共服务建设最初的出发点，项目最终的收益应该是合理的，不会存在过高的收益水平。因此，还应制定相关约束条件，限制存量项目的溢价转让，不让民间资本为了获取较高收益而损害公共利益。此外，基于 PPP 项目的不确定因素很多、风险较大的特点，政府和企业双方还应当建立起相对合理的风险分担机制，且确保这种风险分担有强制性的约束而非政府可以随时变更，一定要时刻明确 PPP 项目中公有资本与民间资本是合作关系而非领属关系。

5.3.2 积极发挥政府作用

在基础设施和公共服务领域，长期以来主要采取公建公营模式，民间资本参与较少，民间资本的活力和动力没有得到充分挖掘。从政府和社会资本合作（PPP）模式的本意看，民间资本无疑最符合国际上公认的第二个 P（Private）的定义和要求，然而我国近年来的 PPP 实践表明，民间资本参与 PPP 项目，无论是从项目数量还是项目总投资的占比看，都低于国有企业甚至还呈现下降趋势。其中的原因很多，从地方政府方面看，尽管国家相关政策导向很明确，但普遍存在"鼓励支持民间资本参与的道理都懂，就是不知道怎么搞"的困惑；从民间资本方面看，除了客观上与国有企业存在一定的综合竞争劣势外，"投资积极性并不低，就是不知道怎么做"恐怕也是重要原因。为此，需要在以下方面同时做出努力：

第一，在 PPP 项目前期工作阶段吸引民间资本参与。PPP 项目从项目本身的可行性研究到引入 PPP 模式的可行性研究等前期研究论证工作主要由政府授权的项目实施机构承担，社会资本尤其是民间资本往往较少参与这些工作。这使民间资本的相关合理合法诉求难以在项目可行性研究和实施方案中得到充分体现，从而在很大程度上制约了民间资本的参与积极性。针对这一问题，建议地方政府在制订 PPP 相关政策、PPP 项目规划或行动计划以及研究编制具体 PPP 项目实施方案等 PPP 项目前期工作阶段，征求民间资本的意见和建议。这不仅有助于民间资本"提前"了解 PPP 项目信息和相关的投资机会，而且有利于提高 PPP 项目吸引民间资本参与的可行性和可操作性。

第二，做好民间资本 PPP 项目推介工作。地方基础设施和公共服务项目投融资属于政府的责任和事权范围，长期以来主要采取公建公营模式，相关投资、建设和运营等工作主要由政府所属的国有企事业单位承担，民间资本较少参与投资。这客观上造成了民间资本在地方基础设施和公共服务领域的规划、政策和拟建项目等诸多方面存在严重的信息不对称。在 PPP 项目的社会资本方遴选阶段虽然也有相关的项目信息公开要求，但时序在项目可行性研究和实施方案研究编制之后，时间节点相对滞后，从满足民间资本更充分了解 PPP 项目信息和更好地作出参与项目竞标决策的需要看，是"不解渴"的。"民十条"提出针对民间资本召开专门的 PPP 项目推介工作，不仅可以更早、更好地让民间资本了解相关规划、政策和项目信息，而且有可能将民间资本在投融资方案、投资回报机制、风险分担机制、投资退出机制、监督考核评价机制等方面的合理合法诉求更好地体现在项目实施方案乃至招标方案中，从而有助于提高民间资本参与的积极性。如果地方政府确实按照"民十条"的要求，向包括民间资本在内的各类社会资本推介回报机制明确、运营收益潜力大的 PPP 项目，无疑能更好地调动民间资本的参与积极性。

第三，运用 PPP 模式盘活存量资产。存量资产引入 PPP 模式对于提高公共服务效率和促进地方政府去杠杆的意义毋庸多言，且由于风险相对更小或更多地得到释放，投资回报机制也更加明确，存量资产对于包括民间资本、国有资本在内的各类社会资本无疑具有很大的吸引力。相对于国有企业而言，民间资本的风险约束机制更强，对 PPP 项目的投资风险更加重视和敏感，而且对诸如项目规划选址、征地拆迁安置等方面的风险也更加难以管控，这是制约民间资本参与 PPP 项目的重要原因。而存量资产的风险比较容易识别，特别是包括项目规划选址、征地拆迁安置等民间资本不容易管控的风险都已经不存在了，所以存量资产通过 PPP 模式吸引民间资本无疑"大有可为"。

5.3.3 提升民间资本的主体性

为支持鼓励民间资本参与 PPP 项目，国家有关部门在 PPP 政策文件中也提出了明确的政策导向，2017 年 11 月国家发展改革委还专门发布了《关于鼓励民间资本参与政府和社会资本合作（PPP）项目的指导意见》（简称"民十条"），提出了具体的政策措施和相关要求。为贯彻落实国家相关政策要求，激发民间资本的活力和动力，促进民间资本更好地参与 PPP 项目，更多地需要民间资本的努力。

第一，注重练内功、提升能力。支持引导民间资本通过 PPP 模式参与基础设施和公共服务项目建设，对进一步激发民间有效投资活力乃至促进民营经济持续健康发展具有重大意义。但在基础设施和公共服务领域，在 PPP 项目社会资本方的准入方面，并不意味着民间资本拥有超过其他社会资本方的

"特权"。公平竞争是对包括民营企业、国有企业乃至外资等各类投资主体的共同要求。在营造公平竞争环境方面，国家也专门提出了相关要求，包括不得以任何名义任何形式限制民间资本参与、合理确定 PPP 项目社会资本方资格和科学设置评标标准等。这些政策要求虽然首先是对地方政府实施 PPP 项目前期工作尤其是社会资本方遴选工作的要求，但也为民间资本投资参与 PPP 项目指明了道路，即"练内功"从而提升 PPP 市场竞争力。具体而言，民间资本可以根据自身发展战略定位并结合自身优势和特点，在投资、建设、运营等不同环节提高投融资能力、专业技术水平、管理能力和信用水平等综合能力，从而获得相对于其他社会资本方的比较优势。

第二，注重强强联合、优势互补。不同基础设施和公共服务行业领域的 PPP 项目，技术经济特点不同，项目投资规模不一，投资回报机制、主要风险因素、建设和运营管理要求等也不尽相同。从民间资本来看，各主体的投融资能力、专业技术水平、建设和运营管理能力、风险管控能力和信用水平也不一样，对投资领域、投资区域、投资回报和投资风险的偏好不尽相同。民间资本这种"能力错配"和"投资偏好错配"无疑对民间资本参与 PPP 项目构成了很大影响和制约。实践中，看似地方政府对民间资本的一种所有制偏见或歧视，很大程度上也与民间资本自身"能力错配"和"投资偏好错配"直接相关。针对这两种"错配"问题，为更好地参与 PPP 项目，民间资本要积极创新参与方式方法，包括通过强强联合、混合所有制、中外合资等方式，实现民（企）—民（企）、民（企）—国（企）、民（企）—外（企）的协同协作和优势互补。对于不具备专业优势但投融资能力较强的民间资本而言，通过设立或认购产业投资基金的方式间接投资参与 PPP 项目，无疑也是一种可行的路径。

第三，注重诚信建设、增强社会责任感。长期以来，民间资本似乎给社会公众一种社会责任感不强、诚信差的印象，诸如民营企业的环保、安全、职业病等负外部性问题甚至企业老板"跑路"的情况不时出现。PPP 模式的出发点和落脚点是面向社会公众提供优质、高效的公共产品和服务，PPP 项目持续安全稳定运营直接涉及社会公众的切身利益。地方政府在选择社会资本方时对民间资本难免存在不同程度的不信任。民间资本要增强社会责任感，以公共服务质量和社会公众利益为重，切实履行 PPP 合同约定，确保 PPP 项目持续安全稳定运营，为社会公众提供符合预期数量质量要求和安全稳定的公共产品和服务。民间资本要严格遵守国家相关政策法规，严格自律，加强对 PPP 项目在环保、安全、职业病等负外部性问题的管理和控制。与此同时，民间资本也可以通过适当的方式主动披露和宣传业已履行的社会责任，提高政府和社会公众的信任度。为增强社会责任感，加强诚信建设，建议民间资本 PPP 项目公司可参照上市公司的相关做法，每年发布 PPP 项目"社会责任报告"，对与 PPP 项目直接相关的安全、环保、职业病和公共服务绩效考核等情况，以及项目的经济、社会、环境等效益和影响等信息，进行系统性的梳理和总结，并通过所在地政府网站和主要媒体及时向社会公众披露。

5.3.4　强化 PPP 与民间资本融合度

面对民间资本进入 PPP 项目的诸多障碍，要从问题本源出发，围绕 PPP 模式中合作、契约、共赢的核心要义，以市场需求为导向，深化政策约束机制、市场竞争机制、风险分担机制和收益分配机制等方面的综合配套改革，平衡政府部门与私营部门之间的利益关系，激发民间资本参与 PPP 项目的内在动力，引导民间资本选择性进入，实现 PPP 模式的有序发展。根据上述研究结论，提出如下对策建议如下：

（1）完善政策保障机制。PPP 项目参与方的有效合作需要通过缔结具有法律效力的契约来完成，良好的政策法律环境是 PPP 模式推广应用的重要保障。为此，第一，要明确政府角色定位。在 PPP 项目的不同阶段，政府承担着不同的角色与职能，政府需要在裁判员和运动员的双重角色中进行调整，既要严格遵守与合作方签订的契约，又要加强对项目的事前、事中、事后监管。第二，要保证政策的持续性和稳定性。强化政策保障与信用约束机制，降低和消除民间资本进入 PPP 项目的顾虑。在不断完善 PPP 模式"规范+配套政策+操作指引"框架体系的同时，还要严格约束政府部门的失信行为，明确项目主管部门的职责和责任，保障 PPP 政策的持续性与主管部门的稳定性。第三，要明晰权责边界。相比于投资回报和项目风险，明确的权责界定对吸引私营部门参与 PPP 项目更加重要。为此，要整合目前分散的 PPP 有关规定，出台具有权威性的 PPP 立法。通过法制化和规范化管理，使 PPP 项目的产权和利益归属问题得到有效保障。

（2）优化民间资本进入和退出渠道。强化市场竞争机制、拓宽资本进入渠道、完善资本退出方式，是提高 PPP 项目民间资本参与度的重要手段。为此，第一，要创新 PPP 项目融资方式。坚持政府和市场相结合、政府部门与私营部门相结合，推动保险公司、社保基金等多元化社会资本与专业机构投资人合作，建立 PPP 产业投资基金、PPP 专项基金等，构建民间资本管理体系。第二，要激励民营企业不断提高项目参与能力。引导民营企业根据项目的类别与层次，组建专业运营团队，不断改进工程管理和服务水平；尽早介入 PPP 项目前期工作，紧扣项目主题和核心利益进行谈判，提高签约成功率；推动技术创新能力强、科技含量高、管理水平佳的民营企业通过"抱团""借势"等方式，以联合体的形式进入 PPP 项目建设和服务领域。第三，要完善民间资本的退出方式。依托各地日益成熟的产权交易市场和股权交易市场，推动 PPP 项目与资本市场的深入融合与对接，通过资产证券化、股权转让等方式，提升 PPP 项目的市场价值，提升项目的收益变现能力，为民间资本提供规范化、多元化、市场化的退出机制。

（3）健全风险评估和分担机制。PPP 项目存在相互交织的各种风险，其成功运作很大程度上依赖于对风险进行有效辨识，并建立起一套合理的风险分担机制，将风险分配给最有利承担的合作方。具体来说，第一，要准确评估项目风险。民间资本参与 PPP 项目是一种市场化投资行为，准确的风险评估是 PPP 项目风险管控的重要前提。要深入理解项目风险结构，确识别分析出各类风险属性，根据项目行业类别、所属阶段、风险层次等，灵活选用一种或者多种风险分析方法，计算出风险发生概率以及损失程度，测算总体风险大小，科学客观地进行风险评估，为后续的风险管控提供可靠的依据。第二，要合理分担项目风险。在 PPP 模式下，并非将项目的责任和风险全部转移给私人合作方，而是由参与各方共同承担责任、分担风险。其中的关键因素在于对风险的基本属性进行准确分析，并由最适宜的一方承担相应的项目风险。诸如政策风险、法律风险、社会风险适宜由政府部门承担；诸如在项目设计、建设施工、运营维护中存在的商业风险适宜由经验丰富的民营企业承担；诸如市场运营风险、项目融资风险防控等适宜由在数据运用、资源分享、风险评估和调查体系等方面具有明显优势的商业银行承担。

（4）建立平衡的收益分配机制。大力推广 PPP 模式，是公共服务领域落实供给侧结构性改革的重要举措，有助于增强公共产品的供给能力、提高供给质量。民间资本参与 PPP 项目时遵循的是市场化原则，合理的投资收益是民间资金进入的最主要动力。因此，合作各方要合理评估掌握的资源和项目参与能力，以投入比例、风险分摊系数、项目参与度、激励因子等因素为基础，建立平衡的项目收益分配机制；坚持以契约精神作为决策和行动的内在逻辑，加强合作协议的分类定制与管理，通过合理缔约的实现使民间资本获得与风险承担相匹配的收益，寻求收益-风险的最优平衡点。对于固定分配型 PPP 项目，私营部门以项目投资额为基础，获得合作协议规定的固定投资回报，政府部门承担运营风险。这种收益分配机制需要综合考虑合作各方的风险转移意向、风险管理能力等因素，避免让政府部门背负不必要的财务负担。

但政府部门也要严守商业诚信，认真履行承诺。对于产出分享型 PPP 项目，政府部门与私营部门按照合作协议共同分享项目总收益。在这种风险共担、收益共享的合作模式下，收益分配机制要综合考虑项目的建设成本、运营费用、投资风险、投资收益率等因素，合理确定公共产品的市场价格，必要时启动补贴或价格调整机制。

5.3.5　优化民间资本投资 PPP 环境

2018 年 1—5 月，民间固定资产投资同比增长 3.9%，民间投资下滑明显，引发了政府层面、专家学者和民营企业家的广泛关注。PPP 模式是民间资本投资的重要渠道，推广运用 PPP 模式是扩大民间资本投资的重要举措。从当前我国 PPP 模式的实际运行情况来看，民间资本参与 PPP 项目仍存在不少困难和问题。必须健全法制完善政策，加强融资支持，创造公平市场的竞争环境，促进民间资本参与 PPP 项目。

（1）加快 PPP 立法。加快完善 PPP 立法，构筑统一的法律和政策框架，能合理协调规范 PPP 中合同争议的解决，稳定民间资本预期，激发民间资本的投资热情。一方面，要健全法律法规，填补法律空白。推动 PPP 科学立法、民主立法、依法立法，规范 PPP 项目的定价调价、绩效质量、全生命周期监督、退出机制、合同争议解决等重点内容，解决好参与 PPP 项目对企业，特别是民营企业的收益权或财产权的法律保护。另一方面，要对现有 PPP 法规和政策措施进行梳理。整合各部门的有关规定，加强《政府采购法》《招投标法》《土地管理法》等法律与 PPP 模式的衔接，并根据需要进行修订，做到于法有据。

（2）加强融资支持。从整体上看，我国目前长期融资工具和品种仍然不足。PPP 所涉及的项目回报期大多在 20～30 年，与现有的多数融资产品存在期限错配。尤其是民间资本在参与 PPP 项目时，本身融资需求就很强烈，但目前 PPP 框架下市场对民间资本的融资支持还不够。比如发行债券时，由于民营企业评级和国有企业相比普遍较低，其成本相对较高，在 PPP 长期稳定微利的大背景下，PPP 项目对民间资本的吸引力不高。国外经验表明，公共部门的资金需要先投入，才能更好地吸引私人资本投资，同时要充分利用好世行、亚行、亚投行等多边开发机构的力量。

（3）优化民营资本投资环境。一是继续深化简政放权、放管结合、优化服务改革，推动政府职能转变，加强事中事后监管，为民间资本松绑解绊，释放民间资本活力，激发新动能。二是树立强化"重诺履约"意识，坚持政府和社会资本地位平等、权利义务对等，将政府支出责任纳入年度预算及中长期财政规划，建立政府违约追责机制，探索成立 CEF（增信便利）基金，给民营企业吃下"定心丸"。三是构建责任落实到位、内容清晰明确、方式合理适当的信息公开制度，为统一、规范、透明的 PPP 竞争市场"添砖加瓦"。以信息公开制度为主轴，形成社会各界对公权力行使的监督机制，让民间资本能够以较低成本获得准确、有效的市场信息，打消民间资本的顾虑，真正建立起与政府合作共赢的长期伙伴关系。

6 民间资本参与金融市场管理

近年来，随着政策的支持与引导，民间资本参与金融市场建设的热情高涨，民间资本以新设、增资入股等方式进入金融业，直接或间接参与金融市场业务活动和市场建设，如民间资本可合作参与设立证券公司、信托公司、基金管理公司、保险公司、商业银行，参与城市商业银行、农村商业银行、村镇银行的增资扩股及农村信用社和城市信用社的改组改制，直接参与金融租赁公司、汽车金融公司、消费金融公司、VC、PE、产业基金、创业投资基金、担保公司、典当行、寄售行等各类非银行类新金融业态。民间资本参与金融市场建设对于提高金融资源配置效率，促进多层次金融市场建设和经济发展起到了积极作用。然而，在民间资本参与金融市场活动的资本规模急速发展的同时,也要看到民间资本参与金融市场活动中仍然存在较多的问题，需要我们正视与逐步解决。

6.1 民间资本介入金融市场的背景与可能性

民间资本是具有中国特色的一个专业名词，即民营企业以及股份制公司中属于个人的股份，还有其他所有形式的私人资本都称为民间资本，也叫作民间资金。民间资本又分为私营企业和个人的资金。民间资本进入的规模逐渐增大。以江苏省为例，2017 年，民间投资在社会投资总量中的比重已经接近 70%，并且近几年都以超过 1% 的速度提高。村镇银行和地方农村商业银行等主要的民间资本设立金融机构，不论是存款还是贷款业务都以非常快的速度发展。分析江苏省 2017 年内部的投资增长结构，不难发现其服务产业相比其他产业增速居前，其中金融服务业行业更是成绩突出，2015 年相比增长了 79%。对地区实体经济发展贡献显著。

6.1.1 民间资本介入金融市场的背景

改革开放 40 年以来,随着中国社会主义市场经济体制的建立,社会经济持续增长,创造了数量庞大的社会财富,累积了规模宏大的民间资本。民间资本是指居民、农户以及民营企业所持有的资本,是除国有资本、外商资本之外,主要运用于民营经济、个体经济及混合所有制经济的私人资本的总和。民间资本包括最终所有权归属于民间自然人、民营经济主体(民营企业、个体工商户等)的资本以及现代股份制企业(股份有限公司)中直接或间接归属于民间自然人、民营经济主体的资本。也就是说,民间资本的界定标准主要在于权属主体,这是区分民间资本与国有资本、外商资本的判定条件。根据西安交通大学李富有教授主持的国家社会基金重大项目研究课题组运用大型调研与统计数据测度的结果可知,2017 年全国民间资本超过50 万亿元。民营经济、中小企业对民间资本的需求欲望特别强烈,需要和非常需要民间资本的企业占到 80% 以上。民间资本建立在民间信用基础上,发展初期依靠乡规民俗、道德规范约束,长久以来凭借特殊的供求关系、交易机制、发展态势等,民间资本与民营经济之间形成了天然的、复杂的体制姻缘。尤其是 2016 年以来,中国经济建设和发展领域进入新常态时期,新常态下中国经济发展的基本特征主要表现为增长速度换挡期、结构调整阵痛期和前期刺激政策消化期的"三期叠加"状态。新常态时期,经济发展动力由要素和投资驱动转向创新驱动,中小企业在推动技术进步创新和产业升级方面发挥着十分重要的作用,技术的创新与进步又使中小企业面临更大的资金需求。现实矛盾则是民间资本与中小企业之间的"两多两难"现象,即民间资金多,但投资难;小微企业多,但融资难。长期以来,民间资本对于完善金融结构体系、支持民营经济发展有着举足轻重的作用。然而,由于市场准入方面的限制,数目庞大的民间资本无法进入很多投资领域。因此,一方面资金短缺成为民营经济发展的瓶颈,另一方面巨额民间资本被束之高阁。

近年来,关于鼓励和引导民间资本健康发展的政策及意见陆续出台。2016 年国务院提出营造良好公平的竞争环境,调动民间资本投资的积极性,激发民间投资潜力和创新活力。因此,国务院及其各职能部门关于引导民间资本进入金融、实体经济领域的相关政策及意见逐渐付诸实施,为民间资本进入金融领域进一步指明了方向。在民间资本日益成为中国金融体系的重要组成部分且不断发挥其在投资领域比较优势的态势之下,我们需要探讨一个关键问题:民间资本进入金融领域究竟会发挥积极作用抑或是消极作用?关于民间资本进入金融领域将产生何种作用，长久以来都是颇具争议的话题。有些学者认为，民间资本内生于非国有经济，作为传统金融体系的重要补充，民间资本和非国有经济有着天然的体制姻缘，对于改善民营企业融资环境、调整经济结构和发展地方经济起到重要作用，民间资本发起设立的民营银行也有助于激励和促进经营绩效的提高。但也有反对者指出，由于民间资本固有的资金分散、整体规模大，但个体规模小、利率高及不易监管等特点或将为金融机构带来道德风险和信用风险。上述争议主要体现在已有的研究文献和相关结论中，这些研究结果表明民间资本进入金融领域带来的积极和消极作用同时存在。不少学者从社会经济发展、政府监管和制度环境等视角分析民间资本进入金融领域的利或弊。那么，除上述研究角度外，从细分领域解释民间资本进入城市商业银行能够产生怎样的作用？这便是本书研究的关键问题，即民间资本对中国城市商业银行效率的影响如何？这种影响随着民间资本进入程度的逐步提升是保持不变还是会在某一水平（阈值效应）发生方向性转变？随着民间资本进入城市商业银行的准入政策不断放宽，客观地分析民间资本对中国城市商业银行效率的可能影响，并对民间资本进入水平的适度性做出理论评价，对于引导民间资本进入金融领域的政策制定和有效途径就显得极为重要。从长远来看，引导民间资本进入金融领域的关键在于民间资本进入产生积极效应抑或是消极效应的考察和判断，从城市商业银行的细分领域解释民间资本进入水平的适度性问题，有助于补充和推动相关领域的经验研究，为政府引导和规范民间资本进入城市商业银行提供理论依据。

6.1.2 民间资本介入金融市场对银行的效率冲击

中国城市商业银行建立在城市信用基础之上，绝大多数由各级地方政府发起设立，早期呈现国有股权直接或间接控股比例较高的现象，股权结构设置不合理容易引发股东之间缺乏权力制衡机制问题。除此之外，城市商业银行普遍市场定位不清，业务特色不够突出，因此其发展受到严重制约。随着国务院和各职能部门对引导民间资本进入金融领域的一些纲领性文件和实施细则陆续出台，民间资本通过改制重组或增资扩股等渠道进入城市商业银行或将成为未来中国城市商业银行创新发展的常规态势。一方面，民间资本进入有利于城市商业银行减轻历史包袱，化解历史累积风险，增强资本实力与风险管理能力，进而提高经营效率；同时，民间资本进入能够增强城市商业银行公司治理有效性，构建起多元化、本土化和民营化的股权结构，充分发挥民间资本的信息、资源优势。因此，民间资本能够在股权结构优化、资源配置和业务创新等方面对城市商业银行产生一定的积极影响。另一方面，随着民间资本持股比例不断增大，民间资本将逐渐渗透城市商业银行的经营与管理，参与城市商业银行的经营方针、投资计划及重大事项决策。然而，由于民间资本的逐利本性、风险偏好与信用规则等特点，容易引发操作性风险、道德风险、流动性风险和信用风险，对城市商业银行产生消极影响。因此，民间资本进入对城市商业银行的积极和消极影响并存，在其他条件不变的情况下，前述两种影响效应可能与民间资本进入水平密切相关。当民间资本进入程度处于一定适度水平之内，民间资本有助于优化城市商业银行的股权结构、资源配置及公司治理，此时积极效应成为主导影响；当民间资本进入程度超过适度水平，逐利本性与高风险偏好可能使消极效应成为主导影响。如果忽视民间资本进入水平的差异而单纯讨论积极效应或消极效应，显然是缺乏重要条件设置下的片面逻辑，或将使研究结论不够可靠与准确。由于历史原因、自然环境和社会文化等综合因素的长期演化，中国区域经济发展不平衡问题比较突出，东、中、西部地区在经济发展、人口素质和生活质量方面长久以来存在明显的地域差异。改革开放40余年以来，中国东、中部地区经济发展水平较高，特别是民营经济的发展对于解决就业、促进技术创新和创造社会财富起到促进作用，尤其是东部沿海地区经济发展不断推进金融深化和金融改革创新，而西部地区经济增长速度较慢且金融发展较为落后，西部地区资本积累、外商投资、融资规模和制度创新等相比东、中部地区都明显处于劣势地位。近年来，虽然西部地区的经济水平和金融发展得到长足进步，国民经济运行步入快车道，但是与东、中部经济发达地区相比仍有较大差距，而且公开数据表明这种差距仍处于扩大趋势。经济水平、金融政策与金融环境是决定金融发展纵向深度的主要因素，由此我们可以合理预期，民间资本进入水平对东、中、西部地区城市商业银行效率的影响效应或存在明显差异。

6.1.3　民间资本介入金融市场管理的现实瓶颈

普惠制金融体系是2005年联合国在宣传小额信贷年时提出的，是指不仅服务于富人而且能为穷人和低收入者提供服务的金融体系。普惠制金融体系的主要服务对象，应当是中小型企业、微型企业、农户以及贫困人群等弱势群体。引导巨额民间资本规范地进入银行业，为上述群体提供服务，既能消除市场中闲散资金异常流动造成的经济波动，又能实现均衡发展的目标。这种设想并非空想，具有理论与现实的双重合理性。

（1）民间资本进入银行业金融机构的门槛高。当前国家政策鼓励民间资本进入银行领域，但银行是经营特殊商品的机构，出于审慎监管的考虑，监管层对各类资本进入银行业的市场准入、投资比例和资产规模等方面均有较高的要求。如规定入股农村商业银行、农村合作银行和农村信用联社的企业净资产须达到全部资产的 30% 以上，及权益性投资余额不超过本企业净资产的 50%，持股比例不能超过 20% 等。同时，经营银行需要特殊的经营管理技术、信誉、网点、管理人才、技术的不足也构成了市场进入壁垒，市场进入的高门槛导致部分民间资本难以转化为银行资本。

（2）部分民间资本进入的机构存在违规和非法经营现象。部分民间资本企图通过入股控制金融机构获得优惠贷款或套取信贷资金，使之变成自己的"提款机"，民间资本控股的部分融资类机构因控股股东自身存在治理结构不健全、主业不突出、信用状况不佳、经营不稳定、不具备持续出资能力等方面的原因，其融资经营活动一直游走于国家法律、法规框架的边缘，如小额贷款公司存在高息贷款、关联贷款、违规融资等现象；一些担保公司、典当行、寄售行等违规违法从事吸收存款、发放贷款、受托发放贷款等活动。一些没有融资资质的机构以高息为诱饵非法集资或吸储；部分网络融资平台对外发布虚假信息，成为平台发起人的自融平台；一些打着融资类旗号的机构甚至成为诈骗、洗钱、炒卖外汇等非法活动的"温床"。这些融资类机构往往参与者众多，涉及利益范围广，一旦发生经济纠纷，容易引发群体性连锁反应，增加社会不稳定因素，给正常的社会经济及金融秩序带来冲击。

（3）对民间资本参与金融市场活动的监管多头与缺位。在民间资本参与银行业机构门槛高的情况下，大量的民间资本以担保公司、小额贷款公司、典当行、寄售商、投资公司、租赁公司等非银行金融新业态参与金融市场活动，一些资本甚至直接进入民间借贷市场。而对新业态金融机构的市场进入、监管主体、监管内容等没有统一的标准。如小额贷款公司是由中国人民银行批准、在工商登记的企业法人，从各地的实践活动看，人民银行、银监局、工商局、地方金融办都属于小额贷款公司的监管者；典当行依法接受各级工商行政管理局、公安局、商务局的监管；担保公司由银监会融资新担保业务部和批准担保公司的地方政府部门共同监管；租赁公司则分别由银监会和商务部监管。在这种情况下，监管政出多门，容易出现监管标准不一、重复监管或者相互推诿现象。而众多利用网络平台从事融资业务的机构则基本处于监管真空状态。

6.1.4 民间资本介入金融市场的管理风险
——以银行业为例

就我国银行业整体而言，国有商业银行长期处于主导地位。过度集中的银行业市场结构，使市场竞争程度下降，市场效率降低。存贷利差大、业务手续复杂、收费项目繁多等问题，都体现出我国银行业市场结构的弊端。由于市场集中度高，新兴竞争者准入困难，整个市场缺乏有效的竞争，大型商业银行被称为"暴利"行业，备受诟病。俯拾皆是的大额贷款、优质客户，使大型银行无暇顾及"小、急、频"的"弱势群体"贷款需求。因此，制定健全的规范，引导民间资本有序进入银行业，无疑是改变银行业结构、提高市场效率、满足"弱势群体"金融需要的重要途径。但是，民间资本进入银行业可能存在以下风险：

（1）银行机构破产的风险。在完全竞争的市场中，机构退出是一种必然出现的现象。民间资本进入银行业一方面可以提高金融业的发展绩效，但另一方面也可能会造成竞争过度的局面，使处于竞争弱势地位的中小银行机构可能会冒退出市场的风险进行违规及高风险活动。因此，随着银行体系竞争的加剧，银行机构破产将成为常态。一直以来，由于我国对银行业的准入有着较为严格的限制，银行业的竞争相对来说是不充分的。因此，国内银行业破产的情况并不多见，这也充分确保了我国金融体系的整体稳定。但在国外发达国家，由于银行业的充分竞争，银行业破产是金融业发展的常态，美国每年都有数十家银行破产。如果没有相应的保障措施，银行业的破产将给金融和社会民生稳定带来巨大的负面影响。

（2）产融结合的风险。完全放开民间资本进入银行业后，大量的产业资本将会进入银行业，从而出现产融结合的情况。尽管产融结合会对提高企业的运作效率和整体收益发挥积极作用，但是也存在一定的风险：一是产业空心化的风险。由于目前我国金融行业特别是银行业的高回报率，一旦完全放开准入限制，极有可能导致民间资本抛弃实业，争相进入银行业，诱使资本"脱实向虚"，从而出现产业"空心化"和"虚拟化"的风险。在银行业完全放开的初期这种情况会比较明显。二是产业与金融无法有效协同带来的风险。如果产融结合中银行业与主业配合较差，一些民营企业仅仅将银行业作为支持产业发展的融资工具。企业一味追逐金融业的高收益，缺乏坚实的产业基础，就存在潜在的风险。如果仅把金融作为攫取高额利润的手段，产业周期的波动可能影响企业所掌控的金融机构,甚至将这种风险传播到整个金融业。

产业资本与金融资本在企业内部不能实现有效协同,势必影响企业长远发展,给企业带来潜在的风险。三是利用金融优势进行盲目扩张带来的风险。企业通过参股或交叉持股的方式控制银行机构,一方面获得了丰厚的投资收益;另一方面利用与相关银行的紧密关系,获得了低成本的融资渠道。这种金融优势使企业拥有充足的现金流,从而大大增强了企业对外扩张、并购的积极性,同时也催生出大量内部交易。这种扩张、并购的过程存在诸多潜在的风险。

(3)金融创新过度的风险。银行业竞争的加剧必然会导致金融创新的增加,尽管一定程度的创新有利于提高金融服务实体经济的水平,但是如果创新过度,且监管不到位,就会给金融体系带来巨大的风险,2007年爆发的次贷危机就是由美国金融市场上的金融创新过度引起的。金融创新也是20世纪末美国金融机构全球性扩张的手段之一。由于有着巨额利润的刺激和宽松的监管,各大金融机构不仅仅有着强烈的金融创新欲望,也是事实上的主要金融创新来源。新型金融衍生产品交易,风险分散化和转移的链条几乎可以无限地延长。对于市场上的广大投资者来说,这些新型金融产品的信息是不透明的,产品发行者和购买者之间的信息也是不对称的,最终导致了次贷危机的爆发。因此,民间资本进入银行业可以增强金融机构的创新动力,创新金融产品和服务,但是如果创新活动监管不到位,将会给金融体系带来一系列风险。

(4)银行的系统性风险。民间资本进入银行一般是以股权、产权等形式进入并与银行成为一体。在这种情况下,其中的某一个环节出现风险都可能危害整个银行并产生连锁反应。这种风险体现为两种方式:一种是直接风险。当银行融资给同一资本下的另一公司,一旦融资出现问题,就会给银行造成流动性危机。另一种是间接风险。当民间资本与银行资本为同一资本来源时,倘若一方出现问题,另一方就会受到牵连,从而导致严重的信用危机。

(5)金融监管风险。中国政府为了能够推动民间资金流入到金融领域,通过允许入股或者设立金融机构的方式来不断完善中国金融体系多层次发展。一直以来尽管颁布了很多纲领性文件,但迟迟没有详细的实施细则。我国当前对于民间资金进入金融领域的方式,基本上是通过引导民间资金尝试成立一些新兴金融机构来实现的。这条道路因为条件相对宽松得到民间资金的追捧。也正是由于条件宽松会带来金融监管上的风险,只是单纯地放松了管制,但是没有后续有效的细节实施政策来作为保证,这在很大程度上为金融风险埋下了一个不安定因素。

（6）管理风险。一方面，由于民间资本成立民营金融机构时间较短，受到政府监管的限制以及自身运营能力不足会导致负债业务吸纳存款不足，故其在内部控制上会有很多工作需要改进，而且没有经历过长时间的市场经营检验，很多内部控制制度的问题尚未显现。比如任何金融机构无法避免的道德风险，再加上金融监管存在漏洞，这些新型金融机构很可能会在内部控制人员身上出现问题。例如，A 公司通过不当的便利来进行融资等。更有甚者会通过入股不论是绝对控制还是相对控制，实现利用金融机构获得信贷资金这种杠杆融资手段。如果这些情况不能得到有效的控制，危机一旦爆发所带来的破坏后果将是无法估计的。民营金融机构不良资产坏账率的快速增加会直接带来经营风险，存款人为了规避风险进行自保采取挤兑，这样形成的恶性循环很有可能让一家金融机构一夜之间倒闭。从而造成金融市场信心的丧失，严重的影响金融市场的秩序。另一方面，民营金融企业的内部控制开始陷入两个新的特殊状况：民间资本通过股权操作得到控制权，来为扩张其背后实际控制人的实力，通过内部关联交易的方式，满足其资本运营操作的真正意图；完全得不到应有的权利，单纯地从听当地政府的行政指挥，对于内部管理工作不积极。

（7）经营信用风险。中国的小微企业往往因为经营规模小面对融资极为艰难的困境。正因如此政府为了扶持小微企业特地颁布政策来引导民间资金进入金融领域。这样有了民间资金来成立新型金融机构，这些企业往往对于小微企业的经营状况比较了解，而且对于这块空白的市场有利可图，因此能够有效帮助小微企业解决资金信贷问题。可是如果我们将观察的时间放到长期中，在经济萧条周期，小微企业是第一批倒下的企业，从而使这些小额贷款公司和村镇银行坏账率上升。此外，我国很多新型金融机构不像国有商业银行拥有政府信用作为背书，存款人往往对其无法足够的信任，从而无法获得良性的存款业务。只能通过高息的方式揽储增加资金成本，即使这样目前很多村镇银行依然面临资金来源问题。小额贷款公司由于没有吸收存款的牌照，面对的困难就更多了。

（8）机构流动风险。一是融资渠道不畅。由于部分民营金融机构参与银行资金拆借或融资受限，融资平台过窄，导致其流动性管理较为被动。二是变现能力较弱。由于民营金融机构客户多为中小企业及涉农客户，受国家宏观调控、产业政策及市场需求影响较大，客户抗风险能力较弱，容易造成贷款违约风险。并且中小民营金融机构资金调剂能力有限，一旦受到冲击，容易引发支付风险。三是业务拓展受限。民营金融机构作为新兴事物，社会对其认识度普遍较低，特别是在社会信用欠佳和存款保险制度建立时间尚短的情况下，与国有或大中型金融机构相比，中小民营金融机构尚处于弱势地位，缺少客户支持。

6.2 民间资本介入金融市场的主要模式与现状

随着民间资本进入金融领域的渠道增多、机构增加，随之引发的风险问题也不断暴露，尤其在经济发展新常态下，民间资本进入金融领域引发的风险隐患已引起有关部门高度关注。2013 年 7 月，国务院发布了《关于金融支持经济结构调整和转型升级的指导意见》，明确指出：鼓励民间资本投资入股金融机构和参与金融机构的重组改造；尝试由民间资本发起设立风险自担的民营银行等金融机构。党的十八届三中全会再次提出，允许具备条件的民间资本依法发起设立中小型银行等金融机构，2014 年 3 月，中国银监会确定首批试点民营银行方案。允许民间资本发起设立中小商业银行不仅有利于畅通民间资本投资渠道，加快民营经济快速发展，而且有利于健全与市场经济相适应的金融体制和运行机制，解决中小微企业融资难等问题。然而民间资本发起设立的中小型商业银行受自身资本状况、业务模式、服务对象及区域等因素的制约，其面临的经营风险较一般银行更趋复杂。

6.2.1 民间资本介入金融市场的主要模式

目前，中国经济发展仍处于"投资推动型"阶段，资本是制约经济进一步增长的最稀缺资源之一，民间资本投资于金融领域尤其是地方金融领域的范围与数量与日俱增，其在缓解中小企业及农户个人的融资难、民间资本的投资难困境上表现显著，对中国的经济发展贡献率逐渐增大。然而我国部分民间资本仍然以闲散资本的形式存在于居民手中，这些资本的"小额、分散"特征使其采用入股组建等方式进入金融领域已成为不可能，为了满足资本的逐利性，它们仍旧以民间借贷的形式存在。诸如温州民间借贷登记中心、人人贷等中介机构的兴起，不仅缓解了中小企业和个人的融资困境，还促使民间借贷的正规化和阳光化，降低了借贷风险，同时资金供给者大多为个人而非企业，这就减低了实体经济资金被挤占的比例。由于这类中介机构兴起时间较短发展不成熟，致使民间资本进入受阻。因此要想促使更多的民间资本通过这种方式进入金融领域，就必须对其影响因素进行深刻分析，从而做到增加促增因素的作用，缩小促减因素的效力，最终实现民间借贷的正规化。其主要模式有：

（1）参股金融机构的间接投资模式。民间资本以入股方式参与商业银行和农村信用社等中小金融机构的改制改组，间接参与金融行业具体业务。由于现有中小金融机构的管理体系和相关制度已十分成熟，民间资本进入阻碍较少，具有较强的可操作性。以农村商业银行为例，由于农村商业银行是在原有农村信用社的基础上发展起来的，其日常经营及网点布局等都保持原有体系，民间资本进入不存在太大的投资风险。农村信用社通过股份制改革，吸收民间资本参股转变为农村商业银行，并且通过进一步的并购和跨区域发展，形成以民间资本为主导的中小型商业银行。

（2）设立新型金融机构的直接投资模式。即民间资本通过与其他国有金融机构合作的方式新设村镇银行、信托公司、证券公司和保险公司等金融机构，发起或参股小额贷款公司和信用担保公司等金融机构，直接从事相关金融服务业务。其中，民间资本参与设立村镇银行、小额贷款公司和信用担保公司是新型金融机构的典型代表，能够有效补充现有金融体系。以村镇银行为例，2012 年的相关政策出台支持民间资本进入村镇银行领域，参与村镇银行的新建与增资扩股，村镇银行的主发起行最低持股比例由 20% 减低为 15%，给予民间资本更多的投资空间。2017 年的政策中进一步允许发展成熟、经营稳健的村镇银行在最低股比要求内，调整主发起行与其他股东持股比例。

也就是说，当前，资本介入和机构介入是民间资本进入我国银行业的两种主要路径。

（1）资本介入。农村信用合作社成立于 20 世纪 50 年代，实行成员的民主管理。虽然信用社发展早期仅有少部分资金来自民间，不过可看出，私人资本还可通过其他合法途径进入信用社。目前，民间资本通过入股农村信用社和城市商业银行，也可间接进入银行业。民间资本尤其是民营企业入股农村信用社，不仅作为客户，还将作为股东，因此民间资本可将自身利益和农村信用社利益密切结合，更看重并关注农村信用社的发展。在利率市场化背景下，商业银行间竞争日益激烈，这对城市中小银行带来严重影响。在城市业务中，由于存在规模劣势，中小型银行很难与大型银行、私人银行抢占新兴市场，再加上网络金融的影响，会遇到许多挑战影响未来发展。现在我国银行业的城市业务主要面向政府或政府控股企业，这必然带来业务单一、资本金不足等问题。在未来发展中为应对各种挑战，应大量引入私人资本，一些城市中小银行可加强资本和股权结构优化。

（2）机构介入。机构介入方式是我国民间资本进入银行业的另一种方式。这一方式又分为两种途径：一是由一些资金较雄厚的大企业作为发起人设立民营银行，或建立由民营控股的村镇银行；二是基于一种新型的农村金融机构来进行的改革。近几年来在国家政策的支持下，截至2017年年底，中国村镇银行在全国的31个省市中，已覆盖1483个县（市），强有力地解决了许多地区中小企业融资困难的棘手问题。绝大多数村镇银行的股东总计拥有超过5400家企业和5900多名自然人股东，而且民间资本在村镇银行的直接或间接持股比例已超过80%。这从另一方面说明，在村镇银行建立和后续业务中私人资本发挥着巨大作用。根据我国银监会文件，一家新成立的民营银行有三种运行方式：一是常见的"小存小贷"，可吸收小额存款或发放小额贷款，这种方式主要通过设定存款的上限和贷款的上限来实现；二是"公存公贷"，强调针对法人（不是个人）服务，这种方式可更好地服务中小企业；三是"特定区域存贷款"，在一个特定区域或地点深入挖掘客户。

6.2.2 民间资本介入金融市场的现状
——以酒泉市为例

随着我国经济体制改革的纵深推进以及民营经济的成长壮大，民间资本进军金融服务业的条件与时机日渐成熟。2012年5月，银监会制定《关于鼓励和引导民间资本进入银行业的实施意见》，明确表示民间资本可以按同等条件进入银行业。2013年11月，《中共中央关于全面深化改革若干重大问题的决定》进一步明确指出，要扩大金融业对内对外开放，放宽政策管制，激励民资发起设立中小型银行。这一"新政"向外界传达了放松管制、支持民间资本进入金融领域的积极信号。但从辽宁省丹东地区的实践来看，由于政策法规不配套、准入门槛较高、持股比例严重受限、激励机制缺失等诸多因素制约，民间资本进入金融领域仍然困难重重。

（1）民间资本投资金融业发展迅猛。随着国家鼓励和引导民间资本投资相关政策的不断出台，酒泉市民间资本投资银行业金融领域速度加快，规模逐步扩大。截至2017年末，酒泉市民间资本投资参股的地方性法人金融机构及组织已达 57 家，总体呈现出以下显著特征：一是民营企业投资银行领域增势明显。2017 年年末，投资地方性法人金融机构的民间资本规模累计达 30.61 亿元，较 2015 年增长 7 倍。二是民间资本在地方法人金融机构资本构成中占比显著。地方法人金融机构总股本中，民间资本占比由 2010 年的 64.34% 提高到 2017 年的 93.98%，其中农村合作金融机构占比由 2010 年的 33.13% 提高到 2017 年的 80.76%。

（2）民间资本入股银行金融机构的信贷投放能力大幅提升。随着地方经济的快速发展，民间资本信贷投放空间、能力大幅提升，其中以农村合作金融机构和小额贷款公司为代表的民间资本贷款业务增长较快，尤其是小额贷款公司贷款出现"井喷式"增长。至 2017 年年末，小贷公司贷款余额达到 15.43 亿元，较 2010 年增长近 14 倍；而村镇银行受自身注册资本限制，其贷款基本无明显变化。此外，民间资本参股银行业存贷比大幅提升。其中，农村合作金融机构存贷比自 2010 年起逐年递增，至 2017 年年末达到 79.98%，较 2010 年上升 30.82%。村镇银行略为缓慢，自 2012 年起，银监部门加强对村镇银行存贷款比规模的限制，存贷比从 2011 年的 153.38% 下降至 2017 年的 43.46%。

（3）民间资本投资金融机构功能发挥突出。民间资本投资的地方性法人金融机构在改善农村金融服务、服务"三农"和小微企业发展方面发挥了积极作用。以酒泉农村商业银行为例，截至 2017 年年末，该行涉农贷款余额为 176.87 亿元，同比增长 18%，占同期贷款余额的 88.11%；支持小微企业贷款余额为 44.22 亿元，同比增长 18.05%，占同期贷款余额的 23.73%。

（4）民间资本投资银行业盈利水平可观，但风险堪忧。通过调查了解，民间资本投资地方性法人金融机构盈利水平较为可观，尤其是法人金融机构在支持农村经济和中小企业发展的同时，享受一定的税收优惠、定向费用补贴和增量奖励资金等政策支持，自身得到了长足的发展。至 2017 年年末，酒泉市农村合作金融机构、村镇银行、小贷公司净利润分别达到 6.89 亿元、0.0467 亿元、0.2757 亿元，分别较 2010 年增长 8.6 倍、10.97 倍、7.35 倍。在风险控制方面，农村合作金融机构控制较好，不良贷款率由 2010 年的 2.37% 下降到 2017 年的 1.29%，而村镇银行不良贷款率由 2010 年的 0.16% 上升至 2017 年的 0.97%。小贷公司受监测体系不健全、信息披露不充分所限，目前已有多家小贷公司出现贷款无法收回、呆账、坏账情形。

6.2.3 民间资本介入金融市场的效应
——以丹东市为例

近几年来，丹东地区民间资本进入金融领域的步伐有所加快。截至 2017 年末，在民间资本的积极参与下，全市 7 个县（区、市）已经成立了 4 家农村商业银行、6 家村镇银行、38 家小额贷款公司。暗流涌动的民间资本开始逐步走上规范经营的轨道，并在推动地区经济金融发展中发挥着积极作用。

1. 正效应

第一，资本效应。近年来民间资本进入银行业，为农村信用社、村镇银行和小额贷款公司的增资扩股提供了不可或缺的资金支持，大大增强了农村中小金融机构的资本实力，有效提升了抗风险能力和经营发展的稳健性。以农村信用社为例，自 2004 年深化信用社体制改革以来，丹东辖区 4 家农村信用联社先后 8 次增资扩股，共吸收企业法人和社会自然人入股 21.5 亿元，资本充足率节节攀升，到 2017 年末已高达 19.4%，与 2004 年的 – 18.7% 相比显著提高。

第二，融资效应。长期以来，民间资本与小微企业之间缺乏一个顺畅的投融资通道，一方面海量的民间资本投资渠道狭窄，面临投资难；另一方面数以千万计的小微企业饱受融资难、融资贵的困扰。因此，允许民资进入金融领域，既拓宽了民资的投资渠道，使民间资本走上阳光之路，又可设立和发展越来越多的专注服务于小微企业的中小金融机构，有利于打破小微企业融资难僵局。2011 年至 2017 年 6 年间，丹东地区由民间资本参股的农村中小金融机构发放的小微企业贷款余额净增加 86.4 亿元，年均增速高达 22%，高出全部贷款平均增速 6 个百分点。

第三，优化效应。民间资本参与金融业，首先有利于调整优化现有金融机构的股权结构，改善公司治理机制，降低内部人控制而引发的金融风险。其次，民营企业可将先进的管理经验和理念科学的融入金融管理实践，有利于强化金融机构的经营管理。民营企业置身于"草根"阶层，对小微企业的经营特点和风险状况有着全面深刻的了解，民营企业参与金融业后可帮助金融机构改进风险管理模式，提升风险管控水平。同时，可进一步增强外部约束，监督与规范金融机构的日常经营活动，有效推动金融机构在良性健康的轨道上经营与发展。

第四，匹配效应。虽然我国已经成为全球第二大经济体，但依然属于发展中国家之列，经济结构复杂多样，金融需求层次千差万别，需要一个与之匹配、层次合理的银行市场体系。国际经验表明，银行系统绝不能单纯依靠国有银行、大型银行，也需要发展更多民营银行、小型微型银行，形成优势互补、各具特色的多层次金融体系，全面保障不同经济实体的金融需求。

第五，鲶鱼效应。鼓励民间资本参与金融业，有助于进一步打破国有商业银行长期以来的垄断地位，从而形成鲶鱼效应，对银行管理、服务、品牌建设以及技术和高端人才将带来长远而深刻的变化，能够有效增强金融业的市场竞争性，激发各金融机构的创新活力。

2. 负效应

第一，准入门槛偏高，阻碍民间资本进入金融领域的步伐。与一般工商业迥然不同，金融业具有高杠杆率、高风险的特点，特别是在我国金融市场发育不成熟的现实背景下，容易诱发投机者借机扰乱市场秩序。基于审慎监管需要，监管部门对民间资本进入金融领域的资本规模、投资比例等设置了较高门槛。一是对出资额度要求较高。如某省规定设立担保公司注册资本分别为：在县域范围内开展业务的担保公司，注册资本最低为 2000 万元；在县域以外开展业务的担保公司，注册资本为 5000 万元；在地级市以外开展业务的担保公司，注册资本为 1 亿元。二是严格限制民间资本的持股比例。根据现行条例法规，村镇银行的设立必须由商业银行作为主发起人并控股。换言之，就是明令禁止民间资本控股村镇银行并成为最大股东，在村镇银行中民间资本没有独立经营权，重大决策权主要掌握在发起银行手中，从而无形中抬高了准入门槛，严重影响了民间资本参与银行业的热情。三是对企业法人入股条件要求苛刻，众多民营企业被拒之门外。农村信用社规定企业入股至少要满足下列条件：连续 3 年实现盈利；年终利润分配后净资产要达到全部资产的 30%。多数民营企业规模较小，难以达到入股条件。四是受到各种无形"软门槛"的羁绊。以小额贷款公司为例，监管部门不仅规定了最低出资额，还有最高资本额的严格限制，同时每年入市名额还要受到省级政府金融办控制，民间资本投资人需要跑关系、找门路，并经过长时间的排队等候才能纳入审批日程。

第二，缺乏明晰的操作实施细则，民间资本投身金融领域面临迷茫与困惑。以民间资本设立村镇银行为例，银监会《关于鼓励和引导民间资本进入银行业的实施意见》的出台，为民间资本进入银行业敞开了大门，明确支持民间资本参与村镇银行发起设立或增资扩股，将村镇银行主发起行的最低持股比例由 20% 降低到 15%。2018 年更是明确表示支持成立民营银行，但这些法规文件依然属于"粗线条"，仍旧缺乏具体的操作细则，对于民间资本关注的某些重要关键问题仍不明确。如小额贷款公司申请改制为村镇银行，如何改制缺乏具体细则；此前颇有争议的发起人制度并没有改变，主发起行最低持股即使降到 15%，但还是比民间资本的最高持股比例高，商业银行仍然在发起和设立村镇银行中居于主导地位，民间资本仍被理解为投资参股的配角，在一定程度上影响了民间资本投资村镇银行的积极性；对完全民营村镇银行的设立，可享受哪些政策优惠，如何规范经营管理、实现公平竞争，以及相关风险兜底细则尚未出台。

第三，现有的法律法规和政策不配套，导致民间资本进入金融领域缺乏足够的法律和政策依据。国际经验表明，金融领域对民间资本开放，法律规制建设必须先行。但从我国现实情况看，与民间资本进入金融领域相配套的法律法规及机制建设相对滞后。就民间资本进入金融领域的监管而言，监管主体模糊不清甚至缺位，譬如小额贷款公司，目前是以地方各级政府的金融管理工作办公室作为主要监管部门，而金融管理工作办公室毕竟属于政府的职能部门，无论专业知识、业务能力还是人员数量方面，都与其所承担的监管职能明显不匹配，难以开展富有效率、精准到位的监督检查，难以促进小额贷款公司规范运作、防范风险。另外，我国金融市场退出机制不健全，存款保险机制刚刚启动，还无法发挥金融安全网的保护作用，无力确保民营银行破产倒闭后平稳退出市场而不冲击社会稳定。相关法律规制及配套机制的缺失，难以为民间资本在金融领域健康发展提供保障。

第四，税收减免、拆借利率优惠、再贷款等后续政策扶持乏力，民营金融机构发展后劲不足。以民间资本设立的小额贷款公司为例：一是在后续融资方面，小额贷款公司不同于商业银行，不能吸收公众存款，到一定阶段后必然面临资金不足的困扰，为此监管部门也允许其融资，但设置了较高的融资条件和门槛，并对融资比例进行严格限制，规定"小额贷款公司从银行业金融机构获得融入资金的余额，不得超过其资本净额的 50%"。据对丹东地区 20 家小额贷款公司抽样调查，符合融资条件的仅有 4 家，占比仅为 20%；2017 年从银行机构融资总额仅为 2600 万元，有 15 家小额贷款公司因资金紧缺而严重影响业务拓展，占比高达 75%。二是利率优惠政策难享受。按照相关规定，小额贷款公司从银行融入资金时视同一般工商企业，执行企业贷款利率，而不能享受银行间同业拆借利率，并且还要提供足额抵押担保品。2017 年，丹东地区小额贷款公司从银行贷款融资的利率高达 9%～12%。这不仅加重了小额贷款公司的经营负担，而且相应地推高了其发放贷款利率，增加了企业融资成本，与发展民营金融机构的初衷相悖。三是金融基础设施尚未惠及小额贷款公司。从丹东地区情况看，小额贷款公司一直未能纳入央行小额支付清算系统和征信系统，发放贷款时无法充分了解借款人的信用状况，服务客户的功能明显受限。四是税收负担沉重。目前，小额贷款公司需要缴纳 25% 的企业所得税、5% 的营业税、7% 的城市维护建设税，另外还有 3% 的教育费附加。超过营业收入 30% 的税负压力，既严重影响了小额贷款公司经营发展活力，同时也减弱了小额贷款公司股东继续扩充投资的意愿。

第五，民营金融机构监管困难，潜在金融风险攀升。由于相关法律法规的滞后与缺位，民间资本进入金融领域后如何规范其经营行为面临严峻挑战，潜在金融风险骤增。一是就参股村镇银行、农村信用社、城市商业银行的民营企业而言，如果监管不到位，可能想方设法利用其董事身份，违规进行关联交易、借入资金，加之民营企业缺乏稳定性，当经营失败时一旦携款潜逃，极易引发影响金融稳定的恶性事件。二是对于民间资本设立的小额贷款公司而言，在目前监管普遍薄弱的形势下，极易发生脱离监管视线、大量违规业务地下操作的严重问题。譬如，经营者以合法业务作掩护，通过发行理财产品等手段变现吸收社会公众存款，用于发放高利贷。三是民间资本设立的典当行、信用担保公司等金融中介服务机构，往往千方百计从银行套取低息资金，然后再辗转进入民间借贷市场发放"高利贷"，从而无形中使正规金融机构沦为"高利贷"资金的提供者，同时又成为项目融资的"接盘者"。一旦借款人出现"资金链"断裂，信用担保公司等机构的信用风险将传导至银行体系，有可能将正规银行机构"拖下水"，进而酿成系统性金融风险。

6.3 民间资本介入金融市场的管理对策

逐步放宽民间资本进入金融领域的准入限制是当前我国金融改革的重要内容之一。由于银行业在我国金融体系居于主导地位，民间资本进入银行业的难度也最大。民间资本进入金融业存在着风险。必须通过构建完善的金融基础设施来防范完全放开民间资本进入银行业后可能出现的金融风险，在确保金融稳定的前提下，充分发挥金融体系对实体经济的作用。由于金融行业的特殊性，特别是高杠杆率的存在，所以银行业的风险是特别需要关注的问题。因为一旦发生银行风险特别是系统性风险将会给实体经济带来毁灭性的影响。而在民间资本进入银行的过程中，也会出现一些难以预料的风险，这也是目前监管机构对银行业准入进行较为严格限制的主要原因。尽管民间资本进入银行业可以促进金融业的竞争和发展，但这是建立在风险得到有效防范的基础上的，一旦出现风险，民间资本进入银行业将给经济发展带来巨大的损失。因此，在完全放开民间资本进入银行业之前对可能出现的风险进行分析和评估，并在此基础上通过建立和完善相关的金融基础设施和制度来防范可能出现的风险也就显得尤为重要。

6.3.1 规范化管理

民间资本进入金融业，将使银行原本相对集中的股权结构更加多元化。尽管国家一直在积极引导民间资本进入银行业，但民间资本的进入并不是一定能保证可以提高商业银行现有的经营效率。毋庸置疑的是，银行发展的关键还是取决于自身的管理经验和服务质量等因素。另外，不可否认，一些民间资本投资银行的动机并不单纯，因此银行应在可控的范围内合理引入民间资本。

（1）确立民间资本参与金融市场的市场准入制度。首先，进一步降低民间资本进入银行业的门槛，以吸纳更多的民间资本进入银行业。如重新调整境内投资人资格及投资人持股比例，提高单个自然人、非金融机构及其关联方对农村商业银行持股、村镇银行持股比例等。其次，确认民间融资的合法性。民间资本融资作为正规金融的一种必要补充，其存在有一定的积极作用。由于现行法律制度对民间融资的否定性制度安排，使融资双方难以形成稳定的交易规则，且为躲避严格的金融管制而转向地下以求得生存与发展，不仅未能有效控制民间融资，反而加剧了这种信用活动的金融风险。建议相关部门尽快出台"放贷人条例"，就民间资本融资制定明确的合法化界限和标准，确定民间资本融资行为和贷款主体的合法地位，给予民间融资活动合法的生存发展空间，使其成为平等的市场竞争主体，以规范民间资本的融资行为。

（2）依法严厉惩治扰乱金融秩序的非法融资活动。要正确区分合法合理民间融资、灰色融资和黑色融资的界限，加强对民间资本融资的监管。对融资类金融机构、金融服务中介机构等各类机构超出经营范围从事非法吸收公众存款、非法集资等违法违规行为，要坚决依法予以取缔与严惩；对于与民间借贷相关的黑社会性质的组织犯罪及非法侵犯他人合法财产的犯罪行为予以严厉打击，以最大限度地分散和防范民间融资风险，维护国家金融管理秩序和人民群众人身财产安全。

（3）整合各方监管力量，明确地方金融办的监管职责。在现行"一行三会"金融监管框架下，明确地方金融办的职能应该是负责监管"一行三会"无法覆盖的领域，把地方非公众、非存款类金融机构和准金融机构的监管职责赋予地方金融办，如对小额贷款公司、融资性担保公司、网络借贷平台等的监管。为此需要修订和完善相关法律法规，通过法律正式授权地方金融办管理对象、职责范围，将分散在地方发改委、经信委、商务厅等部门的金融监管职责进行整合，由金融办实行统一监管与协调。提高地方金融办维护地方金融稳定，规避与处置地方金融风险，促进地方金融机构稳定发展的能力。

（4）坚持循序渐进的原则。由于金融业的特殊性，民间资本进入金融业若一步到位放开可能会带来不可预期的风险，因此必须坚持循序渐进的原则，建议可以采取香港地区金融业的分级准入模式。香港银行业实行三级制度，将银行分为持牌银行、有限制牌照银行和接受存款公司三类。其中，持牌银行可以经营往来及储蓄账户业务，并接受公众任何数额与期限的存款，以及支付或接受客户签发或存入的支票。有限制牌照银行主要从事商人银行及资本市场活动等业务，也可接受 50 万港元或以上任何期限的存款。而接受存款公司大部分由银行拥有或与银行有联系，主要从事私人消费信贷及证券等多种专门业务。这些公司只可接受 10 万港元或以上、最初存款期最少为 3 个月的存款。在推进民间资本进入金融业的过程中，可以参考香港的模式，即允许民间资本自由设立（小额）贷款公司。这类机构业务相对单一，不能吸收存款，只能发放贷款；贷款公司经营情况比较好，符合各类条件（如资产规模、盈利能力以及风险控制能力）的可以升格为金融公司。金融公司可以吸收大额的特定存款，可以发放贷款，贷款的对象结合金融公司的性质，应该相对固定；金融公司运营相对成熟后，可以提出申请转制为商业银行。此外，在各类机构的准入要求方面，可以对资产规模、盈利水平等进行详细的规定，从而确定每一类机构的准入标准。同时，需要建立相应的退出机制，如果经营不好，可以向下一级转化，并对其相关的业务进行限制，从而控制风险。

6.3.2 提升民间资本介入金融市场的正效应

相关研究表明，在控制了银行规模、资产配置、创新能力和稳定性等影响因素后，民间资本进入水平与城市商业银行效率呈"倒 U 形"关系，表明民间资本进入水平对城市商业银行的影响存在"阈值效应"，即民间资本进入水平未达到阈值，民间资本进入有助于促进城市商业银行效率的改善；民间资本进入水平超过阈值，民间资本进入可能对城市商业银行效率产生消极影响。同时，民间资本进入水平影响城市商业银行的"阈值效应"并没有因城市商业银行所属地域不同而产生显著差异。近年来中国通过政策倾斜和引导，东、中、西部地区差异大幅缩小，市场竞争程度而非地区差异或已成为城市商业银行效率更重要的决定因素。此外，2010 年以来，中国民间资本进入城市商业银行的程度普遍提升，但总体仍位于阈值区间外，民间资本进入水平尚有待进一步提高和优化，以便民间资本充分及有效发挥对城市商业银行效率的积极作用。鉴于当前民间资本进入水平普遍处于阈值区间之外，如何看待民间资本对城市商业银行效应的影响受到广泛关注，对此提出以下政策建议：

第一，近年来，在党中央、国务院的高度重视，银监会、地方政府等相关部门积极推进民间资本进入城市商业银行的背景下，急需更加全面和理性地看待民间资本进入对城市商业银行效率的可能影响。在不同程度的进入水平下，民间资本对城市商业银行效率可能产生不同影响。因此，我们不可盲目高估民间资本对城市商业银行效率影响的积极效应，同样也无须因噎废食基于潜在的消极效应而一味排斥民间资本。

第二，民间资本进入水平高低可能影响民间资本发挥积极作用还是消极作用，因此引导民间资本进入城市商业银行不能只追求"量"的增长而忽略"质"的提升，民间资本进入水平的适度性同样需要足够重视。除此之外，还应该加强对民间资本的金融监管，合理规范民间资本进入城市商业银行的监管体制，在充分调动民间资本积极性和创造性的同时，依靠市场化约束机制、制度化规制机制以及内生化自我管理机制对民间资本进入城市商业银行的活动加以规范和监管。

第三，随着民间资本进入城市商业银行的渠道和方式趋于多元化，应进一步完善民间资本进入城市商业银行的配套措施和制度安排。在市场准入方面配套差别化的条件，适当降低城市商业银行进入壁垒，减少政府权力寻租，切实细化配套政策，同时，设定较少的主观自由裁量权，从而引导民间资本发挥正面效应，推动城市商业银行效率提升及健康发展。此外，要全面评估民间资本进入金融领域的风险，特别是可能存在的系统性风险，建立完善的金融风险预警机制，加强对风险的监控和防范。同时，放开民间资本进入金融业后会导致金融机构竞争的加剧，金融机构的创新动力会明显增强，因此要加强对金融机构创新行为的监管，避免由于创新过度导致金融风险的产生。同样需要注意的是，完全放开民间资本进入金融业，必然会导致金融行业竞争的加剧，机构退出市场将成为常态。

由于一般商业银行都吸收公众的存款，在其退出市场后，必须要有相应的制度来保障公众的利益。而我国尚未建立金融破产制度，银行业完全放开的保障制度不健全，在银行破产的情况下，公众的利益难以得到保障。因此，必须加快推进金融机构破产法的建立，构建完善的金融机构退出机制，充分保障存款人和债权人的利益。在这一过程中，还应做到以下两点：① 完善内部控制体制。不可否认，审计工作对于任何一个公司的经营活动都是不可或缺的。尤其内部审计是内部监督的第一道关卡，只有企业自己对自己负责，健全自身内部控制制度，形成有效客观的自我风险评估体系。在实际工作中，需要审计部门认真负责，而且治理结构上要独立于其他的职能部门才能发挥应有的作用，发现在经营中存在的问题。对于规模较小的民营新型金融企业，缺乏专业的审计工作人才，可以通过外审的方式，由专业的审计公司完成相应的工作，提供专业可信的审计报告，从而保证民营新型金融企业能够安全地生存发展。② 完善落实我国存款保险制度。我国的金融市场起步较晚，还有很多地方需要完善，各项改革也正在进行中。经过多年借鉴和学习国外的理论和实践经验成果，并分析中国的具体国情，终于在 2014 年建立了中国自身的较为规范完善的存款保险制度。通过这种政策性保障制度，通过保险手段确保民营新型金融机构在出现倒闭的情况下，风险能够得到有效隔离，不会波及储户甚至其他金融机构。该制度通过丰富的指标体系如日存款额度、盈利指标等综合性管理，能够科学全面地监控金融存款机构的风险状况，成为有效管控风险的一种长效机制。

6.3.3　构建风险管理机制

民间资本进入银行业有利于经济发展。但是由于任何开放在带来效率提升的同时，也存在一定的风险，因此如何在开放进程上采取较佳的顺序和完善相关的风险防范配套制度安排，是在推进民间资本进入银行业的过程中必须要考虑的问题。以下分别从风险预警、风险隔离、破产退出以及风险防范等方面来探讨金融风险防范机制的构建。

（1）金融风险预警机制。完全放开民间资本进入银行业后，金融风险的预警机制就显得尤为重要。因为金融风险发现得越早，处置得越及时，银行遭受的损失越少，风险处理的成本越低。由于银行风险的积累是由多种因素综合作用形成的，风险识别的困难制约了监管者控制银行承担过度风险的能力。从实践来看，控制状况已恶化银行的风险方面效果相对较好，但在处理表面上运行正常的银行机构方面却不甚理想。从实际情况看，我国商业银行的风险管理多侧重于事后弥补和经验总结，但是对于相对而言更为重要和紧迫的事先管理却未能被足够认识和实施。因此，在完全放开民间资本进入银行业之前，要在广泛吸取发达国家金融风险预警领域成功经验的基础上，结合自身情况建立完善的银行风险预警制度，对银行风险进行早期的预警，从而在初始阶段就防范可能出现的银行风险。一般的银行风险预警指标的构建应考虑三个方面：一是直接反映银行自身经营质量的指标，如反映资本充足性、流动性和资产质量的指标等；二是反映宏观经济状况的指标，如 GDP 增长率、通货膨胀率、汇率变化率等；三是反映企业经营状况的指标，如工业增加值增长率等。

（2）金融风险隔离机制。民间资本进入银行业后，银行体系风险将表现为高度传染性，因此，为防止由于个别或单体金融机构的危机而导致金融系统性风险，防止或降低金融风险的传染效应，包括跨机构、跨行业、跨市场、跨地区、跨国界的传染，必须建立和完善金融风险和危机的隔离机制、金融风险与危机的有效处置机制。这种隔离机制包括降低银行业务及风险的集中程度、银行业务的复杂与交叉程度、金融资产负债对市场的依赖程度、金融机构破产倒闭的震动传导程度等。随着民间资本进入银行业，金融业的综合经营是一大趋势，所以应该通过建立金融风险的防火墙制度防止金融风险从银行业向其他行业转移：一是金融控股公司的银行子公司和证券子公司独立承担法律责任，即为不同的法人。不允许存在董事和高级职员在两个机构兼职。二是建立业务防火墙。银行与证券子公司之间的业务往来需受严格限制，公司集团内部的交易应以通常的"公平交易"原则进行，并不得损害银行稳健经营的要求。三是禁止或限制资金在金融集团内的任意流动。即建立资金防火墙，除了法定的股权投资，禁止以关联交易的形式在集团内任意调配资金、账簿分设，实现管理机构和人员的分离。四是限制信息流动。防止银行与证券公司之间不利的信息流动，出台银证数据交换标准。

（3）银行机构破产退出机制。银行机构退出机制的缺乏，严重影响了银行业竞争的效率，也制约了银行业向民间资本开放的进程。由于一般商业银行都吸收公众的存款，在其退出市场后，必须要有相应的制度来保障公众的利益。而我国的金融破产制度尚未建立，银行业完全放开的保障制度不健全，在银行破产的情况下，公众的利益难以获得保障。因此，必须加快金融机构破产法的建立，构建完善的银行机构退出机制，充分保障存款人和债权人的利益。一是建立和完善金融机构的市场化收购、兼并机制及"过桥"机制。为强化市场的约束机制，实现公平竞争下的优胜劣汰，应该使经营失败、面临危机的金融机构关门倒闭，彻底退出市场。二是建立适合我国国情的金融机构的接管与并购制度。对已经发生或者可能发生信用危机、严重影响存款人利益的银行，应由金融监管部门对其实行接管，进行业务重整，避免可能发生的或扭转已经发生的信用危机，恢复银行的正常经营，从而减少或避免因银行倒闭而引起风险。通过并购，危机银行的债权债务由并购方承担，既能保全银行机构的运营基础，保持金融服务的连续性，又可以保护存款人的利益，避免金融恐慌，维持金融秩序的稳定，从而大大降低处理危机的社会成本。

（4）风险防范机制。在防范产融结合的风险方面：一是加强产融结合的内控机制建设。注重产业资本和金融资本之间的防火墙建设，根据业务特点、股权特征、管理模式等，在母公司与附属机构及附属机构之间通过股权、业务及管理人员设置屏障，实现企业集团内部产业资本运营与金融资本运营的相对独立，规避实业风险与金融风险的联动性。二是健全有效的信息沟通和披露制度。一方面，使企业集团了解企业经营和市场动态，在实施内部资金流转、交叉控股等方面坚持审慎的原则，尽量减少资本虚增，最大限度地避免财务杠杆风险；另一方面，建立完善的预警机制和危机应对机制，由于产融结合的特殊性，突发的风险带来的危害性更大，企业集团应在制度、流程、管理团队、计划等各方面建立风险的预警和应对机制。三是合理制定产融结合战略。选择实施产融结合举措之初，应充分考虑集团对金融资源的掌握和熟悉程度、人才储备、风险承受等情况，采取全面进入或战略性进入部分金融行业的举措；战略目标的制定应充分考虑产融结合的风险，以更好地指导集团风险管理的方向；发展过程中应着重实施集团监管、业务监管、分头监管、合作监管等监管制度，避免出现现金流充足带来的过度投资、盲目多元化等扭曲资本配置的风险和内部交易风险；同时加强对宏观政策、法规的追踪性研究，避免政策转向可能给企业带来的隐患。

（5）加强我国民间金融机构管理制度。民营新型金融企业一方面要不断提升风险管理人才队伍，另一方面还应该强化内部工作人员的风险意识。双管齐下提升企业风险管理水平，保证稳健经营，规避和把控经营中可能遇到的多种风险。风控和财务岗位的工作人员，不仅要积极提升自身的专业技能，更应该具有风险控制意识，建立起完善的风险控制体系，用制度来进行科学管理。因为在会计和财务管理中每个环节都暗藏着各种财务风险，需要关键岗位的工作人员认真负责且有敏锐的风险嗅觉，及时评估和正确处理，以安全地顺应快速调整的激烈金融局势。尤其在金融危机之后，全球金融经济动荡，各国金融政策剧烈调整，都会带来金融资产价格的剧烈起伏，这也给民营新型金融企业的工作人员提出了更高的工作要求。只有紧跟世界局势，居安思危巩固现有的风控团队，员工准入条件严把不放松，并给予应有的激励制度，从而达到完善内部经营制度、调整治理结构的目的。

6.3.4　在政策层面提升管理绩效

民间资本进入银行业的积极影响在于解决银行的资金不足问题，提高银行的市场竞争能力；解决民间资本投资困难问题，引导民间资本的流向性，缓解小微企业融资困难问题；有效调节社会资源的配置，保障资本获得稳定的收益。同样地，存在的消极影响主要表现为若将银行业过度开放，民间资本过度、无序进入银行业，会引发恶性竞争，打乱银行业的正常秩序；若民间资本进入银行业之后缺乏退出机制，会影响金融系统的稳定等。

（1）秉持"宽进入、严监管"原则，制定差异化准入标准，打破阻碍民间资本进入金融领域的藩篱。在确立民间资本进入金融领域的准入条件和标准时，监管部门需反复权衡，既要保持审慎的态度，最大限度地规避金融风险，又要兼顾民间资本的特点、不同地区的差异。在设定资产规模等准入条件时，必须正视国有资本与民间资本两者的悬殊实力，制定区别对待的差异化准入规则，坚决避免将两者一视同仁，否则大量民间资本将被拒之门外。与此同时，相关实施细则的制定权不能集中于中央，而要下放给地方，以便各地区依照当地经济发展水平，因地制宜制定入股条件、注册资本等标准。随着金融监管技术的日臻成熟，应当逐步废除因制度设计而形成的"硬门槛"，譬如逐步取消由小额贷款公司转制为村镇银行"最大股东必须是商业银行"的发起人限制，放宽对民间资本的规模限制以及持股比例上限，在政策上支持民间资本发起设立金融机构。按照"宽进入、严监管"的原则，放开民间资本设立小微金融机构的限制。在金融监管方面，应当尽快研究制定民间资本进入金融领域的实施细则，进一步明确民间资本的进入方式、持股比例、经营范围以及放贷资金来源，明确内控制度、财务制度和风险管理要求，制定专门的法律有效约束民营金融机构的借贷行为。应通过网络等平台，公示金融领域对民间资本的开放范围、进入方式、审批程序等细则，防止人为操纵而形成的"玻璃门""软门槛"现象。

（2）构建与民营金融机构相匹配的新型监管模式，着力提升监管效率。一方面，应紧密结合民营金融机构的现状与特点，大胆创新金融监管模式，尝试建立金融管理部门与非金融管理部门的跨部门监管合作新机制，以避免出现监管真空与死角。典当行、信用担保公司和小额贷款公司均有准金融业务的特点，其主管部门实施监管过程中，需要加强与金融管理部门的沟通协调与密切合作，充分借助金融管理部门的专业优势和丰富的信息资源，建立多层次、全方位的金融监管格局，以有效提升监管效率，避免监管不足、监管不到位。另一方面，必须综合考量各行业的差异和地区差别，权衡监管成本与收益，制定差异化、更具针对性的监管策略。譬如，针对典当行、信用担保公司违规吸收存款、发放贷款行为，必须实施严厉监管与处罚，坚决避免引发严重的社会后果，危及社会金融稳定；而对面向"三农"、小微企业等国民经济薄弱环节的贷款业务，可考虑适度放宽监管标准，从而正向激励这些业务的发展。

（3）实行财税、金融倾斜政策，打造引导民间资本进入金融领域的正向激励机制。必须清醒地看到，小额贷款公司、村镇银行等民营金融机构的盈利空间依然较小，可持续发展能力不足，需要进一步加大政策倾斜和扶持力度。一是实行财税优惠政策。对于小额贷款公司、村镇银行等民营金融机构，在其开办初期，可减半征收营业税、全额免征所得税；对投向"三农"、小微企业等国民经济薄弱环节的贷款，应给予财政贴息，或者对发生的贷款损失给予风险补偿。二是简化民营金融机构放贷过程中涉及的评估、公证、抵押担保等程序，适度降低收费标准。三是实行奖励政策。建立金融机构引入奖励机制，完善金融机构信贷增长考核激励机制，由地方财政出资，给予民营金融机构开办费补贴或营业网点房租补贴，鼓励民间资本加速进入金融业，引导其信贷资金向金融薄弱地区倾斜。

（4）破除政策歧视与限制，拓宽微型民营金融机构融资渠道，缓解其后续资金来源不足的情况。一是放宽融资比例限制。根据小额贷款公司的经营发展状况，将其资本金与外部融资的比例由现行的1∶0.5逐步提高到 1∶1 至 1∶3。二是允许向正规金融机构申请批发贷款，融入资金的利率可参照同业拆借利率，以银行间同业拆借利率为基准加点确定，以有效降低筹资成本。三是政策上允许吸收企业、社会组织的委托资金，或慈善机构的扶贫资金、捐赠资金等。四是支持地方政府将支农资金等财政性存款，优先存放于农村信用社、村镇银行，通过放贷方式回流农村，大力助推"三农"和县域经济的发展。

（5）健全相关法律保障体系，促进民间资本在金融领域健康规范发展。引导民间资本投身金融业，应当尽快从应急性和临时性的政策号召转向法律保障推进，充分依托法律法规保障民间投资者的合法身份以及明确的行为边界。因此，需要加紧研究制定民间金融合法化的法律法规体系，根据民间投资者的投资意愿、投资方式和资金规模，建立相应的注册登记、备案制度，打破投资公司、信用担保公司、典当行、小额贷款公司"多头管理、多头不管"的僵局，进一步明确与民间资本类似的金融活动，均由中国人民银行统一实施管理，规范的机构行为则由专业监管机构负责监管。

7　民间资本与社会养老体系管理

长期以来，我国社会养老体系的运行主要以财政拨款为主要支撑。时至今日，随着社会养老需求的激增，单纯依赖这一种方式已经难以得到满足。因此，引导更加充裕的民间资本参与到社会养老体系之中，对完善养老体系、增强养老机制的自身造血功能是大有裨益的。但是需要注意的是，一方面，国家层面和民间资本本身都对这一养老机制表现出强烈的"合作意愿"；另一方面，在多种因素的影响下，民间资本参与社会养老的步伐还是十分维艰，已经在一定程度上引起了全社会的关注。只有认真思考和解决这一问题，从较深层面和制度制约的角度发现其"瓶颈"，才能不断破除现有障碍，为社会养老事业的进步贡献更多力量。实际上，按照有关机构的预测，至 2030 年，我国 60 岁以上的老龄人口规模会超过 3 亿，将占到总人口的 25% 左右，而至 21 世纪中叶，我国老年人口数量将达到 4.37 亿，占总人口的比例将超过 30%。在这一背景下，让更多优质民间资本进入到养老服务行业，将会迎合更为广泛的社会诉求，具有十分广阔的市场前景。从这个角度讲，进一步激励民间资本参与到社会养老事业之中，不但能够拓宽民间资本的投资和获利渠道，还可以为社会创造更多就业机会，使经济社会的发展出现更多新的经济增长点和发展空间。同时，也能借此降低政府的公共财政负担，使之将更多精力投放到其他民生问题上，更好地体现公平与正义。

7.1　民间资本参与社会养老的政策与优势

养老服务作为处于社会福利服务核心位置的一项机制，是一个国家或地区社会保障体系的重要组成部分。但是在目前人口老龄化趋势日趋严重的背景下，无论是家庭、社会还是国家的养老负担也日臻严峻。根据福利多元理论的构想，市场也应成为养老服务的提供者之一。民间资本作为市场化运营的一种资本形式，可在发挥市场起决定作用的经济体制中，弥补政府在养老服务领域中的市场失灵的不足，提高市场资源的利用效率。我国可以基于自身国情并借鉴国际经验，充分挖掘社会力量如 NGO 和民间资本的力量，促进养老服务体系健全发展。

7.1.1　鼓励民间资本参与养老服务的政策

目前，由政府主导的我国养老服务体系已形成政府在养老服务领域中的主体地位。面对越来越大的养老需求，日益浓郁的民资创业氛围，吸引民间资本进入农村养老服务领域，扶持社会力量兴办养老服务业，具有重要意义。国家民政部 2012 年 7 月出台相关鼓励政策，但投资主体大多处于观望态势。主要原因是，相关政策不明朗、优惠措施无法执行。进一步探讨民间资本进入养老服务领域的政策支持体系，对鼓励和引导更多民间资本进入养老服务业，化解供需矛盾至关重要。20 世纪 90 年代末，我国开始探索民间资本参与养老服务体系。国务院办公厅转发民政部等部门《关于加快实现社会福利社会化意见的通知》，鼓励社会资本投资养老院，允许营利性资本基于社会责任投资兴办社会性养老服务组织；2005 年，民政部发布《关于支持社会力量兴办社会福利机构的意见》，逐步放开对民间资本进入养老领域限制，对民间资本参与养老服务体系建设方式做出独资、合资、合作、联营、参股等多项规定，将民间资本参与养老服务体系建设领域拓展到社会养老服务机构、居家老人服务业务、促进老年用品市场开发等，并推出各项优惠措施。2012 年以后，《关于鼓励和引导民间资本进入养老服务领域的实施意见》《关于加快发展养老服务业的若干意见》等多项政策出台。其中，2012 年 7 月 24 日民政部出台的《关于鼓励和引导民间资本进入养老服务领域的实施意见》，从参与领域、优惠政策和资金支持对民间资本参与养老服务体系建设进行了规定。鼓励民间资本参与居家和社区养老服务、举办养老机构或服务设施、参与养老产业发展；进一步落实优惠政策，比如对民间资本举办的非营利性养老机构或服务设施提供养老服务，根据其投资额、建设规模、床位数、入住率和覆盖社区数、入户服务老人数等因素，给予一定建设补贴或运营补贴；争取建立养老服务的长效投入机制和动态保障机制，将民间资本参与运营或管理的养老机构纳入资助范围。

7.1.2　民间资本参与社会养老的优势

目前，我国的养老服务机构主要由政府投资经营，由于投资主体单一，缺乏市场竞争机制，普遍存在资金匮乏、服务供给不足、基础设施落后、服务意识差等问题。相关数据显示，截至 2017 年，我国共建成各类养老服务机构 96 113 个，民间资本投资建设数量仅占总数的 29%。为解决以上难题，近年来，政府相继出台一系列政策文件积极鼓励民间资本进入养老服务领域。但在具体实践中，民间资本的进入仍然存在诸如身份定位不合理、融资困难、质量评估体系和市场监督体系缺失、优惠政策难以落实、专业人才匮乏等问题，但其优势还是十分明显。

（1）缓解财政压力，弥补资金缺口。目前，支持我国养老服务业运行和发展的经费主要来源于政府的财政支出和少量的福利彩票收入。这种单一的投资方式使政府背负着沉重的财政负担，同时也使养老服务资金捉襟见肘。据相关数据显示，2017 年，我国养老市场需求已达 1.34 万亿元，而养老市场资金供给量仅为 1000 亿元，远低于市场发展需求。与此同时，民间闲散资金规模庞大、实力雄厚。引导民间资本进入养老服务业，能够有效缓解财政压力、弥补资金缺口。

（2）形成良性竞争机制，提高服务质量。中华人民共和国成立以来，我国养老服务领域的事情大多数都由政府包办，这种政府垄断的养老服务供给模式存在着极大的弊端。一方面，由于缺乏市场竞争压力，大多数公办养老服务机构资金匮乏、管理水平有限、服务项目单一、医疗卫生条件差；另一方面，由于缺乏对工作人员的绩效考核机制，护理人员工作积极性差，甚至个别地方发生了虐待老人的事件。引导民间资本投资养老服务领域，引入竞争机制是解决以上问题的根本途径。只有这样，才能使市场主体在生存的压力下改善经营，提高服务质量。

（3）拓宽养老服务渠道，丰富养老服务资源。"老有所养"是构建社会主义和谐社会的重要方面，也是关系到千家万户福祉的大问题，鼓励民间资本进入养老服务领域对于实现"老有所养"具有重要意义。一方面，民间资本的引入能带来多元化的养老渠道，使养老服务的提供不再仅局限于敬老院。近年来，地产养老、旅游养老、医疗养老、养生养老等服务项目层出不穷，极大地开拓了养老渠道。另一方面，民间资本的进入能够带动养老相关产业如医疗保健、养生健身、老年服装食品、康复器材等方面的有效开发，为老年人的衣食住行等方面带来丰富的资源，提高了老年人的生活质量。

7.2 我国社会养老体系的公正性与现实障碍

越来越多的事实表明，推动与注重养老事业的发展，对构建和谐社会是大有裨益的，也是时下需要迫切完成的任务之一。但是，为了构建完善、可持续、健康的社会养老体系，除了需要投入规模巨大的资金和人力资源，还需要多种力量的共同参与，借助多方合作与市场竞争的方式，体现养老事业的公平与正义，让更多社会公众都能对养老给予更切合实际、更满意的诉求。但是不可否认的是，在现实情况下，由于多种因素的影响，我国现行的社会养老体系还存在一些问题，主要表现在以下方面。

7.2.1 我国社会养老体系的公正性

改革开放以来，中国开始了社会主义市场经济体制改革，"自由化"的市场经济创造了大量的社会财富，民间资本大大增加，具体表现为"藏富于民"。但巨大的民间资本的运用效率从总体上看还比较低，其中 2/3 左右表现为银行储蓄存款。这种形势下，一边是养老机构缺乏资金注入，一边是民间资本投资渠道狭窄。吸引民间资本参与养老机构建设，能够为养老机构提供所需资金，能有效缓解国家的财政压力。另外，也有利于拓宽民间资本的投资渠道，引导民间资本向养老机构投资，促进民间资本的流通与增长。

（1）养老保障地区间公正性。在我国，社会养老与就业的正规之间存在显著关联。对很多劳动力资源来说，由于进入的是非正规就业渠道，这些劳动者就无法参加养老保险。可以说，因为现行制度未能完全覆盖到全体劳动力资源，一些私营企业和乡镇企业的员工、农民工以及灵活就业者，也就无法参加现有社会养老保险，被排除到制度之外，如果想参加社会养老保险，获得与他人同样的权利，就需要通过其他渠道自行缴纳养老保险，而退休后能够领取的费用也与体制内的人员存在较大差别。此外，由于统筹层次不高，很难发挥地区间养老保险的彼此互济，在经济发展水平的影响下造成了结果不公正。比如，对富裕地区来说，其地方财政十分充足，贫穷地区的养老保险压力就处于较高水平。对后者来说，只能不断提升缴费率，而这会对就业、投资等经济环境产生进一步的消极影响，让地区经济发展的不平衡状况不断加重。

（2）起点和过程的公正性。在我国社会养老体系中，起点方面的公正性主要体现在，机关事业部门的职工都能够享受到养老保险的益处，其养老金缴纳费用源自国家财政或者地方，只要是其中的正式职工（所谓在编员工）都可以享受到养老保险，且数额较高、稳定性较强。与此同时，很多企业员工就属于体制外人员，无法得到与上述人员相同的养老待遇，养老保险制度对其形成了"终身免疫"。而在过程公正性层面，重点体现在养老金的发放模式方面。因为对社会养老保险制度来说，其本质是对责任进行分摊，无论何种类型的员工只需缴纳少量保费甚至不用缴纳，这在一定程度上体现了对社会进步成果的贡献和对经济发展红利的均摊。但是，与此形成鲜明对比的是，在人口老龄化与转制成本的双重冲击下，我国大部分企业员工的缴费水平不断上升，但是其养老金购买力却出现了逐年下降的趋势。

（3）最低保障层次的公正性。在我国城市最低生活保障中，对劳动收入进行判断的标准只涉及劳动收入部分，未将资产和财产收入囊括其中，无法全面展现社会公众的经济能力，这就使最低生活保障在运行过程中体现出了不公平。与此同时，由于与最低生活保障相关的福利项目不同，使社会养老在城乡间之间难以体现公平。最低生活保障指的是政府为了保障居民的最基本生存权利而采取的"共济措施"。因此，对任何本国居民都有权享受。但是，现实情况却并非如此，只有那些城市低保户才享有此项权利，而在我国农村地区却并不存在，城乡之间的公正性显而易见。此外，由于管理工作不规范和不同状况的个体由于收入状况相同适合同等标准，使社会养老存在不公平的可能。

（4）社会保险对象间的对待公正性。首先，在同样的社会制度内，不同身份的人享有不一样的养老服务。在现行制度中（或者体制内），工作年限较长的个体虽然没有缴纳任何社会养老费用，却能够享受较高的养老待遇，但是对"新人"而言，由于在体制内的工作年限较短，恰逢养老体制改革的推进，使之即便缴费也会在退休后享受较低的待遇，这种情况与权利义务对等原则相违背。其次，在现行制度内，前、后对象之间存在明显的公正性。由于我国的社会养老制度实行的是个人账户和社会统筹相结合，以现收现付的方式进行，这就使养老责任出现后移的情况，如果该制度的可持续性遭到破坏时，对未出生或者未能进入体制内的个体来说就存在极大的不公正。最后，我国社会养老保险的覆盖范围还有待进一步提升，加之社会养老保险和福利之边界尚需进一步厘清，使社会保险交费和收益之间的理念无法得到明确，致使养老保险基金的缺口越来越大，由此形成了制度内外人员之间事实上的公正性，尤其对那些未被社会保险覆盖的个体而言，情况会更糟。

7.2.2 我国社会养老体系的公正水平有待提高

随着人口老龄化、高龄化的加剧，失能、半失能老年人的数量还将持续增长，照料和护理问题日益突出，人民群众的养老服务需求日益增长，加快社会养老服务体系建设已刻不容缓。在2014年的第十二届全国人大、十二届政协会议上，"养老"成为人们关注的热点，全国工商联提出"鼓励吸引民间资本进入养老服务产业"的发言。发展养老产业也成为民政部2014年十大工作之首。但是仅靠政府投资是远远不够的，政府无法完全承担起对养老机构进行投资、融资、建设、管理等一系列的任务，这会使政府财力难以承受。除此之外，由政府"控制"下的养老领域，也会缺乏竞争力，这也会导致投资效率低下，使养老产业建设滞后。

（1）最低保障层次不公平。一是城市最低生活保障的劳动收入判断标准只包括劳动收入，没有考虑资产或财产收入，没有全面体现个人的经济能力，导致最低生活保障运行中存在不公平的因素。一些没有收入却拥有存量资产的人仍然符合低保的资格标准，比如驾车领低保的情况，有违低保本意。二是最低生活保障等福利项目城乡间不公平。最低生活保障是政府保障居民最基本生存权利的共济措施，只要是本国居民，都应享受。而现实情况是，只有城市低保，农村几乎是空白，对农村居民不公正。三是管理不规范造成不公平。社会福利，要求在政府进行收入补贴以后的个人收入都能达到最低生活标准的水平，这其中关键是要掌握低保对象的实际收入水平，如果加上管理不规范或力度不够，也会造成同种状况的人因财产结构不同而适合不同的标准，不同状况的人也可能因为收入状况相同而适合同等的标准，造成对象间实际的不公平。

（2）社会保险层次的不公平问题。第一，制度内不同身份对象对待不公平。制度中的"老人""中人"和"新人"对待不公平。为了促进改革，"老人"没有缴费但享受较高待遇，"新人"缴费退休后反而待遇还低，有违保险权利与义务对等的原则。第二，制度内前、后对象对待不公平。名义上为个人账户与社会统筹相结合的中国社会养老保障制度，实为现收现付制，将存在比较严重的养老责任后移的情况。当这种现收现付制的社会保险可持续性受到挑战乃至破产时，那是对未来出生的各代人最大的不公平。社会保险理念不明确，责任后移，造成社会保险当前对象与未来对象间的不公平，即前后代际不公平。第三，制度内、外对象的对待不公平。中国社会养老保险覆盖面尚不完全，而社会养老保险与福利的边界又不够清楚，社会保险交费与收益相对应的理念不够明确，养老保险基金缺口越来越要求用政府一般财政收入支付。这实际上就是让所有人出资为制度内局部人员办保险，造成制度内、外人员的对待不公平，特别是对没有被社会保险覆盖的对象是一种不公平待遇。社会保障没有长期预算，当期和未来社会保障责任不够明确，社会保险在支付标准确定上没有充分体现收入、预期寿命的制约作用，容易造成当期应尽的社会保障责任没有尽全，而受益水平又高于国家经济发展"应该"提供的水平。政府间责任确定不合理，也是代际不公平的重要成因。一则社会保险与社会福利边界不清，社会保险缺口最终成为政府的无限责任；二则社会保险管理短期行为突出，对社会保障责任重视不够导致社会保险水平偏高，过于依赖中央财政，而且社会保障基金短缺与浪费现象并存，不利于社会保障代际平衡和健康发展。第四，不同社会保险制度间存在不公平。一是企业单位的社会保险，二是机关事业单位的社会保障。目前由于两种机制运作上的不同，使两种机制下的保障标准差别巨大。第五，管理不规范造成不公平。中国社会保险由于带有一定的"福利色彩"，加上机构上责任划分不尽合理导致管理软约束，一些没有缴费和缴费不足的人员也被"纳入"其中享受社会保险，这对于足额缴费和制度外人员不公平。

（3）养老保障地区间不公平。统筹层次较低，难以发挥地区社会保险的互济功能，造成对地区经济发展影响的结果不公平。由于发展的差距，地区间财力与社保压力呈现"难者愈难、易者愈易"的情况，由于中央缺乏手段来判断地方政府筹集社会保障资金的努力程度，被迫采取"挤牙膏"的形式，充分发挥地方的积极性，来解决资金缺口。富裕地区压力较小而财力较充裕，而贫穷地区压力大而财力又不充裕，被迫提高缴费率，而这种机制存在内在加剧的趋势。这进一步影响到就业、投资等经济环境的差距，必然导致贫困地区经济状况不断恶化，不仅不利于养老保障问题的解决，反而加剧了地区社会经济发展的不平衡。

7.2.3 民间资本参与社会养老体系的主要障碍

（1）建设方面的障碍。和发达国家比较，我国民间资本在参与社会养老的过程中，表现为实际投入资金量相对较少，所占的比重处于较低水平，总体规模有待进一步增强，养老保障与医疗保障水平也都有待提高。而之所以出现这样的问题，与政策配套不够完善、获利途径不明确、思想不解放、定位不清晰等直接相关。

第一，政策配套不够完善。对社会养老事业来说，其产生的社会效益明显超过经济效益。按照这一特性，其发展理应得到政策的支持。近年来，我国政府相继出台了与此相关的优惠政策和措施，可是因为一些地区与部门存在认识上的不足和政策措施的刚性缺位，使大量政策无法得到有效落实，加之政策配套不够完善，未能将优惠政策对民间资本参与社会养老的扶持与激励作用充分发挥出来。这在很大程度上加重了民营养老机构的运营成本，民间资本在参与社会养老问题上处在十分尴尬的境地。比如：一些民营养老机构在融资过程中，因为缺乏通畅的融资渠道，无法获得持续的现金流入；在土地供应方面，因为缺少对民办养老机构的支持措施，使民间资本参与社会养老面临大量急待解决的问题。

第二，获利途径不明确。对任何民间资本来说，无论是投资到社会养老领域还是其他领域，都要对投资回报予以充分考虑，都要对投资风险加以规制。即便部分投资者的投资目的在于回馈社会，政府也要发挥其服务功能，为民营资本的投入产出进行系统设计，以便明确其投资获益水平和获利途径，以此对民间资本形成吸引力，激发其参与社会养老体系建设的投资热情。但是，据相关调查数据显示，政府对不同类型养老机构的支持存在明显差异，与公办养老机构相比，民办机构与新建机构无论是在资金扶持还是在政策支持方面都相对滞后，一些民办养老机构被极度边缘化。更为重要的是，一些民办养老机构由于缺乏政府支持，存在大量不可预知的风险和成本压力。

第三，思想不解放。由于"历史惯性"使然，在我国现今的社会养老领域，仍然对养老服务的公共产品属性给予了过多关注，在事实上长期强调"全能政府"及其在社会养老问题上的主导性。在这一思想的影响下，一方面增加了政府压力和财政负担，无法投资更多资金提升社会养老服务体系建设水平；另一方面又使民间资本的投资热情受到遏制，无法形成有效的资源配置结构和市场机制，使社会养老服务体系不但缺少资金支持，也缺乏活力和效率。更为重要的是，由于思想不解放，很多优质民间资本在计划参与社会养老时无法进入公平竞争的市场环境之中。比如，在公办养老机构中，无论是土地划拨还是人员配置，都享受国家层面的支持和财政补助；但是对民营养老机构来说，却无法得到与之相关的待遇。即便优惠措施面向民间资本，但很多民营养老机构无法真正从中获得实惠。这说明在市场竞争方面，民办养老机构和公办养老机构相比，明显处于劣势地位。

第四，定位不清晰。为了得到国家对养老机构的优惠政策和措施，很多养老机构都寄希望于在民政部门将自己登记为"民办非企业单位"，不但能够在税收方面获得减免，还有利于市场营销。但是，这样一来，由于市场定位不清晰，产生了很多新的问题。比如，一些民间资本进入社会养老体系之后，因为利润不分红以及不享有财产权利，也就是说这样的民营养老机构在经济权与所有权方面存在制约，造成了产权地位在事实上的不平等。而这一不平等现象的出现给民营资本参与社会养老带来了新的制度上的困境。这些资本主体难以向银行申请抵押贷款，养老机构的运行会处在资金断裂的困境之中，而这明显和经济学上的"谁投资谁获益"的原则相违背，也和物权法的有关规定存在矛盾和冲突。

第五，政府财政支持力度不够。经营养老院面临的问题有：医保报销困难、用地紧张、无法享受税收优惠、护士难以招聘等，如果没有政府的支持，依靠养老院自己的力量很难发展。特别是地方政府的政策大多规定补贴只给非营利性民办养老机构，营利性的养老地产就享受不到政策的优惠。近年来，随着民办养老机构越办越多，服务水平参差不齐，服务的运作和服务的过程中缺乏规范化和统一标准，而相关部门在审批时，不认真，不细致，让一些不具有资格的民办养老机构也通过，从而导致一些养老院与老人、家属之间产生的矛盾日渐增多。另外，一些违法的机构乱收费的现象，也让老人们心里有了阴影，对民办养老机构产生了排斥心理。

（2）体制方面的障碍。民间资本参与投资养老机构对于养老产业的发展有着重要作用，有利于开创养老机构民营化的发展局面。但是我国关于民间资本投资养老机构的市场准入方面的规定政策性偏重，立法层次低，优惠政策难以落实，许可制度、融资制度与监管制度等并不完善，对资本投资产生了负面影响。

第一，民间资本融资机制不健全。在现行的融资体制下，民间资本融资渠道较为狭窄，相较于国有资本而言处于劣势地位。就民营企业的融资方式看，主要以银行贷款为主。而就投资养老机构来说，养老机构作为社会养老环节的一环，带有一定的公益色彩，在进行银行贷款时，银行对民间企业或个人可以提供的抵押物会十分谨慎。其次，养老机构经营收益偏低，资金回笼较慢，银行也会因企业或个人是否能保有稳定的现金流来偿还贷款而持保守态度。

第二，行政许可制度不完善。在准入原则方面，民间资本投资养老机构的基本方式是登记许可制，即由符合法定条件的投资者向有关行政机关提出申请，由该机关审查后符合法定条件则授予设立其养老机构的权利。这种许可证制度在我国长期存在，便于国家及时掌握各方面情况。但是不可否认，这种制度前置审批环节繁多，效率低下。民间资本在投资时往往费时费力，受一系列前置审批的严格把关，民间投资者经常是只能看到投资的"门"，但却不敢走这条"路"。

第三，优惠政策难以落实。优惠政策操作性不强。最近几年，虽然各地均出台了一些支持民办养老服务机构发展的政策，如民办养老机构提供财政补贴、免交城市建设和房屋建设费用、税收优惠等。但有调查显示，获得税费优惠和水电费优惠的养老机构的比例最高也仅占总数的 30% 左右；获得其他政策优惠的养老机构比例也在 10% 以下。在实际操作中，优惠政策难以落实是普遍存在的问题，民间投资者完全获得这些优惠政策的扶持还存在许多障碍。

第四，养老机构人才缺乏。民间资本在投资养老机构时经常会陷入养老机构服务人员匮乏的窘境，"用人难"一直是困扰民营养老机构生存和发展的重要因素之一。一方面，因为养老服务机构护理工作时间长，护理人员社会地位低，福利待遇较差，工资水平不高，致使人员流动性大；另一方面，养老机构中的工作要求工作人员具有较高的职业技能与素质水平，护理工作必须细致、认真，这也使民营养老机构难以招收到高素质高学历的专业型护理人才。这些原因使民营养老机构招人难、留人难，难以获得长期稳定的发展。

第五，监管障碍。我国对民间资本投资养老机构方面存在监管上的规则缺失。首先，关于民间资本投资养老机构的制度规范，多是以行政规章、地方性政策文件确定，缺乏立法规定，法律效力低下，执行起来往往缺乏透明度，条款之间甚至会产生冲突。其次，在民间资本进入养老机构建设上采用行政审批制，但是相关的审批标准和程序常常缺失，如养老机构的监管主体不明，常常会出现某些地方"民政局"与"工商局"相互扯皮的现象。另外，也缺乏科学有效的监管方式，如信息公开、定期审核等还有没做到位。

7.3 民间资本参与社会养老的供需分析

进入 21 世纪后，我国人口老龄化问题日益严重，政府办养老机构发展速度严重滞后于养老需求增长速度。在此背景下，国务院颁布了《关于加快实现社会福利社会化的意见》，正式提出向民间资本开放养老机构。随后，民政部、财政部、国家税务总局等部委相继对民间资本投资非营利性养老机构在建设和运营方面给予补贴提出配套的支持政策。为落实国务院及民政部提出的鼓励民间资本投资养老机构的政策，北京市政府提出了诸多具体的支持政策。近 40 年来，我国民办养老机构进入了快速发展的阶段。与此同时，民间资本在投入养老机构时依然存在门难进、支持政策难享受等困难，不仅影响民办养老机构健康发展，更影响民间资本投资养老机构的积极性。

7.3.1 社会养老服务管理模式与性质——以江苏省为例

（1）养老服务机构经办模式。

第一，政府办养老机构。政府办的养老机构，就是有政府财政投资建设或政府财政拨款租房的养老机构。目前，政府办的养老机构采取的经营模式有公办公营，但目前数量较少，基本都采取公办民营的形式。这种模式由政府监督指导，通过招投标引进社会机构进行管理。这种方式也可以叫政府购买服务（财政补贴），即将原来直接举办的、为人民生活提供服务和社会发展的事项交给有资质的民间组织来完成，政府再为居民出钱购买这些机构的养老服务。江苏省积极引导各地加大护理型养老服务机构的建设，"鼓励基础条件较好闲置资源，厂房，学校，私人住宅改建成护理型养老机构，支持有条件的医疗机构参与护理型养老机构建设，接收失能和失智老人，为他们提供长期的照顾，为他们提供护理、康复和保健等服务"。2017 年江苏省财政投资 1.8 亿元，支持了 190 个养老机构建设。政府办养老机构还包括政府的"租巢引凤"模式，如南京鼓楼区海瑞博老年康复中心，它的总面积的一半由政府以每年 43 万元的租金将其租下免费提供给康复中心使用。因为如果政府新建一个类似海瑞博大小的 100 张床位的养老福利机构，总造价约为 2500 万元，这还不包括设备购置、建成后的运营费用。如果这 2500 万用于扶持民营养老机构，每年支付 43 万元的租金，至少可用 50 年。还有一类是政府采取如以承包、联营、合资、合作等方式，交由社会组织、企业或有能力的个人等民间资本运营或管理。

第二，民办养老机构。民间资本直接投入资金租房兴办养老机构建设。为了鼓励民间资本建立养老机构，促进民办健康养老机构的发展，政府出台了一些政策，对私营养老机构的床位给予了补贴，同时在基础设施建设，环境改善等方面，也增加了投资。相对公办养老机构规模大、条件好但服务质量尚待提升的现状，民办养老机构即便具备成熟的运营经验，也多因资金不足、硬件落后等惨遭淘汰。江苏省财政近几年对民办养老机构的养老床位给予补贴，目前省级层面给出的最高补贴是每张床位 3 万。对经济薄弱县（市、区），新建护理型公办床位，一律补助 3 万元/张。2017 年，江苏省养老服务体系建设共有 29.2 亿元的投入，其中民办养老建设投入 5.9 亿元。民营养老机构的发展，有效缓解了养老机构床位不足的问题。

第三，BOT 式的民办养老服务中心。BOT 模式指的是与民间资本或社会组织签订协议，引进民间以及社会资本建设运营，签订合同多少年后收回。如无锡市社会福利中心二期工程 BOT（建设—运营—移交）项目，该项目由政府无偿提供土地和给予各种优惠政策，请民间资本负责投资建造，项目建成后经营权归投资者所有，整体项目则是在若干年后全部交当地政府。此举为无锡当地政府探索了一条利用社会资本投资养老事业和产业的发展之路。

第四，纯民间资本投资的养老服务中心，也叫养老地产，如南京卓达社区养老。卓达物业推出了全龄化社区养老新模式，即通过开发商在养老设施、设备及场地等硬件的先期投入和自身的各种服务发展，动员和整合社区内外所有的权力和资源的社区服务网络（平台）为老年人服务。以及江苏瑞颐养老产业致力于开发管理运营高端创新的养生养老社区，是为老人提供养生养心、医疗康复、休闲度假、田园生态享受的创新型养老模式。

（2）养老服务机构的性质。

第一，民办非营利性。不少养老机构都属于民办非营利性质，只要在民政部门注册即可开业，不需办理工商执照，也不用缴税，虽然吸引过不少人投资，但来得快去得也快，许多营业不久就关门。以民办非企业单位注册登记的非营利性养老机构，可以享受国家和政府的优惠政策，但盈利部分不能分红，只能用于养老机构滚动式发展。而民营资本要想兴办营利性的养老服务机构，目前仍存在"注册难"的问题，无法取得合法的身份，这在一定程度上妨碍了养老服务产业向市场化经济的过渡。

第二，民办营利性。养老地产属于民办营利性质，民办营利机构是指经办需经工商管理机构注册。

7.3.2　民间资本参与社会养老管理体系建设的基本理念

伴随着经济的发展和老龄化的进程，老人数量的增加，生活水平的提高，老年人群体的各项需求也在不断增加。现今，由于家庭规模的不断缩小和生活压力的增大，年轻人的赡养负担较大，传统的家庭养老模式已经难以满足日益增长的养老需求。在全国多个城市的多个社区的试点过程中，由于我国出台的扶植政策执行不到位、非政府性公益组织发展落后，民间资本介入社区居家养老缺乏动力和信心，需要我们进一步挖掘和利用民间资本的价值。

（1）理性定位方向：提升对社会目标的关注度。社会保障服务体系将民间资本引入作为建设主体的目标主要有两个：一是借市场机制之力，为国民提供质量过关且可负担的各类社会保障服务；二是凭社会保障服务业的发展平台，依靠社会保障服务经济活动为经济增长助力。前者希冀通过制度运行效率的提高，来促进社会公平、正义和共享目标的实现，是任何一项社会保障制度建设的主要方面；后者把机制作为重要工具，来达成经济目标，是一国或一地区经济发展动力的关键内容。在中国社会保障制度的改革初期，其通常被作为经济改革的配套措施。在当时，为了顺利推进市场经济体制改革，包括企业养老保险和失业保险等在内的社会保障制度完善是一种被动行为。这种仅让社会保障制度的发展服从经济改革需求的非理性行为，使各类社会保障项目的发展出现了结构失衡的问题。这主要体现为社会保障的资金机制发展较快，而提升福利可及性的服务制度发展严重不足。为了改观这一状况，近年来，政府出台了诸多政策法规，努力推进养老服务的发展。民间资本参与养老服务体系建设这一议题，当前理论界和政策界重视其经济手段的作用发挥，提出要以养老服务业叩开"银发经济"的大门，即充分利用民间资本，发展养老服务业，进而增加就业岗位和推动经济发展。就创造经济动力源而言，上述观点和做法具有重要的意义。同时，应该看到，当前学者和政府部门的观点与具体政策的落实，在一定程度上缺乏对民间资本参与养老服务体系建设的社会目标的重点关注，这很可能会削弱国民享有基本养老服务的公平性。作为一项社会保障制度，养老服务的主要功用和最终目标为促进社会公平、正义和共享。也就是说，就制度自身而言，民间资本参与养老服务体系建设的主要方面是上述社会目标的实现。总之，民间资本参与养老服务体系建设的经济和社会作用都是十分重要的。当前，应在继续充分发挥其经济推力功用的同时，适当提升对其社会目标的重视程度。

（2）拓展参与领域：从忽视优良传统文化到满足实际精神需求。我国养老服务体系的结构是以居家为基础、社区为依托、机构为支撑。在当前养老服务体系发展中，民间资本的主要参与领域为居于补充地位的机构养老服务，而不是处于核心位置的居家养老服务和发挥托举作用的社区养老服务。民间资本参与养老服务体系建设的结构扭曲，与对养老服务的认知误区有很大联系。作为中国传统文化的核心内容，孝文化以代际供养关系为理念，主张子女孝养、孝敬、孝顺、孝思、孝丧、孝祭父母的责任和义务行为模式，家庭文化注重家庭亲爱行为和氛围的形成。互助文化为中国传统文化的重要部分，它形塑了服务老年人和照料患病者等行动。很多人认为，随着市场经济的发展和社会结构的变迁，现代社会保障机制逐步建立的进程是对传统孝文化、家庭文化和互助文化引导下的居家与社区养老服务挤压的过程，民间资本参与养老服务体系建设的重点为机构养老。在现实当中，一些地区的孝道式微令人忧，邻里关系较为冷漠。应该看到，新机制实现对旧机制的完全取代需要以两者具有同样的功用为基本条件。与居家和社区养老服务相比，机构养老服务因较为缺乏子女直接关爱服务、家庭亲爱氛围和社区互助服务，而精神慰藉性较弱。因此，上述两类机制不应是非此即彼的关系，而是能够在养老服务系统中实现共存的。在民间资本参与养老服务体系建设的过程中，若过于重视机构养老服务，老年人的精神需求恐怕无法得到有效满足。总之，应有的选择是，在尊重并维系传统孝、家庭和互助等优良文化，且摒弃"薄养"等糟粕文化的理念指引下，民间资本在居家、社区和机构养老服务等领域积极参与建设，为广大老年人提供能够负担得起的公共性较强的基本养老服务，切实满足被服务者的实际精神需求。

7.3.3　民间资本参与社会养老管理的供需现状

（1）供给现状不足。第一，民营养老机构发展迅速但规模偏小。截至2017年年底，江苏省共有900家不同规模的民办养老机构，除南京外，其他城市民办养老机构数量都较少，其中多数属于起步阶段，规模也偏小。相关部门统计，江苏省民办养老机构的需求量应为老年人口的7%~8%，但是目前只有2%，所以民营养老机构的数量还是相对偏少，供给远小于需求。第二，供给服务层次不高。民办养老机构提供的服务主要包括生活日常护理、医疗保健、精神上的慰藉、权利维护、社会活动五个方面。随着生活水平的提高，一些高收入群体的主要意向是颐养型、能满足其各方面需求的养老院。据调查，大多数养老机构都只能满足前两项服务。大多忽视了对老年人精神上的慰藉，及权利的维护，平时也没有举办娱乐活动。目前，民间资本投资的养老机构供给层次不高，大多属于为失能老人提供服务。第三，利润低、投资大、政府补贴少。养老服务业特别是养老地产，是一个新兴的产业，不仅投资大，而且经营周期也长，短时间内不会有回报。而且为了保证入住率，机构不得不压低其费用，因而也导致其利润较低。目前，个别民办养老机构为了撑持运营，运用降低质量来减少成本，致使服务水平下降，空置率升高。同时政府的补贴少，没有给予民营养老机构足够的支持，从而严重阻碍了民间资本进入健康养老机构。第四，民间投资养老地产热情高，但大多中途退出。不少民营企业都看好并投资建立养老地产，但是民营养老机构的融资渠道狭窄，投资大，运营成本高，导致很多开发商望而却步。在土地供给方面，民营养老机构土地规划受到严重制约，不少养老机构只能利用空置的房屋，或租赁其他房产。在资金方面，推动民间资本进入健康养老机构的政策落实不到位，一些养老地产只为从政府手中拿到便宜土地实际并没有建立养老机构。

（2）需求现状。第一，养老需求旺盛。经对江苏南京社区老年人的问卷调查，120人中75岁以上的老人28个，其中20个有入住离家较近的养老院的需求。而且不同层次的老年人需要不同程度的照料，要求有专人护理的人数也越来越多。他们不只是需要生活照料，还希望养老机构可以提供娱乐活动和完善的医疗保健系统。第二，选择机构养老的人会逐渐增加。根据调查数据：选择居家养老的主要是受传统养儿防老观念的影响，老人可以得到儿女更多的照顾。选择机构养老的老年人更多考虑的是有专门的护理人员，还可以与同龄人聊天，消除孤独寂寞。特别是对于一些无儿无女的老人。还有一些生活不能自理或完全不能自理的患者，需要特殊照顾，如果不入住机构去养老就会加重家庭和社会负荷。

（3）供需矛盾的原因。第一，潜在需求未转为有效需求。过去老年人一般希望能够陪在子女身边，然而随着家庭养老功能渐渐弱化，子女无暇顾及家中老人，老年人身体不便，需要长期护理，居家养老已不适合。但老年人一般收入较低，靠着微薄的养老金，难以支撑养老的费用；同时也因为其保守养老观念，导致老年人潜在的需求不能够转化为有效需求。第二，供给和需求层次矛盾。现在大多数民办养老机构提供的服务相对单一，一般仅限于生活护理和其他基本需求，缺乏服务个性和特色，比如提供精神上的安慰、人权问题、文化娱乐等。同时，有的民办养老机构购置高档设备，如不锈钢扶手、电脑、健身器材等，但是这些并不完全适合一般老年人，价格过高，大部分老年人消费不起；有的价格适宜，但环境差、服务差，或者是地理位置不好。目前江苏省养老服务呈两极分化状态：一方面，很多老年人没有地方养老，需要排队等候合适的床位；另一方面，有很多条件稍差的民营养老机构无人问津，床位空置率高达50%，持续亏损。

7.4 民间资本参与社会养老管理体系建设的路径

发展社会养老服务是一项复杂的系统工程，期间，不但要解决老年人生活中的实际问题，还应基于公正价值观促进社会群体的和谐共处，为构建社会主义和谐社会做出更多贡献。在前文的分析中已经指出，我国老年人口基数大、老龄化进程较快，政府力量有限。在这种情况下，需要鼓励和扶持民间资本参与社会养老体系的建设，深入研究民间资本进入机构养老领域的相关理论和技术、创造良好的投资环境。与此同时，还应扩大政府购买服务范围，创新政府购买服务方式，拓宽民间资本的介入途径，以此实现社会养老资源的优化配置，更深刻地体现公平与正义。

7.4.1 体现公平与公正

第一，深入研究民间资本进入机构养老领域的相关理论和技术。为了保证民间资本参与社会养老事业能够在新时期得到可持续的健康发展，有必要对与之相关的理论和技术进行重新审视与全面研究：① 积极发挥政府投资社会养老的"挤入效应"，尽量避免让民间资本由此而产生"挤出效应"，防止对民间资本参与社会养老的积极性造成打击，最终形成"政府投资→民间资本进入→民间资本获益→民间资本再投资"的良性循环体系；② 政府要对民间资本流向进行积极正确的引导，通过对社会养老服务诉求的专业调查，完成对资金需求等层面的测算和预测工作，以保证民间资本参与社会养老具有明显的针对性，最大限度地提升资金的利用效率和使用效果；③ 为了提高民间资本参与社会养老的动力，政府要在社会养老投资机制和体制设计方面完成大量工作，通过提高优惠与扶持力度，最大限度地减少民间资本投资的成本，提升其获利空间。

第二，创造良好的投资环境。为了鼓励民间资本参与社会养老体系建设，最终实现养老服务的社会化、大众化，都离不开社会整体制度环境的支撑，以及各级党委政府和相关政府部门的支持，也需要全社会各界人士的普遍关注和积极参与。为此，需要进一步促使优质民间资本进入社会养老领域，对民办养老服务机构提供的服务项目与产品进行规范化管理，促之能够和公办养老机构处在同一竞争平台之上，体现社会公平与公正，保证民间养老服务工作得到持续健康的发展。此外，还应进一步鼓励和支持"民办公助+公建民营"的社会养老方式，以此来解决人员编制和经费问题等，并以此消减民间资本参与社会养老的成本支出，获取更理想的社会效益和经济效益。

第三，扩大政府购买服务范围，创新政府购买服务方式。当前乃至以后，为了构建民间资本参与社会养老体系建设的路径，需要在政府购买民间资本养老服务的过程中做出更多努力。一方面，要按照当地实际情况，选择多种不同的购买方式，不断完善政府购买民间资本养老服务的内容、扩大其范围、在定价机制和招投标机制，以及购买程序与服务评估方面给予更多关注，提升其参与度。另一方面，还要进一步探究政府投资和民间资本介入社会养老的融合路径。比如，可以借助国债投资和民间资本进行结合，政府可以通过直接出资方式注入项目，形成对民间资本的吸引和激励，然后通过联合、联营和入股等形式完成社会养老项目的对接；要对部分民间资本投资的社会养老项目基于更多关注，对那些有着良好信誉和运营良好的民营养老机构，政府要通过担保、政府贴息等方式鼓励当地金融机构为其提供资金支持和优惠利率扶持等。

第四，拓宽民间资本的介入途径。在传统社会，民间资本参与社会养老体系建设的路径十分狭窄，而为了拓宽介入路径，就需要在以下两个方面同时做出努力：① 鼓励民间资本通过租赁场所、场地的形式参与社会养老，通过减免征营业税、所得税以及行政性收费的形式，使之能够享有和公办养老服务机构同样的待遇，提升其投资积极性；② 通过政策引导，让更多民间资本能够把拥有的土地、房屋等资产投入到养老服务之中，依据社会养老服务的内容与性质对此进行区分对待。比如，对那些把自有住房用在社区养老服务中的民间资本，政府应该优先进行购买。当然，对于那些承租或者受让使用国有土地、房屋等进行养老服务提供的，要按照国有土地与房屋使用管理办法进行统一管理。

7.4.2　优化养老管理体系

针对存在的问题，建议采取如下措施：一是继续完善民间资本进入养老服务业的政策体系，加大政策落实力度。一方面，要在资金、土地、信贷等方面进一步加大扶持力度。将政府对民营养老服务机构的补贴原则从目前按床位补贴改为按入住失能老人补贴；在政府单列的养老机构用地指标中将一定比例用于民办养老机构，确保民办养老机构土地租赁的长期性和稳定性；进一步放宽抵押物限制，允许有偿取得、产权明晰的房产办理抵押贷款。另一方面，要协调和督促各项优惠政策落实到位。例如，租赁房屋兴办老年公寓的因其房屋原使用性质而不能享受水电等优惠政策的，可以采取变通的方式加以解决。

二是培养专职服务人员，构建多领域的养老服务人才支撑体系。当务之急是对已经在职的非专业从业人员进行职业轮训和考核认定，提高在职人员专业水平。另外，在现有高职高专、大学教育中增加养老服务教育课程，及早谋划成立养老服务职业技术学院，培养专业的养老服务人才。适当提高养老机构人员工资水平，探索建立阶梯式薪酬制度，设立随护理岗位工作年限增加而增长的特殊岗位津贴；推行服务年限积分制，对长期从事和有突出贡献的个人，在保障性住房分配、子女就学等方面予以适当加分照顾。

三是加强资源整合,培育若干规模较大的养老服务集团和连锁服务机构,引领行业发展。重点培育一批竞争性和带动性强的养老服务骨干企业,推动成长性好的企业积极上市。逐步推进养老服务业发展园区建设,形成一批养老服务产业集群。鼓励省内有实力的民营养老机构以多种方式开办连锁服务店,充分发挥连锁机构在标准化服务、规范化管理、产业化运营等方面具有的优势,走低成本、可复制、好推广的发展道路。

四是建立健全养老服务标准体系,促进行业规范化发展。适时启动"养老服务业标准化建设规划"相关研究,建立覆盖全面、重点突出、结构合理的养老服务标准体系。具体可分三个步骤:首先,要推进体系中各重点领域的标准制定和修订工作;其次,要加强对于产业发展比较急需的养老服务机构分层分类标准、失智失能老人评估标准、居家养老服务项目分类规范、养老服务中介机构基本要求等标准制定;最后,进一步优化结构、细化内容,确保标准体系的先进性与有效性,最终形成符合浙江特点的养老服务业标准体系。

7.4.3 加强管理体制建设

(1)完善行政许可制度,全面开放养老服务市场。一是全面清理、取消申办养老机构的不合理前置审批事项,优化审批程序,简化审批流程。二是降低准入门槛,鼓励连锁经营。对于已在辖区工商部门登记的营利性养老机构,开展连锁经营的,可在同级行政区域内通过绿色通道集中办理登记注册,且可以使用相同的名称;对于在民政部门登记为非营利性养老机构,按照有关规定可以在其登记机关管辖范围内设立多个不具备法人资格的服务网点,且可以使用相同的名称。三是对不同机构要区别情况、分类对待,尤其对于远郊区特别是农村基层养老机构和设施,立足实际,适当降低准入门槛。

(2)完善对养老机构的支持政策,实现"精准"支持。一是优化支持政策的监督和考核机制,实现"精准"支持、"有效"支持。对于非营利性养老机构建设方面的支持,要科学合理设立支持条件、配套的监督和考评机制,确保支持资金真正用于养老机构的建设和发展;对于运营方面的支持,应完善相应的考评机制,确保支持资金能够发挥鼓励民间资本投资的实效。二是结合当地财政收入和土地供给等实际情况,适当增加扶持力度。对非营利性民办养老机构,探索给予一定的土地购置或房屋租赁补贴,降低非营利性养老机构的运营压力。三是探索对营利性养老机构给予降低土地税和房地产税的优惠政策,缓解养老机构投资回报率偏低的困难。

（3）加快公办养老机构改革，营造公平的竞争环境。一是深化公立养老机构改革，引入养老专业管理人员，提高公办公营养老机构运营效率和管理水平，强化公办公营养老机构托底、保障基本的功能。二是积极引入社会化专业养老机构参与公立养老机构改革，将公办公营、政府新建的养老机构转为公办民营、公建民营的养老机构，提高养老服务水平和运营效率；同时，民政部门加强监管，确保改革后的公办民营、公建民营养老机构既能完成应承担的基本养老服务保障职能，又能够利用空余床位为本地区其他老年人提供服务。三是探索以政府购买的方式，向信誉好、评价高的民办养老机构购买部分养老服务，实现相应的养老托底、保障的基本功能。

（4）加快养老机构相关政策法制化建设。我国鼓励民间资本投资养老机构有超过30年的历史。中央和一些地方政府已经在规划、土地、融资、税收等多个方面都出台了相应的支持政策，但是现实中由于政策涉及多个部门而难以落地。当前，在全面依法治国的背景下，要确保既有养老支持政策有效落地，应加快推进民间资本投资养老机构的法律法规建设。一是依靠法律的权威性、强制性和追责性来推动鼓励民办养老机构发展的各项支持政策能够真正落到实处。二是以立法引导公立养老机构民营化改革，降低公立养老机构改革的盲目性。

（5）加快建立名不符实的"非营利性"养老机构退出机制。从市场经济角度看，追逐利润是资本的"天性"。诚然，有部分民营企业完全是怀着一颗慈善的心去投资养老机构，这部分民办养老机构与非营利性养老机构必须坚持"非营利性"原则完全吻合。然而，当前超过一半的养老机构为非营利性民办养老机构，这一现象绝非意味着这些民间资本是完全不计回报去投资养老机构。随着全面开放养老市场政策的逐步落实，应加快建立"非营利性"民办养老机构退出机制，促进民间资本投资养老机构早日回归正常的状态。

7.4.4　优化民间资本进入社会养老的准入体系

随着人口老龄化速度的加快，我国需要赡养的老人也在增加。据调查显示，目前，我国大多数省、市、县的养老机构已经出现入住饱和的情况，迫切需要扩建或者新建养老院，民办性质的养老机构数量仍然较少。虽然，政府越来越重视养老问题，加大了对养老行业的资金投入，但是由于建设与运行养老机构的成本高、投资回收时间长、护工难请等原因，我国养老服务体系的发展一直受到制约。因此，财政投入的有限性、养老服务业的多样化需求都要求民间资本介入养老服务产业，这也是解决政府投资有限的一个必然选择。

（1）完善监管制度。为了维护市场秩序以及保障人民利益，政府在最大限度地开放市场以鼓励和吸引民间资本进入养老领域时，应该建立一套系统完善的监管制度。当然，该制度不是要求政府对民间资本进行严格限制或是制定"高门槛"，而是要依据法律规范对民间投资行为进行合理的管理与调节，既要保障市场主体享有投资自由的权利，也要保证投资行为不触犯法律，否则就要对其进行限制甚至是惩罚。可以采取以下措施进行监管：第一，建立信息公开制度。在经济全球化的趋势下，"自由化"的市场已成为各国经济改革的核心。例如在证券领域，政府监管机构已经无须对证券发行主体进行实质审查，只需制定相关法律明确市场主体的准入资格，然后由发行者提出申请经形式审查核准后即可。虽然监管主体在准入资格上降低了标准，但是配套的信息公开制度却让发行证券的公司信息被披露，为公众所知悉。同理，在民间资本进入养老机构时，我们也不必进行过多的政策审批或是事前审查。这种严格的准入程序势必会使投资者的积极性下降，而且对投资者的监管效果并不长久。只有放松市场准入管制，加强信息公开透明度，使监管部门、公众都参与其中，才能更好地实现对投资行为的管制。第二，完善退出机制。对民间资本的监管，笔者认为不仅要对其投资行为的合法性进行监督，也要对投资的"合格性"进行监督。市场化的经济体制以"优胜劣汰"为持续发展的动力，只有"退"才有"进"。我们认为民间资本参与养老机构建设时，应该确立一个系统、可操作的退出机制，完善民办养老服务机构的退出标准和程序。例如在民办养老机构运营期间，监管机构可在每季度、年度时间内按照规定进行年检、审计等，养老机构无法达到年检和审计要求，若无严重损害他人利益或违法行为的，经申请可以给予其三年的缓冲期，在缓冲期届满时仍未达到年检、审计标准的，监管机构取消其登记和运营资格，该民营养老机构退出市场。通过淘汰不合格的民间资本投资的养老机构，为新的、具有竞争力的民间资本提供投资空间，以"新血液"推动民间养老机构的发展。

（2）完善融资制度。第一，确立民间融资的合法性地位。以立法形式，在法律上肯定民间融资的合法性，区别非法集资等非法融资活动。在民间融资方式中，民间借贷等方式占据重要地位，但是长期以来我国对民间融资合法性未予承认，使很多民间中小企业为弥补资金短缺的难题而向民间公众借贷时往往不具有合法性，而转变为非法集资。第二，银行借贷是一个重要的融资渠道，但是民营企业或个人常常因为缺乏第三方担保或抵押而被拒之门外。养老机构是一项前期投入大、受益期晚的经营项目。民间投资者往往需要前期投入大笔资金，但不能马上回收资金流，这些特点使民间投资者需要资金，但又缺乏稳定的资金使银行质疑其还款能力。因而政府应为民办养老服务机构开辟信贷渠道，创立新型的信贷品种，由政府推动设立小额贷款融资平台，为民营养老机构提供融资方式；对于缺乏固定资产的养老服务机构，由政府负责协调担保机构或建立非公有制的担保组织，解决担保问题。

（3）完善扶持政策。首先，完善优惠政策的操作程序与标准，使各项扶持政策，如财政补贴、税收优惠等都有明确具体的操作程序，而不显得宽泛化。其次，加大扶持力度。对民间资本投资经营的养老机构不仅要给予各项财政补贴、建设补贴、运营补贴以及税收优惠，还要为其提供养老建设用地的优惠政策。另外，对于老年人群也要根据情况提供补贴，使政府的扶持范围更加广泛。除此之外，完善行政救济制度也是十分必要的。对于无法获得应得的扶持、补贴、优惠的机构或个人要保证他们的行政救济权利，如确立专门的主管监督部门，对于此类申诉要及时处理，保障各项政策都能得到贯彻实行。

（4）放宽民间资本准入原则，完善行政许可制度。2012年民政部颁布了《关于鼓励和引导民间资本进入养老服务领域的实施意见》，2013年国务院颁布了《关于加快发展养老服务业的若干意见》。这些文件都明确指出要鼓励民间资本投资养老机构，之后许多鼓励引导民间资本入资养老机构的相关政策文件也随之出台。而要贯彻落实这些政策，首先要降低民间资本的市场准入门槛，放宽民间资本准入原则，采取简便、宽松的准则，对不同类型、不同阶段的养老机构采取不同的准入标准。比如：在已实行的登记制度的基础上，在民间资本投资养老机构运作比较成熟的地方或是对民间投资的非营利性养老机构，可以以地方立法的形式明确民间资本的投资条件，投资者可以在守法经营、依法纳税的基础上依照法律规定条件向登记机关提交申请，登记机关对投资者实行形式审查，若符合规定则允许其设立。同时，对不同机构要区别情况、分类对待，尤其对于基层特别是农村基层养老机构和设施，立足实际，适当降低准入门槛。

（5）将民间资本投资养老机构的规定立法化、体系化。我国没有专门的市场准入法律制度，通常是分散在各个部门和地方的不同层次的法律法规、政策或产业指导等文件中形成的三级市场准入制度体系之中。在民间资本参与养老机构建设方面，目前为止也未有全面系统的市场准入法律规定，多是采用行政政策来规范、引导。但法律是一种强制性的行为规则，它是任何行政手段与经济手段都无法比拟和不可代替的。从国内外公用事业民营化的经验来看，将政策法律化，立法先行，以立法引导民营化改革，可以减少改革的盲目性。我国应加紧建立关于民间资本投资养老机构的准入法律规范，以法律作为政策的后盾，依法改革、执行，否则难以真正使民间资本参与养老机构的建设。

7.4.5 充分借助激励理论与工具

当前，我国公办养老院床位紧缺，一位难求的现象频繁出现。虽然公办养老院能获得的政府补贴较多、床位费用较低、具有较大的市场需求，但是仍存在着许多弊端，如服务水平低、基础设施简陋。但是，将民营资本引入养老服务行业后，在合理定价的前提下，它能分担一部分公办养老院的人流，从而缓解公办养老院床位供不应求的压力，还能提高行业的竞争力。将民间资本引入养老服务行业是明智的选择。目前，公办养老院存在着很多弊病，如服务功能单一、管理机制僵化、资源分配不合理等。产生这些弊病的原因在于，公办养老院较为行政化、市场活动较弱。而公办养老体制不仅能降低投资的风险，还能增强养老机构的市场活动性。目前，养老地产的增值空间比较大，是最吸引民间资本的地方。

（1）准确把握民间资本的属性，制定合理的激励措施。积极鼓励民间资本进入养老服务领域，必须准确把握民间资本的属性，制定更加合理的激励措施。第一，允许民办非企业组织的投资人取得一定的收益。民办非企业组织的根本属性在于公益性，其功能主要是满足老人的基本养老需求。但是，我们不能因为其公益性属性就将它完全划入公共财产的范围，而不给予其投资人任何财产权和利润回报，这种做法不符合"谁投资谁受益"的市场运行规则。因此，必须制定合理的利益回报制度。如对于民办非企业组织，政府可以给予其投资人一定奖金和荣誉称号，或者明确出资人对所投财产的所有权。第二，给予公司制企业一定的政策扶持。民间资本投资的公司制企业是一种营利性企业。它所提供的养老服务能够满足有一定经济条件的老人的服务需求，是对基本养老服务资源不足的一种补充。因此，政府也要给予一定的优惠扶持，以激励其繁荣发展。但是，其得到的优惠扶持要少于民办非企业组织。

（2）拓宽融资渠道。目前，要想破除民间资本融资困难、资金匮乏的难题，可以从两个方面着手，建立完善的融资制度。第一，加大政府的财政支持力度。政府可以通过减免税收、提高床位补贴标准、减免水电费用等多种间接和直接渠道加大对民办养老机构的财政支持力度，从而缓解其资金匮乏程度。第二，加强政府对贷款融资的支持力度。政府可以与银行合作设立专门的贷款融资品种，降低贷款门槛，为民办养老服务机构提供贷款。另外，我国法律可以承认民办非企业单位性质的养老服务机构的财产抵押权，这样很大一部分民办非企业单位可以从银行获得贷款。第三，要允许民办非企业单位开设分支机构，使一些经营状况良好的机构能够形成规模和品牌效应，从而获得更多收入。

（3）设立专门的负责机构，保证优惠政策的切实执行。目前，要想改变优惠策落实效果差的局面，各地政府必须设立专门机构和责任小组，负责相关事宜。相关政策涉及部门较多，需要各部门间相互配合，由该机构出面负责协调事宜。这样既可以免去民办养老服务机构奔走于各部门之间的麻烦，也可以大大提高办事效率，防止各部门因职能交叉而相互扯皮推诿。

（4）培养专业化的养老服务人才。面对养老服务人才匮乏的局面，政府可以从以下方面着手人才的培养工作：首先，政府可以在高校和职校开设养老服务相关专业，为养老服务行业培养大批理论人才和实践精英。其次，逐步提高民办养老服务机构人员的薪酬水平和福利待遇。以日本为例，为了吸引更多护理人才，政府以法律的形式对养老护理人员的薪资待遇和福利水平予以了明确的规定。最后，加强社会宣传，引导民众摒弃偏见，积极投入到养老护理行业。

7.4.6　为民间资本参与社会养老提供政策支撑

养老服务机构是为老年人提供养老服务的机构组织，需老年人定期缴纳一定的费用，获得由其机构专门提供的饮食起居、生活护理、健康照料及文娱活动等综合性专业服务的养老场所。它可以是独立的法人机构，也可以是附属于医疗机构、企事业单位、社会团体或组织、综合性社会福利机构的一个部门或者分支机构。民间资本参与养老机构既包括公办民营，又包括民资直接租房经营，还包括直接投资养老地产。

（1）为民间资本进入养老领域提供更宽松的环境。如何从机构性质、价格体系、管理运行机制、财政补贴、行业规范等方面为民营资本创造联动、宽松的成长环境是民间资本积极进入养老领域的先决条件。第一，不管是营利的还是非营利性的民办养老机构，政府都应责任明晰，保护其产权，这是保证民间资本参与社会公共服务提供的制度和法律基础。尤其在养老产业发展初期，不可对营利性民营机构给予过多的约束。第二，大力发展行业协会。根据国外经验，民间组织之间的联合对于引导民间组织的发展方向和增进民间组织的社会责任具有重要的作用。政府要改变以往工作中管得过严过细，包揽过多的弊病，取消不必要的检查、评比，通过行业协会制定标准，强化行业之间的沟通、约束和竞争，发挥行业自治的积极作用。第三，打破以往以所有制差别配置养老资源的"二元体制"，使公办与民办机构通过服务质量的提升平等地开展竞争，促进中国养老行业的良性发展。

（2）加大民间资本进入养老领域扶持政策的落实力度。要认真研究政策落实的具体办法，对民办养老机构优惠扶持政策落实情况加强监管。政策实施的相关部门要制定政策落实的联动机制，不推诿扯皮。一方面，要在资金、信贷等方面进一步加大扶持力度，保证民办养老机构在初期发展阶段的正常运营。目前，按床位进行的补贴是否可以改为按入住失能老人的形式进行。另一方面，除补贴和购买服务等资金支持性政策之外，还应加强各种非资金性质的扶持政策的落实。例如，针对租赁房屋的养老机构因其房屋原使用性质不能享受与居民家庭用电、用水、用气、用热同价政策时，如果在协调相关单位无果的情况下，是否可以采取变通方式加以解决。又如，税费优惠措施中规定"对民间资本举办的养老机构或服务设施提供的养护服务免征营业税"。但在实际操作中，要免除上述税种需要完成烦琐的申请和批准程序，建议进一步简化此类手续。

（3）将鼓励民间资本投入养老领域纳入法制化的发展轨道。从某些县级市来看，民间资本进入养老领域往往缺乏相应的行业标准和政策规制，需要尽早将其纳入法制轨道。一方面，要建立健全养老服务标准体系，促进行业规范化发展。首先要制定出目前养老产业发展中比较急需的养老服务机构分层分类标准、失能老人评估标准、居家养老服务项目分类标准、养老服务中介机构基本要求等标准；其次进一步优化、细化，确保标准体系的有效性。另一方面，建立风险分担机制。建立入住老人及机构的社会保险制度，鼓励民营养老机构参加政策性综合责任保险，减轻社会办养老机构管理上的压力和运营成本，从而提高社会办养老机构应对经营风险的能力。

当前乃至以后，加快社会养老体系建设、充分体现全社会的公平与正义，是贯彻和落实"以人为本"科学发展观的历史要求，也将惠及全体社会公众。但是，从整体来看，我国社会养老体系中存在着供需紧张、资源短缺和资金不足等情况，一些问题在短期内还难以得到有效解决。为此，需要充分调动投资主体与经营主体的积极性，加快民间资本参与社会养老的步伐和节奏，认真分析与研判民间资本参与社会养老实践中遭遇的瓶颈和难题，以此带动社会化养老服务体系的全面建设。

8 民间资本与科技创新管理

科技和金融的有机结合，是我国推动自主创新、培育新型战略性产业和改造传统产业、提高国际竞争力的重大战略。民间资本雄厚，已经成为科技投入的重要来源，民营企业成为自主创新的重要力量。引导民间资本进入科技创新领域不仅是必要的，也是可行的。金融资本的支持对于技术创新项目非常重要，尤其在初创阶段，资金短缺常常是影响技术创新项目顺利开展的障碍。技术创新项目失败的概率极高，需要大量的资金，但又不会在短期内带来期望收益，而且技术创新项目潜在不确定性强，风险较大是技术创新收益区别于其他行业收益的关键。民间资本注重短期收益，偏好收入水平较为稳定、风险系数较低的行业或项目。因此，风险不可控导致民间资本投资科技型初创企业的积极性不高。而对上述问题的挖掘，设计合理的民间资本与技术创新项目对接的合约，就成为民间资本进入技术创新项目融资阶段中的核心问题。

8.1 民间资本与科技创新管理的关系解读

一般来说,取得预期的投资收益是激励投资者采取投资行为的关键因素。技术创新项目投资的特点是，项目成功可带来高额的资本增值利得或可观的成熟项目转让收益。民间资本主体对技术创新项目投资的直接效果是，解决了技术创新企业融资难题，促进了技术创新研发的进程，间接提升了创新型经济发展，实现了高科技成果转化为生产力。所以，推动经济转型要从根源上使民间资本了解技术创新项目可能带来的巨大潜在收益，它是项目有用性的主要内容，也是影响投资者投资态度和决定是否采取投资行为的决定因素之一。

8.1.1　民间资本的管理现状

技术创新在本质上是为了产品更新，以便创造新的需求。这里引用哈佛大学教授弗农的产品周期理论来说明民间资本对技术创新的作用机理。产品生命周期是指一种新产品从进入市场到被市场淘汰的整个过程。弗农认为，产品生命是指市场上的营销生命，产品和人的生命一样，要经历形成、成长、成熟、衰退这样的周期。就产品而言，也就是要经历一个开发、引进、成长、成熟、衰退的阶段。沿着这个思路，技术创新无疑是处在产品的开发、引进、成长阶段。该阶段由于没有产出或产出很少，依靠产品自身的力量是无法推进到下一个阶段的，此时需要外部物质资本的介入，对技术创新阶段庞大的资金需求给予有力支持。民间资本是物质资本的一种形式，其对技术创新的促进机理体现在协助产品度过开发、引进阶段，顺利进入成长、成熟阶段，只有完成了这个过程，技术创新的生命力才能展现出来，技术创新的价值（即创造新的需求）变成企业发展的动力，才能获得远高于投入成本的利润回报。

（1）民间资本总量大且投向单一。据不完全统计，截至 2017 年，全国民间资本总量约为 50 万亿元。以浙江省为例：该省作为我国的民间资本最活跃的地区，拥有庞大的资本总量，《中国金融稳定报告（2017）》披露，仅温州民间资本量已经达到了 7000 亿元。但是，大量的民间资本投向并不明晰，投资相对单一，缺乏有效的资金流通渠道，而随之产生的地下钱庄等问题不利于我国经济发展和金融稳定。由于投资渠道的单一性，投资环境缺乏公平性，我国民间资本所投资的行业主要集中在第二产业。浙江民间资本对社会固定资产的投资，占民间资本对社会投资总额的 50.1%，2016 年达到 5000 亿元。大部分行业企业主要依赖于外向型的经济增长。但是，2017 年上半年我国外贸出现了下滑现象，进出口总额达到 18 398.4 亿元，增速与同期相比回落了 17.8%，尤其是加工贸易出口增速出现了下降趋势。民间资本单一的投向问题，意味着必然产生资本的保值风险。

（2）民间资本投资模式带有随机性和盲目性。民间资本与其他资本不同，带有资本本质属性，即对资本利润的追逐。资本的这种特性有利于市场经济体系的有效运转，弥补了经济体制不完善所带来的个别经济运行环节缺失，随之也带来民间资本所有者投资的随机性和盲目性。在利益的驱动下，民间资本更多地从实体经济尤其是传统的制造业抽身转向虚拟经济。以炒房为代表的民间资本的投机性炒作，尽管短期内带来资本的利润增长，但是在推高相关产品价格的同时加速了行业经济泡沫的形成，加剧了通货膨胀，给经济发展带来了不稳定因素。在我国实体经济投资行业，利润相对偏低，民间资本逐步开始投向虚拟经济，其投资数量的不断加大，出现了实业产业的空心化，投资风险也不断增大，因此就出现了"路跑跑"现象。由此可见，我国民间资本投资模式所存在的问题：在管理层面缺乏相应的制度约束；在投资环境的创造方面缺乏有效的投向引导；民间资本所有者缺乏对投资行业的理性分析，投资存在盲目性且缺乏投资策略。

（3）民企融资能力弱且投资转型难。民企的主要资金来源于自身的资本积累、民间借贷和部分金融信贷。其中资本积累和民间信贷为民企融资的主要渠道。由于我国金融体系不健全，对民间资本的投资和民企的融资问题未做倾向性的引导，未能提供有效的投融资渠道。并且在资本流动的公平性上，在保障所有制经济的基础上，未赋予民间资本公平的竞争环境，以致在资本的流通过程中，民间资本缺乏相应的保障。从民营企业自身而言，相比国有企业有规模较小、生命周期短、投资风险相对高的特点，这些方面都导致了民营企业在进行资本的融资竞争中相对处于弱势。从企业的资本投向方面看，由于主要投向第二产业，具有生产周期长、资金周转慢的特性，导致其经济转型相对较难。因此，民营企业在运行过程中忽视科技创新，缺乏产业的更新换代，缺乏有效地吸引民间资本投资的核心竞争力。

（4）科技创新产业成为投资焦点。随着我国社会的转型，产业也开始了由原来的劳动密集型向科技密集型转型，科技创新产业在我国经济总量的比重不断上升。以高技术产品出口增长为例，2017年高技术产品进出口额由2016年的6868亿元上升至9050亿元，增长了31.8%，占我国2017年进出口额的4.5%。从2017年主要工业产品产量及其增长速度来看，科技创新产业增长速度超过了全国主要产品产量及其增长速度平均水平的10.7%，通信设备、计算机及其他电子设备制造业增长15.9%，集成电路、移动通信手机、微型计算机设备等增长速度分别为10.3%、13.5%、30.3%，科技创新产业逐渐成为投资焦点。民间资本在进行资本的投向时也开始考虑科技创新产业的投资机会，关键问题在于资金流通渠道的畅通。国家在温州金融改革试点中，将微企业的融资问题作为试点的重点。在《温州市金融综合改革试验区总体方案》中，强调了国有银行和股份制银行设立小企业信贷专营机构，同时引导民间资本依法设立创业投资企业、股权投资企业及相关投资管理机构，这为民间资本向科技创新产业投资进行引导提供了可能。

8.1.2　民间资本与科技创新管理

民间资本是最具活力的资本之一，在市场经济环境中能迅速弥补个别领域资金的不足，有力保障经济活动的顺利开展，有效地促进经济的发展。科技创新作为经济增长的动力之一，不断地更新能保持经济增长的活力，促进经济的可持续发展，但也需要有相应的资本投入来推动科技创新。民间资本在推动科技创新中正好能弥补其资金缺乏的问题，同时也能有效地维护民间资本的合理保值和增值。

（1）民间资本促进科技创新型产业的发展。新型的科技创新产业主要以中小企业为主。尽管中小型科技创新企业相比传统企业不具备行业融资的竞争优势，但是，中小型创新企业在现代市场经济中更具备创造新的经济增长点的能力。大型的科技企业，如苹果、微软都是以无数个中小科技企业作为其产业的支撑，其利润创造依靠于这些中小企业对于科技的创新。国内以技术作为支撑的中小企业或者小微企业虽然在技术生产中具备产出的可能性，但是缺乏有效地将技术转化为生产的能力。主要原因在于缺乏有效的投资，使技术闲置而失去竞争优势。民间资本在考虑投资回报率的同时也应该考虑投资的长期利润。投入科技创新型产业是创新型中小企业获得科技转化的能力，同时可以集中优势资源发展我国创新型产业。因此，民间投资者选择合适的目标企业进行科学投资，不仅有利于促进这些技术产出型企业的成长，也有利于加速我国专利技术转化的速度，进而推进我国科技创新型产业的发展。当然，民间资本可以选择直接进行科技创新的研究，创立以科学技术产出为主要盈利手段的新型创业公司来推进创新产业的发展。

（2）科技创新促进民营企业转型。民间资本与科技创新是相互作用、相互促进的关系。科技创新的内涵不仅包括企业中科学技术的生产与转化，也包括企业管理模式的升级与转型。新的科技的应用往往带来新的管理模式的变革。因此，科技创新产业的发展可以促进民营企业的转型。科技创新所带来的是技术密集型的生产管理模式，这就需要以民间资本为主要资本来源的民营企业进行生产管理的变革，采用新的生产方式、新的管理模式，面对市场的竞争采取新的战略。新的管理模式不仅体现在制度等显性管理层面，还体现在企业的隐性管理层面，如管理理念的变革、管理价值的转变等。并且，科技创新理念融入民营企业的管理模式，有利于它凸显以科技创新为内在动力的核心竞争力，形成创新型企业文化，培养新的企业利润增长点。从民营企业投资风险而言，科技创新有利于规避民间资本的风险，在投资渠道相对单一的情况下获得公平的投资机会，提升民间资本的市场竞争力。

（3）有利于优化产业结构，促进完善金融管理体系。投向科技创新型企业是民间资本进行多元化投资的重要渠道之一。从民间资本保值增值角度看，能有效地规避资本投资单一而产生的投资风险；从资本的投资结构看，有利于民间资本进行投资多元化。民间资本投向科技创新型企业，有利于民间资本结构合理化的同时，也有利于我国产业结构的优化。据《中国创新型企业发展报告 2017》统计显示，2016 年在全国大中型工业企业中，具有科技创新型特征的企业数量仅占大中型企业总量的 1.3%。然而，这 1.3%的企业却占有 70%的有效发明专利量。可见，我国科技创新型企业在企业总量方面并不占优势，却具备一定的科技创新的核心竞争力。民间资本转变投向，能有力壮大科技创新型企业规模，提升企业科技的转化效率，形成企业的市场效益。从我国产业结构而言，有利于引导我国科技创新产业的发展，提高其在经济总量中的比率，促进我国产业结构的合理优化。同时，也有利于促进我国金融管理体系的完善。民间资本投向科技创新企业需要相应的金融管理制度的支持。诸如资本投资渠道的建立、资本信贷的管理、资本运作的监督等，都需要独立于民间资本管理者本身的第三方资本管理机构进行监督管理。民间资本向科技创新企业的流动有利于凸显资本流动的需求，强化资本管理机构和经济管理者建立第三方的科技创新企业的融资平台，以此完善我国金融管理体系，确保民间资本投资的有效性，避免资本投机行为的发生，促进经济的有序发展。

8.1.3　民间资本驱动科技创新的主要内容

实现科技创新产业的转型升级，引导民间资本投向创新型产业，培养民营企业的科技创新能力，从企业自身发展角度而言，就需要对企业发展的路径进行选择。对于政府而言，就需要创造更多的能帮助民间资本合理投资的渠道，协助企业进行科技创新路径的选择。实现民间资本投向科技创新产业、优化我国的产业结构而进行创新路径选择，主要包括以下内容：

（1）民间资本直接投资科技创新企业。尽管民间资本流动有其随意性和盲目性，只有合适的投资渠道，合理地引导民间资本进行投资，才能实现直接投资科技创新企业。我国民间资本的借贷行为活跃，呈现东部沿海地区逐步向西北地区蔓延的态势，数量也不断上升。据《经济参考报》报道，2017年我国民间借贷的总量比同期增长了 40%。民间资本的信贷活跃，一方面表明了资本的充足，另一方面为进行民间资本投向科技创新型产业提供了可能。但是民间信贷行为并未得到金融管理体系的认可，因此大部分民间信贷行为以私下交易形式出现，如私募基金等，金融监管的缺失为我国经济发展带来了不稳定性因素。产生民间信贷不透明的主要原因在于现行的金融管理机制下，民间资本得不到公平的社会地位，投资风险不能得到有效的规避。不透明的私下信贷，从某种意义上能实现投资的多元化，分散民间资本的投资风险。因此，建立科学有效的民间资本投资监管制度，引导民间资本合理投资，可以实现直接投向科技创新产业，服务于科技创新产业的发展。

（2）民营企业进行科技创新转型。民营企业作为民间资本投资现实存在的主要载体，由原来传统产业向科技创新型产业转型，也是实现多元化投资的途径之一。民营企业进行科技创新型转型有其实现的可行性：首先，民营企业数量不断增多，民间投资不断增多，为民营企业进行科技创新转型提供了可能。据《中国民营经济发展形势分析报告》显示，截至 2017 年 12 月，我国私营企业登记注册数量已经超过 1000 万家，同比增长了 15.1%，登记注册个体工商户总数已经超过 3600 万户，同比增长了 8.5%，上市的民营企业已经超过了 1000 家。与此同时，固定资产的民间资本投资也达到了 14.2 万亿元。其次，民营企业有着投资结构优化、进行企业内部科技创新的内在要求。我国民营企业大多为劳动密集型企业，缺乏科技创新机制，不具备进行科技创新的本质特征。以家族式为主的管理模式急需进行管理模式的创新，建立现代企业管理制度。这些既要求我国民营企业进行生产技术的科技创新，优化生产结构，也要求民营企业进行管理模式的创新，提高管理效率。

（3）通过第三方融资平台投资科技创新产业。第三方融资平台是基于民间资本和资本需求方建立的资本流通平台，能协助民间资本妥善投资，实现资本的合理流通，发挥资本的增值作用。与前两种民间资本投向科技创新企业的途径相比，第三方融资有其自身的特点，其融资行为是在特定金融制度下发生的，因此必须接受金融机构的监管，操作方式、管理模式将更为规范，投资也更为科学，以极大降低金融投资风险，实现风险规避。从资本配置方面而言，能集中社会优势资本，合理选择科技创新企业，实现民间资本的有效配置，符合民间资本保值和增值的内在需求。其实第三方融资渠道很多，如公司上市、民间信贷、银行信贷、发行公司债券等，但目前我国尚未形成统一的第三方融资平台。近几年，第三方融资市场已得到长足的发展，以小额信贷公司为例，截至 2017 年 12 月其总量突破了 5000 家。小额信贷公司虽然在民间资本融资中发挥着重要的作用，但较之银行信贷、上市融资等融资能力不强，相比 2016 年民间资本固定资本投资相差甚远。国家虽然在《温州市金融综合改革试验区总体方案》中强调了向中小企业或者微小企业提供贷款等资金保障，但是我国银行信贷相对而言门槛较高，民营企业进行科技创新又存在着管理风险，向银行或者资本市场进行融资投向民营企业进行科技创新可能性不大。因此，只有通过民间第三方融资来实现民间资本投向中小科技创新型企业，实现资源的合理配置，发挥中小企业的科技创新能力，实现我国产业的优化。

8.2　民间资本介入科技创新的必要性和可行性

激励民间资本主体投资技术创新项目，不仅要降低民间资本主体承担的风险，而且要提高投资者对投资项目的认知度，将有关复杂的技术创新项目描述得通俗易懂。只有认知的复杂度降低，才有利于提高投资者感知的投资对象的有用性，从而对投资态度产生积极的影响，并最终影响投资主体的行为意图；制度、环境等外部因素变量，交易成本等行为控制因素负向干扰投资态度和行为意图的关系，因此需要营造宽松的民间资本投资环境，发挥创业投资中介机构减少信息不对称的作用，合理引导和实现民间资本与技术创新项目融资顺利对接。

8.2.1　民间资本介入科技创新领域的必要性

（1）科技创新投入资金缺口大，需要民间资本参与。20 多年来，我国科技投入不断扩大。1995 年 R&D 经费内部支出为 348 亿元，2012 年全社会 R&D 经费投入总量突破万亿元，达 10 298.4 亿元。2017 年全国共投入 R&D 经费比 2016 年增长 17%。科技投入强度步步攀升，1994 年到 1999 年我国科技投入强度在 0.5%～0.8% 徘徊。从 2000 年后，我国 R&D 经费投入强度增长较快，从 2000 年 0.90% 增长到 2013 年的 2.08%，首次突破 2 个百分点。相对世界上几个主要国家，我国科技投入强度仍较小。在主要发达国家中，只有英国的科技投入强度没有超过 2%，其他所有国家都在 2% 以上，日本、瑞典、丹麦、芬兰、韩国科技投入强度都达到 3% 以上，芬兰和韩国的科技投入强度还是我国的两倍。尽管我国这几年科技投入突飞猛进，但是底子薄，科技创新能力还很弱。我国建成创新型国家基本指标是：到 2020 年科技进步对经济增长的贡献率提高到 60% 以上，全社会的研发投入占 GDP 比重提高到 2.5%。2013 年我国 GDP 为 56.9 万亿元，R&D 经费投入为 1.18 万亿元，按照科技投入强度达到 2.5%的标准，2017 年缺口就达到 2700 亿元。从财政投入占 R&D 内部经费支出比重来看，处于下降态势。而企业的资金占 R&D

内部经费支出比重从 60%上升到 74.6%。更为重要的是，这种趋势已经成为"相对固态"，政府将有限财力开始集中在基础研究阶段。美国政府对基础研究的经费投入占政府研发投入的比例从 20 世纪 50 年代的 7%上升到 2017年的 38.6%。而我国政府资金目前很大程度上作为引导基金或资助支持成果转化和产业化。今后政府资金主要支持基础研究、前沿技术研究、社会公益研究、重大共性关键技术研究，对于成果转化和产业化将由企业完成。在 GDP基数越来越大，企业潜力挖尽的情况下，未来 R&D 投入强度大幅提升的空间很小，科研投入更要靠企业和民间资本，而不是政府。

（2）巨额民间资本急需投资出路，民间投融资市场急待疏导规范。民间资本的规模到底有多大一直是个谜。据人民银行统计数据，截至 2017 年年底，全国居民储蓄存款余额已达 49 万亿元。加上手持现金、股票、基金、债券、保险以及金融机构各种理财产品等，家庭和居民个人金融资产总规模估计超过 60 万亿元。另外，还有众多的民营企业所持资金及参股资金没法统计。迅速增长的民间资本，狭窄的投资渠道，竞争不够公平的投资环境，监管的缺失，民间资本给经济带来活力的同时，也带来了一系列问题。炒热了棉花、糖、姜、绿豆等农副产品，炒高了房价，炒焦了煤矿。特别是金融危机后，传统制造业面临严峻挑战，股市不景气，在金价普跌的情况下，全球大的金融机构远离金市，"中国大妈"却奇迹般地掀起了抢购黄金的热潮。2017 年又将核桃从千元炒到几十万元不等的价格。同时，民间借贷市场资金断裂问题频出，跑路的民企经营者也多深陷高利率借贷风波。从居民储蓄增长率来看，金融危机后呈下降趋势，2016 年、2017 年降到了个位数，增速分别只有 8.7%、8.4%，低于同期存款增长率，更低于前些年同比增长速度，是三年前增速的一半，是 2008 年增速的 1/3。这些数据说明了民间资本在金融危机后投资受挫，发展受到影响。投资传统的制造业、传统的投资路径、急功近利的投机模式、盲目地进入市场，民间资本投资的这些特点已经不能适应科技革命和产业变革的需要，迫切需要政府搭建良性的投融资平台，营造良好的创业创新环境，将民间资本转化为创业资本、实体资本，将民间金融转化为科技金融。

（3）科技创新需要民间资本注入活力和效率。民间投资效率高于国有投资。2017 年我国规模以上工业企业中，国有及国有控股企业实现利润总额比 2016 年增长了 7.1%，其中主营活动利润降 0.3%；股份制企业实现利润总额增长 11%，其中主营活动利润增长 1%；私营企业实现利润总额增长 14.8%，其中主营活动利润增长 3.8%。私营企业实现利润总额和主营活动利润同比增长率都高于国有企业和股份制企业，而银行的资金、资本市场的资金人才、税收优惠等基本上却偏好于支持国有企业和股份制企业。私营企业靠自身求发展的内驱力实现高效的生产力。从科技数据看，2017 年大型、中型和小型工业企业 R&D 经费内部支出占比分别为 59.3%、21.8%、18.9%，大型工业企业 R&D 经费内部支出是小型工业企业的三倍多。2017 年，大、中、小型工业企业专利申请数占比分别为 38.7%、25.4%、35.9%；大、中、小型工业企业有效专利数占比分别为 49.6%、23.2%、27.2%。大型工业企业用 60% 的科研经费，申请了 38.7% 的专利，拥有了 49.6% 的有效专利。而中小型企业却用 40% 的科研经费申请了超过 60% 的专利，拥有了超过 50% 的有效专利。这些拥有知识产权和开发新产品的中小工业企业，主要是民营科技型企业，它们的科研投入低于大型工业企业，却创造了高于大型工业企业的科研成果，说明尽管民营企业在生产过程中遭遇科技人才匮乏、创新资金不足、各种歧视等制约因素，但是仍较国有企业、大型企业具有更高的创新效率、更强的创新能力。1999 年我国在国内外共授权专利为 45 064 件，到 2017 年专利申请授权数达到了 960 513 件，增长了 20 多倍。

我国科研成果丰硕，但是科技成果转化率和产业化率严重偏低。据科技部估计，我国每年取得的国家级 3 万余项科技成果中，只有约 20% 的成果转化并批量生产，其中能形成产业规模的大约只有 5%，专利实施率仅为 10% 左右。教育部的调查结果表明，我国高校目前虽然每年取得的科技成果在 6000～8000 项，但真正实现成果转化与产业化的还不到 1/10。科研成果转化率低，除了重科研、轻应用的传统观念及信息不对称外，主要是缺乏资金支持。因为成果转化和产业化阶段所需的资金量远超过科研阶段。国内外经验表明，科研阶段、成果转化阶段与产业化阶段的资金投入比大约在 1∶10∶100，我国在科研阶段的投入已经有了很快的提升，然而在成果转化和产业化阶段的投入仍然严重不足。提高科技成果转化率是一个复杂的系统工程，需要将科研成果与产业链进行整合与集成，需要从产业链上下游、从原料到配套服务、从资金到人才等方面进行高度集成。大型科技型企业的技术创新需要无数个科技型中小企业提供技术支撑和配套生产，需要产业链整体发展，仅凭大型科技型企业自我研发、自我转化和产业化，难以推动整个社会的技术创新和实现国家创新战略，必须引入民间资本，推动科技型中小企业共同完成这一使命。

（4）科技创新战略实施需要民间资本积极参与。党的十八大明确提出：科技创新是提高社会生产力和综合国力的战略支撑，必须摆在国家发展全局的核心位置。强调要坚持走中国特色自主创新道路、实施创新驱动发展战略。中国未来的发展要靠科技创新驱动，而不是低廉的劳动力以及粗放的资源能源驱动，应尽快从低成本优势向创新优势转变国家实施创新战略，没有民间资本的积极参与，则很难实现。从民间资本投资看，浙江统计数据显示，民间资本占了 60%，且增长速度除 2016 年外均超过全省投资增长速度。从民营企业在创新中的作用看。据全国工商联透露，2017 年民营企业 500 强中有 369 家企业的关键技术来源于自主研发，占比达到 73.8%；采用产学研结合方式的有 291 家，占比达到 58.2%。2017 年，民营企业 500 强中有 16 家企业获得国家科学技术奖，获得省部级科技奖励的企业达到 74 家，获得全国工商联科学技术奖的有 12 家。2011 年，民营企业 500 强中牵头制定国际、国家或行业标准的有 109 家，参与制定的企业有 200 家。民营企业在促进科技成果转化、培育发展战略性新兴产业、加快经济发展方式转变中发挥了重要作用。然而，民间资本尽管经历了三十多年的发展，其投资还没有形成理性的思维、创新意识和科学的理念，仍处于盲目性、投机性和急功近利阶段。民营企业还没进入大规模科技创新阶段，"中国制造"整体水平大多仍处在产业链的中低端，主要依靠低人工成本和高能耗获取低利润率。科技创新战略客观上要求民营企业必须进行自主创新、拥有更多的自主知识产权和打造更多的世界级品牌，由"中国制造"向"中国创造"转变。因此，我国科技创新战略的全面实施需要破除制约民间资本进入科技创新领域的思想观念和体制机制障碍，切实把民营企业作为技术创新的主体，把民间资本作为推动全社会科技进步的重要力量。

8.2.2 民间资本介入科技创新领域的可行性

（1）国家大力鼓励民间资本进入科技创新领域。我国政府一直重视民间资本进入科技创新领域。早在 1999 年就有相关政策，《关于促进民营科技企业发展的若干意见》国科发字〔1999〕312 号指出，兴办民营科技企业是我国科技人员为经济建设服务的重大创举。2001 年年末，原国家计委出台《国家计委关于促进和引导民间投资的若干意见》，指出"尚处于创业阶段的民间投资者可以给予一定的减免税支持；各级政府应积极创造条件，通过财政贴息、设立担保基金和投资补贴等形式，引导民间资本投向高新技术"。这些文件给出了政策框架，但没有具体的扶持措施。直到 1999 年设立《科技型中小企业技术创新基金》，仅国家财政拨款每年就达几十亿，地方还有相应配套，每年为几千家科技型中小企业提供了无偿资助和贴息支持。小企业单个项目资助在 100 万～200 万元，中型企业单个项目资助达到 200 万～400 万元。这对科技型中小企业，特别是初创期的科技型中小企业是有力的支持，撬动了大量民间资本进入科技创新领域。2005 年，国务院印发《关于鼓励支持和引导个体私营等非公有制经济发展的若干意见》,这是首部以促进非公有制经济发展为主题的中央政府文件,对民间资本、民营企业具有划时代的意义。其中指出"支持非公有资本创办科技型中小企业和科研开发机构""支持发展非公有制科技创新企业,鼓励其加大科技创新和新产品开发力度,努力提高自主创新能力,形成自主知识产权"。紧接着,《反垄断法》和《关于 2009年深化经济体制改革工作意见》的相继面世,为民营资本进入科技型行业扫清了制度上的障碍。

金融危机后,为了促进经济尽快转型升级,形成新的经济增长点,国务院指出推动民营企业加强自主创新和转型升级,加快实施促进科技成果转化的鼓励政策。配合这一政策,同年,科技部联合一行三会,发布《促进科技和金融结合试点实施方案》指出,要引导社会资本积极参与自主创新,提高财政资金使用效益,加快科技成果转化。鼓励和引导民间资本进入国防科技工业领域,鼓励和引导民间资本重组联合和参与国有企业改革、积极参与国际竞争,推动民营企业加强自主创新和转型升级。以上政策尽管都有引导民间资本进入科技创新领域,但是真正提出专项政策的是科技部于 2012 年 6月下达的《关于进一步鼓励和引导民间资本进入科技创新领域意见的通知》,该通知从加大对民营企业技术创新的支持力度、增强民营企业持续创新能力、拓宽民间资本进入科技创新领域的渠道、营造有利于民营企业创新创业的发展环境等四个方面分十九条提出鼓励和引导民间资本进入科技创新领域的意见。这份文件为全面实施民间资本进入科技创新领域扫清了障碍,提供了制度保证,且具有系统性和可操作性。

(2)企业成为创新主体,民间资本具有创新基础。一方面,国家出台政策加强企业技术创新主体地位;另一方面,在市场竞争越来越激烈的背景下,企业意识到自主创新对企业战略发展的重要意义,加快了自主创新的步伐,向科技创新投入的资金增长较快。从科研经费来源看,2003 年 R&D 内部经费来源中,企业投入 925 亿元,在 2004 年突破 1000 亿元大关,2006 年再破2000 亿元关口,2008—2013 年分别突破 3000 亿元、4000 亿元、5000 亿元、6000 亿元、7000 亿元和 8000 亿元大关。2013 年达到了 8837.7 亿元,是 2003年的 9 倍多。同时期,政府 R&D 内部经费投入从 460 亿元增长到 2500 亿元,2017 年的投入是 2007 年的 5.4 倍。政府资金占 R&D 内部经费的比例从 2003年的 29.9% 降到了 2017 年的 21.1%。企业 R&D 内部经费投入的增长速度远远超过政府投入的增长速度。这些都显示了企业作为技术创新主体地位的确立。再从科研经费支出执行部门看,2000 年以前,我国 R&D 活动相对集中在科研院所、高等学校和大中型工业企业。近年来,我国 R&D 活动的主体结构已经开始发生改变，企业支出的 R&D 内部经费占全国 R&D 经费内部支出的比重逐年上升，1996 年超过研究与开发机构居首位，2000 年达到 60%，随后进一步提升，到 2017 年的 76.6%。而研究机构的 R&D 经费内部支出从 1995 的 42% 下降到 2017 年的 15%，高等院校从百分之十几降到了个位数，且后两者有进一步下降的趋势。这说明，企业已成为我国 R&D 活动的主体。再从创新成果看，1995 年企业发明专利授权数仅为 205 件，低于大专院校和科研单位的发明专利授权数，但是到了 2017 年，企业发明专利授权达到 79 439 件，而大专院校和科研单位分别为 33 309 件、12 284 件，企业发明专利授权数是大专院校的两倍多，是科研单位的六倍多。而实用新型授权数企业更是遥遥领先，2017 年 130 多万件，是大专院校的 10 多倍，是科研单位的 40 倍。前面已经分析，在我国固定资产投资中，非国有投资已超过 60%，数据表明中小工业企业 R&D 内部经费支出占工业企业 R&D 内部经费总支出的 40.7%，说明民间资本成为科技创新资金的主要来源。

（3）科技创新的高收益性符合民间资本的逐利性。受出口疲软、劳工成本上升、房租上涨、经济结构调整等因素影响，民营实体经济受到了重创，出现了"产业空心化"现象。而那些将资金投资到矿产、棉花、股市、能源的民间资本投资也纷纷失败。在传统产业利润空间受挤压、投资到处碰壁失利的状态下，在我国全面实施创新驱动发展的背景下，民间资本已深刻意识到只有创新才能发展。据了解，温州的民间资本已经在自发地尝试产业投资基金，目前在温州本土从事 PE 投资的企业有首华创投、东海创投、通泰、恒生资产、温商创投等；温州以外地区创办的 PE 投资公司也有数十家。这些 PE 机构的资金主要来源于温州传统大型民营企业，他们在积极寻求出路，突破原有的投资模式和发展模式。民间资本不愿意进入科技创新领域，主要基于风险的考虑，而科技创新的高收益性对民间资本还是很有吸引力的。2017 年全国规模以上工业企业实现利润比 2016 年增长 13.2%；高新技术企业实现利润总额为 7233.7 亿元，比 2016 年增长 16.9%。高新技术企业利润增长率高于规模以上工业企业 4.7%。在 41 个工业大类行业中，31 个行业主营活动利润比 2016 年增长，9 个行业主营活动利润比 2016 年减少。主营活动利润减少的行业主要是：煤炭开采和洗选业、有色金属冶炼和压延加工业、石油和天然气开采业、有色金属矿采选业、非金属采选业、纺织服装和服饰业、酒和饮料及精制茶制造业，利润同比分别下降了 44.1%、21.4%、13.7%、17.8、5.1%、3.8%、1.7%。主营活动利润下降最快的主要是资源开采类，其次是纺织服装业，这些传统产业经不起国内外激烈竞争的冲击。通用设备制造业、汽车制造业、仪器仪表制造业、计算机和通信及其他电子设备制造业等高新技术行业主营活动利润率都有相当不错的增长。

民间资本的逐利性是资本的本性，不可消除，但可以利用。民间资本要想取得长远发展，只有走创新之路。华为、联想、阿里巴巴等民营科技型企业已成为行业的领头羊，对民间资本和创业者起了示范作用，特别是阿里巴巴，从注册电子商务企业数剧增就反映了这一点。大学生们崇拜的李开复、俞敏洪、徐小平等著名的企业精英加入天使投资队伍，吸引了大批创业者，在经济陷入困境的时期，掀起了一股科技创业热潮。

8.3 民间资本参与科技创新管理的典型模式

新增长理论认为，技术创新同资本、劳动力一样成为经济增长的内生因素。技术创新是"建立一种新的生产函数"，是把"一种从来没有过的关于生产要素的'新组合'引入生产体系"。因而，企业依靠技术创新可以改变传统供给模式，创造新的需求。民间资本进入科技创新领域，在发达国家有比较成功的模式，如美英风险投资主导模式、日本主银行制模式、德国全能银行模式，而国内却极少有成功的模式。

8.3.1 美国的风险投资管理模式

在美国科技金融中，风险投资功绩卓著，创造了英特尔、微软、苹果在内的大批著名高科技企业。2017 年全年，美国共有 254 只风险投资基金，融资 298 亿美元，较 2013 年的融资额增长 69%，额度创 2008 年以来的最高纪录，但低于金融危机前的水平。

（1）美国风险投资资金来源。美国风险投资资金 90% 以上来自个人资本、企业资本和民间投资基金。在风险投资发展初期阶段，个人与家族资金占美国风险投资资金比重较大，据 Paul A.Gompers 的统计，1988 年占比 32%。后来逐步降低，维持在 10% 左右。家庭和个人资金占比下降的主要原因是 20 世纪 70 年代末美国政府修改法规，允许养老基金的 5% 进入风险投资，从而使法人机构成为风险投资的主要资金来源。养老基金在美国风险投资资本来源中发挥着越来越重要的作用，1988 年占比为 15%，到 20 世纪 90 年代后达到 40%。银行与保险公司曾经是风险投资资金重要的来源之一。在 20 世纪

80年代和90年代，银行与保险公司所提供的资金占比在10%以上，但是占比一直下降，至2004年仅占一个百分点。银行保险资金占比下降原因，除了养老基金大量进入外，主要是各大银行成了风险投资的股东，银行减少了贷款与直接投资，而以所持有的风险投资公司方式进入。以美国硅谷银行为例，它不但为创业风险投资机构及其所投资的风险企业提供金融服务，同时也作为创业风险投资基金管理公司的有限合伙人参与投资。在1988年公司资金在美国风险投资资金占比为10%，至2017年高达40%，反映了美国企业越来越重视战略投资和长远发展。许多美国大型企业、上市公司，特别是一些跨国集团公司成立创投机构，主要投资或购并与公司未来战略发展有关的其他企业，为公司未来产品、市场或技术发展开拓新的领域。美国各名校都有数量不菲的捐赠基金，捐赠基金除投资于本校或特定的科研项目外，还通过有限合伙制参与风险投资。据统计，捐赠基金占美国创业风险投资资本来源的比重，从1988年的9%上升至2017年的33%。美国政府资金占风险投资资金不超过10%，政府主要通过政策引导及金融配套驱使私人资本进入风险投资。

（2）美国私人资本通过风险投资进入科技创新的模式。由于银行保险公司的资金、企业的资金、养老基金、捐赠资金主要来自个人与家庭或私人企业，美国风险投资资金90%以上来自私人资金。私人资金通过购买养老保险，由养老保险机构进入风险投资基金；通过对银行储蓄，由银行将资金借贷给风险投资基金；私人资本通过所在的企业成立风险投资或持股风险投资；个人与家庭直接投资风险投资；美国企业和个人与家庭还可通过向高校基金会捐赠资金，由这些基金会投资到风险投资基本。最后由风险投资向科技企业进行投资。

8.3.2 日本的主银行制管理模式

第二次世界大战结束后，日本在短短几十年跻身于世界科技强国之列，实现了日本高科技产业"从引进、模仿到自主创新"的战略目标。战后日本企业投资需求旺盛、内部资金严重不足且当时资本市场不发达，使银行业迅速发展和壮大，形成了以银行为主导、民间金融机构为主体、政策性金融机构为补充的金融中介体系。日本完备的银行体系吸收了大量私人资本，为日本科技创新提供了大量资金。

（1）日本主银行制。日本主银行制是指银行不只是单纯提供贷款的金融机构，而是企业主要的债权人和股东，与合作的企业结成很深的、几乎成为一体的关系。日本主银行制有如下特点：第一，银行长期、持续向某些企业提供的资金最多。在相当长的一段时期内，在企业的贷款中，主银行所占的份额一般为 20%~40%，而且长期不变。从而，企业和银行的关系非常稳定，企业一般很少更换主银行。第二，银行是企业最大的股东之一。在日本企业相互持股的法人所有制中，主银行一般是企业最大的股东，其持股比例大都接近日本银行法最高限额的 5%。这样，主银行对该企业就具有双重身份，它既是企业最大的债主，又是企业最大的股东。第三，除向企业提供贷款外，还进行账户存款、外汇融通、股票发行、公司债发行的受理和担保等。可见，主银行和企业的关系不仅仅是金融交易的关系，而且是一种综合交易的关系。第四，在企业保持正常经营时，主银行一般不干涉企业的经营活动。但一旦企业财务状况恶化时，只要主银行判断企业的困难是暂时的，就会出面和其他债权人协商企业的债务关系，并通过延缓债务偿还期限、提供新的融资、派遣得力人员、更换经营班子、调整经营方针和经营方向、处理资产偿还债务，以及企业合并等途径，帮助企业渡过难关、避免破产。

（2）日本私人资本进入科技创新领域的模式。日本私人资本通过存入银行或持有银行股份进入银行业，再由银行进入科技创新领域。日本的银行资金进入科技创新领域有五种路径。第一，向科技型企业贷款。日本长期实行低利率政策，引导银行优先向重点产业部门提供资金，保障了对新兴产业及中小企业发展等领域的战略性资金供应。第二，直接投资科技型企业。日本银行间竞争激烈，银行为了留住资信较好的客户，不但向融资企业提供贷款和信息咨询服务，而且直接投资于该公司，持有该公司证券或股票，但不参与企业的日常经营与决策。一旦企业财务状况出现危机，向其提供财务帮助，从而使银行与企业紧密结合在一起。日本许多跨国公司都有著名的银行参与其中，而且还是集团的核心，如三井、三菱、住友、芙蓉、三和及第一劝业等六大企业集团，分别拥有三井银行、三菱银行、住友银行、富士银行、三和银行、第一劝业银行及一大批信托银行和保险公司。银行和企业强强合作，双方取得了巨大的发展。第三，通过风险投资进入科技创新领域。在 1980—1993 年成立的日本风险投资公司有 109 个，其中 49 个母公司均是银行。在 20 世纪 80 年代中期，日本 7 家最大的风险投资公司均为银行机构集团控制。许多银行为了回避风险，与其他大的风险投资公司、证券公司合作成立了风险投资公司。银行领导的风险投资有力地支持了日本的电子、计算机产业，尤其是半导体、集成电路技术，使日本在这些产业形成了长期领先的优势。第四，由于金融业混业经营，日本的银行可以并购持有证券公司的股票，银行持股下的证券公司可以为科技企业提供直接融资服务。第五，日本的银行还为大量科技型企业提供了融资租赁业务。

8.3.3 上海的"投贷保"联动管理模式

我国《商业银行法》规定，银行不能直接进行股权投资。一些很有潜力的科技项目，银行想放贷，却因企业不能满足放贷条件，银行不能享受企业科技成果带来的收益。而逐利也是商业银行的本性，在这种情况下，近年来，国内多家银行已尝试"选择性贷款"，即"贷款+认股期权"，商业银行在提供贷款时，另行签署一份期权协议，约定商业银行在未来一段时间，有权授权第三方以约定价格认购企业股权。认股权由银行指定机构行使，一般为银行合作过的 PE 或 VC。这是曲线"投贷联动"模式，与日本及美国真正"投贷联动"有较大的差别。在"选择性贷款"的基础上，上海商业银行开创了"投贷保"联动创新模式，推出了"投贷宝""融合"等针对科技型中小企业的标准化"投贷保"联动产品，即商业银行与风险投资和担保公司合作，根据科技型中小企业的实际资金需求和融资方式偏好，确定股权融资和银行贷款配置比例，通过标准化、流程化的运作方式共同为中小企业提供"投资+贷款+担保"等综合金融服务。下面以浦发硅谷银行一起"投贷保"联动模式的案例进行说明。2014 年 5 月，浦东银行向上海杨浦区两家科技型企业上海天跃科技股份有限公司和上海四方锅炉有限公司分别提供 1500 万元、800 万元两年期贷款，同时，硅谷银行旗下的盛维资本管理的基金也分别进行了 1600 万元和 1250 万元的股权投资。浦东银行承担 15% 的贷款风险，85% 的余额风险由上海创业接力融资担保公司进行担保。同时，还由硅谷银行所投资的浙江中新力合融资担保公司对上述业务进行 50% 的再担保。在这两起"投贷保"联动的运作中，核心主体是浦东硅谷银行。浦发硅谷银行借鉴了美国硅谷银行信贷模式，设计了特别的"3+1"模式。所谓"3"是指构成债权的三方主体，即风控方、贷款方和担保方。这两起融资案真正操作方浦东硅谷银行，负责为融资企业提供投融资咨询服务，进行风控管理，贷前审查、贷款结构设计和贷后管理，协调与其他主体的关系，成为风控方；贷款发放方是浦东硅谷银行的股东浦东银行；贷款担保方及再担保方，即上海创业接力融资担保公司和硅谷银行所投资的浙江中新力合融资担保公司。

风控方、贷款方、担保方这三方构成了债权融资，所谓"1"是风险投资，在这两起案例中，都由硅谷银行旗下的盛维资本管理的基金同步跟进。浦东银行、硅谷银行都是浦东硅谷银行的股东方，在它们一贷一投中，浦东硅谷银行实现了"投资—贷款—担保"联动模式。在放贷的过程中，风控方、贷款方、担保方、投资方互为关联方，有共同利益，在分工细化的基础上，有效地分散了风险，成功地规避了银行不能参股企业的政策限制。在这种模式中，民间资本通过商业银行及银行持股的担保公司、风险投资公司进入科技型企业。目前，国内有小部分国有银行和股份银行有自己的创投公司，如光大银行、招商银行等。但银行贷款与旗下创投公司股权投资同步的案例仍较少，一般只是认股权（选择权）的代持。所以，这一模式还有待内资银行学习。

8.4　民间资本参与科技创新管理的障碍
——以宁波市为例

　　民间资本的逐利性、盲目性及社会竞争的加剧，导致民间投融资遭遇困难，巨额民间资本缺乏投资渠道。在我国创新驱动发展战略下，科技创新力度加大，科技投入严重不足，迫切需要引导民间资本进入科技创新领域。

8.4.1　民间资本借助科技创新管理的既定事实

　　（1）民间资本更青睐于以创业方式进入科技创新领域。宁波民间资本丰富，创业活跃，每年新增创业主体 2.5 万家左右，而硅谷和中关村分别只有 1.5 万家和 3000 家。特别是金融危机后，全球经济环境复杂多变，在注册资本登记制度改革及政府扶持创业发展环境背景下，民间资本创业投资的激情超前高涨。2017 年宁波市新设内资企业 39 148 户，注册资本（金）2479.94 亿元，同比分别增长 28.3% 和 82%。而同期全省注册企业数增长为 10.5%，宁波超过了 17.8 个百分点。新设企业增长较快的是信息传输、软件和信息技术服务业，文化、体育和娱乐业，交通运输、仓储和邮政业，分别增长 126.6%、88.1% 和 66.1%。

　　（2）民间资本是科技型中小企业主要资金来源。科技型中小企业由于规模小，缺少有形资产，使通过抵押获得银行融资的途径不通畅，且由于受最低资本规模、利润率、经营年限等的要求，大多数中小企业不能在资本市场上融资。而政策支持的资金少，绝大多数中小企业也不能享受到；能获得天使投资、风险投资的企业也微乎其微。因此，民间资本成了科技型中小企业的主要资金来源。据统计，科技型中小企业的融资中，80% 以上来自于民间资本，除了创业者自有资本外，1/3 以上的资金来自民间借贷。

（3）股权投资是民营企业进入科技创新领域的首选。民营企业大多起源于"草根经济"，家族式管理模式根深蒂固，对股权控制方面有着浓厚的情结。这就使大多民营企业无论是扩大原有的企业经营规模还是投资另一家科技型企业，更倾向股权投资。通过对 10 家大型民营企业调查显示，9 家表示股权投资是其对外投资首要考虑的因素；还有 1 家企业表示，鄞州区政府积极推动该企业上市，由于不愿意股权被引进的风险投资稀释，且担心上市后失去公司控制权，政府推了三年上市计划，但该公司仍没进行上市筹备。有 83.2% 的中型企业表示，股权投资是其进入科技创新领域的重要考虑。小型企业和微小企业更要求对公司保持绝对的控制权。同时，课题组通过天使引导基金了解到，一些天使投资人很乐意投资的科技项目，由于创业者考虑到天使投资的介入会稀释股权，而放弃了天使投资的融资计划。

（4）民间借贷是个人资本进入科技创新领域的主要方式。居民个人可以通过购买上市公司股票和债券进入科技创新领域，但由于前几年股市低迷，居民购买股票的热情降到谷底；可以通过将资金存入银行进入科技创新领域，但由于银行更多地将资金贷给了国有企业和大型民营企业，以致很少有资金进入科技型中小企业；居民可参股企业进入科技领域，但由于对科技领域不熟悉及对高风险的恐惧，创业及参股进入科技创新领域的较少。而我国民间金融市场发达，依靠地缘、血缘、亲缘、业缘关系，形成了各种形式的合会、私人钱庄、民间集资等，民间借贷成了居民一种重要的理财工具，科技型中小企业对民间资本也很依赖，进而导致民间借贷是个人资本进入科技创新领域的主要方式。

（5）民间资本投资科技创新领域意愿下降。由于全球经济增长速度放缓、互联网经济对传统产业冲击、房地产不景气等因素的影响，民间资本在投资中受到了重创，因而其投资变得谨慎。宁波民间资本主要在服装、电器、玩具等行业上发展起来，金融危机后，这些行业出口萎缩，新的经济增长点仍在摸索中，民间资本投资遭遇到前所未有的困境。2016 年，宁波战略性新兴产业实现规模以上产值 3304.5 亿元，同比增长 2.46%，其中新一代信息技术、海洋高技术产值分别同比下降 8%、7%；出口交货值 934.9%，同比下降 4 个百分点。2017 年，宁波市完成固定资产投资 3989.5 亿元，比 2016 年增长 16.6%，其中民间投资 1955.0 亿元，增长 12.6%，占固定资产投资的比重为 49.0%。民间投资增速下滑明显，全年比上半年在固定资产投资中占比下降了 1.7 个百分点。

8.4.2 民间资本参与科技创新管理的主要障碍

（1）民间资本进入科技创新领域的障碍。尽管国家一直鼓励民间资本进入科技创新领域，但是更多仍停留在政策层面，在实践中民间资本进入科技创新领域仍存在着许多障碍。第一，行业准入的障碍。根据中国社科院的调查，全社会 80 多个行业中允许民营资本进入的只有 41 种，而外资却能进入 60 多种。如为科技创新提供金融支持的风险投资和科技融资租赁公司，基本由政府和外资主导，民间资本较难介入。第二，资助扶持政策方面的障碍。20 世纪八九十年代开始执行的税收优惠政策是各省市激励引导民营科技企业进行创新活动的重要举措之一，对促进民营科技企业发展和科技成果的产业化发挥了巨大的作用。但 2008 年以后，除江苏、上海、武汉等极少数省市还坚持一些优惠税收政策外，其他绝大多数省市已不再执行。2008 年年底国家税务局出台了 116 号文件，规定享受加计扣除政策的只能是高新技术企业，把大部分中型科技型企业和所有小型科技型企业排除在外。第三，融资方面的障碍。贷款门槛过高，科技型中小企业由于缺乏抵押物难以达到贷款要求，即使符合贷款条件，银行也不愿意贷款给科技型中小企业，而风险投资公司与科技融资租赁公司又由政府和外资垄断，民间资本没有话语权，民间资本也就难以进入科技型中小企业。

（2）科技创新的高风险让民间资本望而却步。民间资本从小作坊和劳动收入中形成，在改革开放初期大好机遇中得以快速积累。有很强的盲目性、投机性和短期逐利性，热衷于房地产、矿业资源、农产品这样简单，不需要很多专业技能，快进快出的投资领域。而对于投资周期长、风险高、技术复杂的科技创新行业，民间资本拥有者没有信心。他们普遍缺乏科技创新意识，缺乏科技方面的专业技能及对科技创新前景的把握，对于科技创新不敢涉足，对高风险的科技创新领域有很强的规避意识。2017 年，宁波市新设企业数量较多的是批发和零售业，共 14 152 户，制造业 8843 户，租赁和商务服务业 5407 户。从同比增速来看，新设企业长较快的是信息传输、软件和信息技术服务业，文化、体育和娱乐业，交通运输、仓储和邮政业，分别增长 126.6%、88.1%、66.1%。制造业的新设企业数远远低于批发和零售业，说明民间资本还是倾向于投资熟悉的传统产业。尽管信息传输、软件和信息技术服务业新设户数增长超过 100%，但是信息传输、软件和信息技术服务业门槛低，不需要很多的资金，不需要厂房，只要一间办公室，也不需要特别高端的技术，主要由智慧城市的建设、互联网金融的兴起等因素推动。

（3）信息不畅导致进入障碍。民间资本进入科技创新领域的其中一个障碍是信息不对称。民间资本急于寻求有前沿科技的投资项目，苦求不得，而很多好的科技研究成果却因缺乏资金难以实现成果转化。据调查，民营企业主要通过生意场上的朋友了解投资信息，占到了 63.3%；其次是媒体，主要是互联网信息，占到了 41.8%；有 17.1% 的企业通过政府部门获取信息；而通过中介机构获得投资信息的仅占 7.6%。55.7% 的企业表示，在投资科技项目时，没有进行市场调查、技术分析等可行性研究，看到周围的朋友这样做利润丰厚，就跟着投资。正是因为信息不畅，导致民间资本难以进入科技创新领域，即使进去了，也因为信息源缺乏科学依据，产品简单复制、投资失误或盲目跟风。

（4）全社会科技创新环境不佳阻碍民间资本进入。在经济转型期中，我国过快追求经济增长速度，全社会普遍较为功利浮躁。知识产权保护力度不够，以致企业普遍缺乏创新意愿和动力。企业花巨资进行的科技创新，很轻松地被其他企业仿冒、假冒。每年广交会涉嫌侵犯知识产权案件高达几百宗，专利案件是主要投诉类型，占总投诉量的 60% 以上。《中国知识产权蓝皮书》公布的调查报告数据显示：88.44% 的人购买过盗版的书籍、影像制品或电脑软件；57.88% 的人购买过假冒名牌商品。

（5）民间资本投资主体创新意识和创新能力普遍不足。上文讲到的光伏产业投资失误表面看是企业缺乏对该产业发展的信息掌握，跟风投资，其实深层次的原因是因为民间资本投资主体缺乏战略思想、创新意识和创新思维。大多民营企业缺乏持续创新能力和长期发展战略，管理水平低下；企业创新意识不足，大部分企业存在着"小富即安""暴富"的思想，加上开展技术创新存在着很大的创新风险，中小企业抵御这些风险的能力还较弱，这在很大程度上制约了创新活动的开展，从而阻碍了民间资本进入科技创新领域。

（6）民间资本进入科技创新领域投融资体系不完善。民间资本进入科技创新领域的渠道很多，有银行、主板、中小企业板、创业板上市、风险投资、天使投资、小额贷款公司、科技融资租赁公司等，但是由于没有建立起多层次、多元化的开放式的科技投融资体系，致使一些渠道没能积极地发挥作用。因此，目前民间资本进入科技创新领域仍然主要通过三个渠道：第一，民间资本开展科技创业投资；第二，通过银行，居民将资金存入银行，由银行向科技型企业提供贷款；第三，民间借贷。第一种渠道，尽管国家和地方政府下很大力度推动科技创业，但是创业风险大，科技创业成功率低，导致民间资本越来越理性和谨慎。第二种渠道，基本上只是对大型企业开放，对于众多科技型中小企业，80% 以上依赖民间资本借贷方式。

8.5 民间资本参与科技创新管理的路径选择

以民间资本驱动科技创新实现产业优化，不仅需要制度上的建设，还需要政府在硬件上的投入，如科技创业园的建立、创意文化产业的市场化等。只有这样才能吸引民间资本投向科技创新产业，加速我国科技的发展，优化产业结构，降低科技创新产业的投资风险，实现资源的有效配置。

8.5.1 民间资本驱动科技创新

以民间资本作为我国科技创新的驱动力，促进我国科技创新产业发展，既能科学地引导民间资本的合理投资，又能优化我国产业结构，实现产业的合理布局。要对民间资本进行合理引导，就既要考虑民间资本本身的需求，又要考虑科技创新产业的内在要求，同时还需要构建合理的资本流通渠道以实现资本的有效配置。

（1）民资投资者提高资本保值增值意识。民间资本所有者对资本进行重新定位，综合考虑宏观经济环境对民间资本的影响，适当进行投资渠道的选择，避免资本因通货膨胀等因素引起的失值，从而规避资本的存贮成本风险。同时，对于科技创新产业也要进行重新的认识。事实证明，全球的科技创新将成为下一个经济增长点，虽然在进行科技创新的过程中带有投资风险，但是作为投资者要对我国的科技创新产业进行合理的分析，筛选其中具有经济增长潜力的企业和行业，在考虑多元化投资、分散风险的同时，要避免因为眼前的利益而忽视了该科技创新所带来的长远利益。

（2）民营企业管理者转变理念提高科技创新的能力。在科技创新途径的选择中，有民间资本直接进行投资，也有民营企业进行自身的生产更新换代和管理模式的变革。民营企业管理者在科技创新时代必须将管理中心转移到提升企业科技创新能力上来。对民营企业现有的生产水平进行重新评估，适当地淘汰已经落后的生产能力，进行优势资源的集中，提升其核心竞争力。

同时，对企业所处行业的营利水平进行评估，适当地采取多元化的投资策略，尤其是投资科技创新型行业。这有利于提升企业科技创新能力，调整企业自身的生产结构和资本管理结构。在进行生产水平提升的同时，也要考虑企业管理水平的提升，尤其需要以企业创新为中心形成企业文化，培养员工的企业科技创新理念，建立与科技创新相适应的激励方式来促进民营科技创新型企业转型。

（3）建立第三方融资平台，规范融资渠道。民间资本进行投资主要考虑资本的风险规避问题和资本的保值增值问题。风险的规避方式可以通过资本的多元化投资来实现，但是在目前的金融体制下，民间资本要进行多元化投资缺少相应的渠道，资本市场虽然赋予了它公平的竞争环境，仍然处于相对的弱势，尤其是具备科技创新能力的民营企业在进行资本融资时，往往因投资风险成本问题被投资者所忽视。这就需要建立第三方融资平台，其效能在于提高融资的效率，实现优质资本的有效配置；将投资风险进行第三方规避，降低直接投资的风险成本，提高投资者的积极性；实现了民间信贷的规范化和透明化，避免民间违规信贷问题导致我国资本市场的不确定性，化解社会经济发展的风险。

（4）政府应鼓励民间资本投资科技创新型产业。民间资本投资科技创新产业需要政府的科学引导，提升企业科技创新创业的孵化能力，加速科学技术的市场化、产业化。制定相应民间资本投向科技创新型企业的制度，规范资本市场的投资行为，对科技创新型企业进行信用评级，尤其对其科技创新能力进行评价，引导其进行科技创新的成果转化，实现市场化运作，通过市场的评级来吸引民间资本的投入。同时，在民间资本和科技创新型企业之间建立相应的融资渠道，拓展第三方融资和民间信贷的融资渠道。投资既可以投向自身以外的科技创新型企业，也可以投向企业自身的创业转型，也就是说以民营企业科技创新为目的。

8.5.2　借助民间资本促进科技创新升级

在当前的发展实践中，政府对经济转型不遗余力，对技术创新政府群策群力，对民间资本悉心引导、呵护有加，方方面面呈现出的氛围不可谓不热烈，展现出的姿态不可谓不积极，然而收到的效果乏善可陈，创新驱动在较多地区依旧步履蹒跚。从金融视角来看，民间资本与技术创新的结合需要在机制和架构上多一些衔接，这是国际、国内实践带来的启示。

（1）完善法人、自然人的信用体系建设。中央银行在信用记录采集方面做了长期大量的工作，切实推进了信用体系建设。但是对失信的法人和自然人缺乏有效的惩治手段，使失信行为成本低廉。技术创新蕴含较高风险，进行创新的融资方和投资方都应受到诚信的强力约束，中央银行应具备基于信用记录的信用等级评定权限，对低于正常信用等级的法人、自然人，在公众的信息平台上予以公开，据此影响该主体在社会生活中的行为，举全社会之力对失信行为予以惩治。

（2）建立政府主导的创投引导母基金，发挥风险投资的引领作用。风险投资是民间资本进入技术创新领域的主要途径，天使基金、创业基金等在民间资本的利用上提升了配置效率，但自身力量成长不够迅速，其缘由在于民间资本与基金公司间存在信息不对称，基金公司的投资行为并不能打消民间资本的顾虑。建立政府主导的创投引导母基金，在项目甄别、技术评估、财务监管上发挥政府公信力，以可预期的利润回报吸引其他风险基金同向投资，以"领投"＋"跟投"模式吸引民间资本支持技术创新。

（3）设立操作约束机制，加强风险投资基金与民间资本之间的信任。风险投资基金要设置独立的财务审计顾问和律师，监督总投资人的财务操作和商业状况，为了避免总合伙人的决策失误，要监督总合伙人的资本运作，风险投资基金应邀请商业界或科技界的精英组成董事会或顾问委员会参与每次投资的决策。这些措施在保障投资准确性的同时，也在某种程度上打消了民间资本的顾虑。

（4）设立技术评估机构，准确认识投资风险。民间资本对技术创新项目技术前景和技术创新企业经营状况缺乏科学判断，应大力发展技术评估机构，促进民间资本对技术创新项目技术前景的了解。技术评估是为了防止对技术创新项目进行投资后发生的种种问题，对技术创新项目的技术水平和市场前景进行多方面的把握和评价，包括技术的可能性和经济性。只有客观的技术评估，民间资本才能准确认识投资风险，从而依据自身的风险承担能力决策投资行为。

8.5.3 政府引导民间资本投资科技型企业

基于政府、科技型中小企业及民间资本投资主体三方博弈，提出以下建议：

（1）加大寻租行为的机会成本，引进企业诚信认证制度。由博弈模型的分析结果可知，科技型中小企业寻租行为一旦被查处后所受的处罚越重，那么科技型中小企业采取寻租行为的概率就越小，惩罚措施才有效。而引进企业诚信认证制度，增大企业寻租后的声誉成本也将有效抑制企业采取寻租活动的意愿。因此，应该加大对科技型中小企业寻租行为的监督力度，对于违法的企业给予严惩，严重违规的企业列入黑名单制度，并予以公示。而另外对于经营良好并且诚信过硬的企业给予一定的奖励，帮助提升企业在投资者中的形象，利用制度帮助建设公平有效的良性竞争的市场环境，从而降低科技型中小企业与民间资本投资主体共谋寻租获取优惠政策的概率。

（2）节约监督成本提高监管效率，建立有效的激励相容约束机制。政府机构的监督效率越高，对科技型中小企业的违规现象处罚越重，科技型中小企业采取寻租的意图就越小。故政府部门应当提高监督效率，减少科技型中小企业投机的概率，以便降低科技型中小企业在接受投资后不当使用资金的可能性。为提高政府对技术创新企业扶持的资源配置效率，政府应当建立有效的激励相容约束机制，如分阶段式投资，可以根据企业前一阶段项目经营情况决定是否下一阶段进行优惠支持。这样能有效激发企业的创新热情，也能在一定程度上督促企业将资金落到实处，并且能有效降低企业寻租的概率，并成为重构科技型企业融资路径、实现经济发展由劳动密集型向技术密集型转型的助推器。

8.5.4 优化民间资本参与科技创新的管理实践

当今世界综合国力的竞争已经转化为国与国之间高新技术水平的竞争，高新技术成为推动经济发展的主要动力。作为高新技术产业的萌芽——科技型中小企业在我国的发展非常迅速，但是由于科技型中小企业的投资项目失败率较高，投资者为了回避风险，不愿意将资金投入到科技型中小企业当中，阻碍了其健康发展。与此相矛盾的是，民间资本富集程度较高，大部分投向了金融、房地产等用于炒作，存在严重的投资失衡，干扰了市场秩序。为了解决这些问题，需要做到以下几点：

（1）完善项目质量信息披露。对于科技型中小企业而言，项目投资具有风险高、失败率高、产出滞后的特点，这就要求科技型中小企业要根据自身实际情况，完善项目质量信息披露，增强投资者对项目的认知，减少由于信息不对称导致的逆向选择问题，降低项目风险，顺利实现融资。

（2）增强企业对项目的努力程度。民间资本与科技型中小企业项目资金对接的过程中，企业在签订项目合同后，要严格按照项目合同履行自己的责任，尽可能提高企业人员对项目的努力程度，减少由于道德风险而产生的信息不对称问题，避免投资项目最终失败。

（3）建立收益共享机制，实现共赢。在民间资本注入科技型中小企业的过程中，企业要更加注重收益共享机制的真正实现，既要保证项目成功给自身带来的收益，也要尽可能保障民间资本投资者预期收益的实现。只有双方收益实现均衡分配，才能激励投资者的投资热情。

9 民间资本与文化产业管理

文化产业具有技术含量高、环境污染小、资源消耗少、产品附加值高、价值链长等特点，已经成为转变经济增长方式、调整经济结构背景下新的经济增长点。目前，中国文化产业发展遭遇融资瓶颈的制约，而民间资本聚集了庞大的能量。进入 21 世纪以来，随着经济的不断繁荣和发展，中国民间资本的规模不断扩大，整体实力不断增强。民间资本一直在积极寻找高投资回报率的投资领域。但由于诸多的投资准入限制，民间资本投资的市场空间不大。例如，前几年房地产投资热和黄金抢购热，明显反映出民间资本投资的盲目性、投资渠道狭窄以及投资方式单一，不利于资源的优化配置和产业结构的升级。如果能够激活民间资本聚集的能量，盘活庞大的国有文化产业资本存量，吸引"民间资本"注入文化产业领域，出台与文化市场发展相配套的政策、机制，探索民间资本与文化产业的对接模式，对促进文化产业快速发展，使之真正成为国民经济支柱性产业具有重要意义。

9.1 民间资本介入文化产业的优势与障碍

中国经济步入新常态，在转变经济发展方式的大背景下，文化产业已成为重要着力点。文化产业具有技术含量高、环境污染小、资源消耗少、产品附加值高、价值链长等特点，已经日益成为转变经济增长方式、调整经济结构下新的经济增长点和绿色朝阳产业。近年来，中国文化产业发展势头良好，但与国际文化产业强国相比，中国的文化产业所创造的 GDP 远不足支柱产业 5% 的衡量标准，尚处于初级发展阶段。中国文化产业发展受限，主要由于文化产业遭遇投融资瓶颈的制约。

9.1.1 民间资本介入文化产业的优势

与国际文化产业强国相比，我国的文化产业发展仍处于初级阶段，如美国的文化产业产值比重已经占到了 GDP 的 1/5。因而发展文化产业，我们还有很长的路要走。目前，我国文化产业发展遭遇投融资瓶颈：融资渠道单一引起文化产业投入不足；体制机制障碍致使文化产业资本使用效率较低。随着社会经济的发展，我国累积起丰富的社会民间资本，引导社会民间资本进入文化产业可以有效地解决我国文化产业投融资困境：社会民间资本的流入可以拓宽文化产业投融资渠道，缓解投入不足问题；社会民间资本介入所引进的市场竞争机制，可适当改善文化产业资本使用效率低下的现状。进入 21 世纪以来，我国文化产业在改革和发展中释放出了巨大的生产力，跨越式的发展态势对社会民间资本形成了强烈的渴求。与此同时，近年来我国社会民间资本由于对房地产等领域的过度投资，泡沫化的危机日益凸显，社会资本对文化产业等创新型经济部门的投资兴趣逐渐浓厚。

（1）政策优势。2009 年《文化产业振兴规划》出台，提出加快文化产业振兴；要降低准入门槛，积极吸收社会资本和外资进入政策允许的文化产业领域，参与国有文化企业股份制改造。形成公有制为主体、多种所有制共同发展的文化产业格局。要加大政府投入和税收、金融等政策支持，为规划实施和文化产业发展提供强有力的保障。党的十八大报告进一步提出：增强国家文化整体实力和竞争力，加快文化迅速发展；推动文化产业成为国民经济支柱型产业。十八届三中全会进一步提出：要建立健全现代文化市场体系，鼓励各类市场主体公平竞争；鼓励非公有制文化企业发展，降低社会资本进入门槛。为了更好地引导民间投资文化产业，政府近年来出台了一系列政策文件进行指导。2010 年，《关于鼓励和引导民间投资健康发展的若干意见》出台，鼓励民间资本投资文化产品及相关服务，鼓励民间资本投资参与"三馆一院"等文化设施的建设。2011 年，十七届六中全会报告要求进一步完善市场准入制度，在国家政策允许范围内，引导社会资本以多种形式投资文化产业。2012 年，颁布了《文化部关于鼓励和引导民间资本进入文化领域的实施意见》，提出鼓励民间资本参与国有文艺院团转企改制、参与公共文化服务体系建设等。2013 年，十八届三中全会报告提出降低社会资本进入文化产业的门槛，允许民间资本以控股、合营等形式参与国有影视制作机构、文艺院团的改制经营。2014 年，国务院印发《关于推进文化创意和设计服务与相关产业融合发展的若干意见》，针对中国当前文化创意和设计服务发展，特别是与相关产业融合发展中存在的突出困难，提出了一系列扶持政策。其中重点提出要壮大市场主体,积极引导民间资本投资文化创意和设计服务领域。2015年5月,国务院办公厅发布了《关于在公共服务领域推广政府与社会资本合作模式指导意见的通知》,明确要求"在能源、交通运输、水利、环境保护、农业、林业、科技、保障性安居工程、医疗、卫生、养老、教育、文化等公共服务领域,鼓励采用政府和社会资本合作模式,吸引社会资本参与",文化部紧跟国家投融资体制改革的步伐,提出了相关意见,首次将文化领域作为公私合作关系模式的推广范围。2016年3月,国家"十三五"规划纲要提出:"十三五"期间要实现"公共文化服务体系基本建成,文化产业成为国民经济支柱性产业"的目标。提出要健全国有文化资产管理体制;降低社会资本进入门槛,鼓励非公有制文化企业发展。综上所述,民间资本进入文化产业获得国家政策护航。

(2)资金规模优势。目前,中国民间资本的规模不断扩大,整体实力不断增强。对于民间资本的规模,暂时还缺乏统一计算口径。据分析,目前国内民间资本规模巨大,受传统理财思维影响,这些巨量资金基本长期储蓄在银行中,处于闲置状态。以中国城乡居民人民币储蓄存款余额为例,至2011年年底城乡居民人民币储蓄存款余额为 343 635.89 亿元, 比 2010 年增长 13.30%;2012 年城乡居民人民币储蓄存款余额为 399 551.01 亿元, 比 2011 年增长 16.27%;至 2013 年年底城乡居民人民币储蓄存款余额为 447 601.6 亿元, 比 2012 年增长 12.03%;2017 年年底城乡居民人民币储蓄存款余额较 2016 年增长 9.12%。由此可以推断,中国民间资本的存量规模非常大,如果对这些民间资本进行充分的协调、整合和引导,促进民间资本以"资本集群"的方式投资文化产业,必然会带来庞大的规模效应。

(3)民间资本转型投资优势。民间资本存量大多属于原投资领域形成的积累,在原投资领域发展到一定阶段后期望进入新的投资领域。大量的民间资本对文化产业的良好市场前景表现出浓厚的投资意愿。民间资本的持有者经历过原始投资,积累了丰富的企业经营管理经验,学习能力和风险承受能力较强,富有一定的企业家才能和企业家精神。中国经济步入"新常态",在转变经济增长方式的大背景下,文化产业已成为重要着力点。"十三五规划纲要"也明确,要大力发展创意文化产业,促进文化与科技、信息、旅游、体育、金融等产业融合发展。推动文化企业兼并重组,扶持中小微文化企业发展。文化产业这块肥沃的"土地",必将成为企业家们争相追逐投资的重要领域。虽然文化产业初期投资效益并不明显,但是经过一段时间发展会产生丰厚的回报。在上述宏观环境的支撑和微观利益的驱动下,民营资本会逐渐投入文化产业,带动区域文化产业乃至全国文化产业的全面发展。

（4）投融资渠道拓宽优势。以往，文化企业的融资来源主要是国家财政投资和少量的银行贷款。目前在国家政策的支持下，资本市场已开始向民间资本伸出橄榄枝。例如，证券公司代办股份报价转让系统（新三板）的市场定位，符合中国中小文化企业数量多、规模小的特点。它的出现使更多的股权投资基金主动投资文化产业。据统计至 2017 年年底，在新三板挂牌的企业达到 5129 家，其中有 114 家文化企业在新三板挂牌。中小文化企业转战新三板，不仅可以获得资金来源，还可以提高本企业知名度，规范企业管理。此外，大众筹资模式的出现，也为企业提供了一种新的投融资方式。众筹是以团购和预购相结合的方式向网友筹集项目所需资金，"人人都是消费者，人人都是投资者"。在众筹网站上，所有需要筹集资金的项目均不能向投资者承诺以股权或资金作为回报，必须以实在的物品、服务或是媒体内容等作为投资收益和报酬。2014 年 11 月，文筹网正式上线，提供以下三种众筹方式供支持者选择：股权大众筹资、债券大众筹资和回报大众筹资。这些都为文化企业的创业者提供了更全面、便捷的投融资服务。

（5）企业家优势。民间资本大多是产业发展到一定阶段后，脱离产业而独立出来的，其持有者一般具有较强的企业家才能和企业家精神，具有很强的学习和模仿能力。当民间资本持有者确定了具有增长潜力的项目或者企业后，在高收益的驱动下，企业家通过社会网络获得私人融资，不仅把自身的资本投入项目或者企业当中，并且会利用自身的社会网络带动其他企业家共同投入资本，促进资本集群内部的资源共享机制，在某个行业内迅速产生规模优势，实现市场占有率，形成行业内的资本集群，由此带动群内与群外产业的协同发展。

（6）制度优势。民间资本作为非公有经济，是相对国有经济而存在的。改革开放 40 年来，非公有经济发展的政治风险基本消解，宏观环境已经构成，然而仅有政治保障是远远不够的。为此，政府对以民间资本为代表的非公经济，从基本经济制度、投资促进制度、现代企业制度、现代商会制度、司法保护制度以及宏观调控制度等各层面，进行了不断的制度创新，当前有效的管理体制和服务能力已基本形成。双重保障下，民间资本的制度优越性更加明显，民间资本的市场作用更能有效地发挥。

9.1.2　民间资本介入文化产业的障碍分析

由于各类文化产业资本的投入机制尚不够成熟、相关政策尚不完善，社会民间资本在进入文化产业方面观望色彩比较浓厚，发展进程比较缓慢。

（1）体制性障碍。文化与意识形态关系密切，文化资源归国家所有。受传统观念的影响，政府对文化事业的管理也比较严格，政府对文化企业的干预过多、过细，把"管文化"的职能理解为"办文化"的职能。就文化市场管理政策来说，市场分割现象仍然比较突出。许多文化产品需要经过教育、文化、新闻出版、广电、旅游等行业主管部门的审批，导致管理模式僵硬和投资主体单一。虽然近年来国家对文化产业管理进行了改革，但是改革的深度和速度都有待加强，各项改革政策的落实情况并不理想。民间资本投资文化产业的制度成本高，机会成本大，投资回收长，这些都极易挫伤民间资本投资文化产业的积极性，成为民间资本投资文化产业主要的体制障碍。

（2）信息障碍。民间资本呈现出"极度分散"和"高度集中"两种投资模式。一方面，大量的民间资本（包括各类文化产业投资基金）等待寻找优良的文化投资项目，寻找项目的过程像是大海里捞针，从而使民间资本以极度分散的模式在运行；另一方面，大量的文化产业项目缺乏资金支持，项目面临着无法正常运行的窘境，找不到合适的融资渠道来对接。大量民间资本的持有者，缺乏文化项目的专业知识；而文化项目的持有者，又缺乏资本运作模式的相关技能。信息不对称、缺乏对接平台，成为制约民间资本进入文化产业的重要因素。因此，发挥政府在收集各方信息上的优势，设立专业的咨询、服务等中介机构平台，发挥中介的沟通和协调作用就显得尤为重要。

（3）项目支撑障碍。资本具有"趋利"和"增值"的属性，因此文化产业期望获得民间资本的青睐，就必须拿出具有足够吸引力的投资项目。现阶段，最具创新力的项目就是文化创意产业园，但是大部分地区的文化创意产业园建设才刚刚兴起，基本还处于摸索阶段，鲜有成功的模式做指导。缺乏有效项目作支撑，一定程度上削弱了民间资本投资文化产业的积极性。文化产业想要吸引民间资本进入，必须开发出足够诱惑力的可行性创意项目。

（4）管理障碍。文化产业项目具有投资回收期长、投资风险大的特点。需要项目管理者具有良好的综合素质和科学的决策能力。在项目决策时，不但要管理控制风险，同时也要确保投资效率。这都需要向投资的文化项目注入先进的管理理念，制定严谨的管理制度。需要具备战略规划、环境分析、经营管理、项目包装，产品营销能力的文化项目管理团队。目前，由于民间资本的高度分散性及其缺乏文化项目的高水平管理人才，使民间投资在推动文化企业快速规范成长方面表现出"心有余而力不足"。

（5）民间资本进入文化产业的收益无法形成稳定预期。文化产业的核心是知识产权的交易和运营，知识产权的价值不易被评定，同时其价值还会随着时间的变化而波动，且这种波动目前还无法在文化企业的财务报表上明确体现，使资金供给方有关债权充分保证的要求无法满足。此外，财务报表亏损率较高是文化企业在创业初期的一般表现，而民间资本本身具有极强的逐利性，从产业中脱离出来的目的也是为了进入具有更高资本回报率的行业。相对文化产业，民间资本更愿意进入房地产、股市等领域，因此文化产业在初期很难获得民间资本的青睐。

（6）民间资本进入文化产业缺乏社会化服务平台。我国民间资本之所以会出现"极度分散"和"高度集中"两种运作模式，主要是由于严重的信息不对称。对缺乏企业精神的地区，民间资本以极度分散的形式运作着；而企业家才能较为突出的地方，民间资本则在"羊群效应"的影响下，重复着"集体非理性"。因此，建立民间资本投资信息服务平台，发挥政府在收集机构、企业、公众等信息上的优势，建设包括咨询机构、中介机构、数据库、网络等在内的信息交流平台，为民间资本提供投资项目的重要信息，引导民间资本集群实现优化配置是引导民间资本投资的必要条件。

9.1.3　民间资本介入文化产业的障碍成因

文化产业发展程度是我国软实力的表征。我国文化产业跟发达国家相比还较为落后，虽然文化产业在区域经济发展中逐步突显其支柱特征，但要进一步发展需要调整文化产业结构，规范文化产业运作，这都离不开资本的链接与支撑。引导民间资本进入文化产业对于提高其使用效率、改变文化产业融资格局、推动文化产业结构调整及实现文化产业经济支柱地位具有重要作用。

（1）文化产业领域改革开放时间较晚。受传统观念的影响，政府在管理文化产业时过多考虑文化与意识形态的关系，更重视意识形态在文化产业中的影响，结果导致忽视文化产业自身存在的商业价值和文化产业发展过程中的市场规律。在计划经济及改革开放初期，文化产业主要依靠财政拨款，政府对文化事业的管控严格，形成了管理模式僵硬和投资主体单一的状况。文化领域一直未能和经济领域实现同步改革开放，直至 2002 年中共党的十六大首次将"文化产业"写入报告后，国务院 2003 年下发了《文化体制改革试点中支持文化产业发展和经营性文化事业单位转制为企业的两个规定》，才首次把文化产业领域向民间资本打开闸门。同经济领域的改革开放相比，文化领域的改革开放滞后了 20 多年，这是文化产业领域民间资本投资发展不快的深层次历史原因。

（2）符合文化产业发展规律的市场体制尚未完全形成。虽然早在 2010

年，国务院便已明确规定面向民间资本开放"广告、印刷、演艺、娱乐、文化创意、文化会展、影视制作、网络文化、动漫游戏、出版物发展、文化产品数字制作与服务、文化设施（博物馆、图书馆、文化馆、电影院等）建设"等领域，但与其他产业领域相比，文化产业的市场经济体制尚未完全形成，生产要素还无法在该领域完全自由流通并受到诸多限制。譬如，民间资本虽然可以从事出版物发行业务，但现阶段出版物的准生证——书号，仍然由国家新闻出版总署分配给各出版社（各出版社均为国有企业）。这种配给制使民营资本从事出版物发展业务必须要与出版社合作才能实现。再如民营资本虽然可以投资制作电视剧，但最重要的播放载体——电视台并未对民间资本开放，这也使从事电视剧制作业务成为高投资风险行业，市场体制不够健全。

（3）文化产业产权界定模糊。长期以来，中国文化产业都是作为事业来发展，具有很强的垄断性。近年来，虽通过一系列的产权改革，将事业部分和经营部分进行了剥离，但毕竟产业化发展时间不长，且事业部分和经营部分尚未有明确的界定，以前的一些制度和政策障碍依然存在，民间资本进入文化产业的具体领域和具体定位模糊不清。客观上形成了民间资本的进入壁垒，使民间资本进入文化产业呈现出一种"欲试还休"的尴尬状态。

（4）地方政府的配套政策尚未完全落实。早在2003年国务院便提出给予社会资本投资文化产业领域的"国民待遇"，创造与国有文化企业同等外部环境。但在落实"国民待遇"的过程中，地方由于受多重复杂原因制约，并未形成令民间资本完全满意的配套环境。如，各级地方政府为加强财源建设，在开展招商引资过程中"钟爱"能为地方财力带来迅速、稳定贡献的工业项目，"歧视"文化产业项目尤其是本土民间投资的文化产业项目，使本土民间投资的文化产业项目难以享受到招商引资的一些优惠政策。再如，文化企业的产品中无形资产占有相当大比例，其固定资产规模普遍较弱，这直接造成文化企业难以获得抵押贷款等高效融资手段的支持。在此情况下，地方政府应积极设立支持文化产业发展的专项资金和基金，为本土民间资本投资文化产业提供金融兜底扶持。但在财力有限、负债较重的地方，落实专项资金和基金确实存在现实困难。

（5）社会引导缺乏有效的项目支撑。民间资本进入文化产业必须要有足够诱惑的项目作为引擎，但是纵观中国文化产业的发展，符合条件的项目着实很少。当前来看，最为创新的项目是各地区正在大力推行的文化创意产业园，然而，大部分地区对文化创意产业园的建设很大程度上停留在理念上，处于摸索期，鲜有成功的模式供借鉴。缺乏有效项目作支撑，一定程度上降低了民间资本进入文化产业的积极性。文化产业要想吸引民间资本进入必须开发出有足够吸引力的可行性创意项目。

（6）民间资本的逐利性和谨慎性。民间资本具有与生俱来的逐利性和谨慎性等属性特点。逐利性，即民间资本与兼顾社会效益最大化的国有资本不同，它以追求投资回报为目的，谋求实现投资收益的最大化；谨慎性，是民间资本的持有者出于稳妥安全、未雨绸缪等原因，相对文化产业，民间资本更愿意进入房地产、股市等领域，因此文化产业在初期很难获得民间资本的青睐。这两种属性决定了民间资本在市场体制不健全、风险因素不确定的情况下，不愿意积极主动地投入文化产业。

9.1.4　国外民间资本介入文化产业的经验

国外发达国家文化创意产业发展起步较早，在推动文化创意产业发展的过程中采取了很多有效的融资模式，尤其是针对民间资本进入文化创意产业更是提供了很多渠道，通过对这些渠道的了解有助于为我国民间资本进入文化产业提供出路。国外民间资本进入文化创意产业的路径可以概括为以下几种：

（1）英国的国家彩票基金模式。国家彩票基金是英国民间资本进入文化创意产业的创新模式，民间资本通过购买彩票的形式，将资金集中在国家彩票基金会，彩票基金会按照法规独立运作资金，投资国家文化设施建设，支持优秀艺术门类的发展和人才的培养。根据英国文化部公布的数据，自发行国家彩票以来，彩票公益基金中用于资助艺术类项目的金额已逾 25.56 亿英镑，共资助了 44 275 个项目。另外，彩票公益基金 1994 年以来资助文化遗产项目有 12 556 个，资助金额多达 32.85 亿英镑。国家彩票基金模式突破了仅靠税收和文化产业优惠政策等传统筹资模式，更大限度上将民间资本作为文化产业发展"盟友"，为该产业发展开辟了重要的资金渠道，使文化经费捉襟见肘的情况得到很大改观，对文化事业的发展起到了重要的推动作用。

（2）美国的直入市场模式。美国的文化产业一直保持强劲增长，目前是全球创业经济体量最大的国家。相较于英国的国家彩票基金模式，美国对文化创意产业的发展更加重视自由和市场，美国大部分文化创意项目是民间资本直接通过市场投资完成的，政府的作用在于创造一个完善的投融资环境。如：美国的迪斯尼乐园、好莱坞环球影城、百老汇等文化设施都是通过吸纳民间投资建设而成的。美国民间资本直接通过市场进入文化产业，不仅解决了其文化产业发展的资金问题，而且有效促进了文化产业市场竞争局面的形成，保证了足够的、差异性的文化产品供给，更好地满足了人们的文化消费需求，同时促进了文化资本的再循环和文化产业的发展。

（3）日本的民间资本与政府联合投资模式。日本文化产业的发展主要是采用多元化投资机制，政府、民间资本、境外资金都是文化产业的重要投资主体。政府在注资的同时，更重要的是积极推动民间资本和境外资本介入文化创意产业，助力文化创意产业发展，其中相关的税收优惠就是一种较为常见且有效的政策措施。据统计，当前日本大型文化活动的举办大多依赖于企业、公司的投资以及资金赞助。此外，政府、民间成立合作组织也是日本推进民间资本进入文化产业的重要手段。

9.2　民间资本介入文化产业结构性融资管理

结构性融资这种新的融资模式，能够吸引更多民间资本参与文化的发展，提高资产的流动性和民间资金的使用效率，为解决文化产业发展中的融资难题提供了可能和途径。结合结构性融资的特点与理论，研究引导民间资本投资文化产业，有利于拓展结构性融资方法的运用领域，有利于丰富民间资本的投资结构，有利于拓展文化产业的投融资体系，具有一定的理论意义。结合文化产业的实际情况，研究引导民间资本投资文化产业结构性融资的关键点，研究民间资本投资文化产业结构性融资的机制，可以为文化产业投融资渠道提供新的视角，推进我国文化产业的发展和繁荣，具有重大的实践意义。

9.2.1　民间资本促进文化产业结构升级的原因分析

所谓文化产业结构，是指文化经济资源的存量构成及其比例关系。它决定了文化产业的发展高度。推进文化产业结构调整有利于解决文化产业发展中存在的问题，满足人们的精神文化需求，促使文化产业越快越好的发展。虽然我国进行了文化体制改革，文化事业单位转企业化管理，不但减少了人员编制，减轻了财政压力，同时也加快了文化单位的运作效率，然而，一些国有企业以大为先的经营特性造成资源过度集中，产业盈利水平和产品质量不高。并且国有企业以其天然的社会资源优势降低了行业竞争程度，限制了经营效率的改善。文化产业的兴盛使民营文化企业遍地开花，带动了人员的就业，有利于我国经济发展。

然而从 2016 年与 2017 年私营文化单位数量可以看出，文化产业投资繁荣的同时也出现了投资重复，行业竞争加剧，产业内部出现企业兼并，产业结构不断调整。由于人们文化需求的多样性与国有资本、外资资本投资文化产业杯水车薪相矛盾，因此需要把民间资本引入文化产业，壮大文化产业。由于供给需求的平衡关系，通过民间资本的投资量与投向可以了解文化需求的变动方向，影响文化产业内部的平衡发展。所以，民间资本投资效率与文化产业快速发展有着内在的联系。提高民间资本投资效率有利于文化产业作为支柱产业提升我国的软实力。

（1）文化需求与民间资本投资有着内在的联系。由于资本是逐利的，它作为一种特殊的商品，也有价格。正是这个价格机制控制着资本的流动、流向和流速。而决定资本价格高低的主要是供给和需求。所以文化需求的变化如果能够形成高额回报，必然引起民间资本的积聚。虽然有效的民间资本投资文化产业能够缓解日益增长的文化需求，但是无效的投资过剩也是存在的。这又会导致文化需求萎缩或者转移，进而引导民间资本流出。因此，文化需求与有效的民间投资之间是动态平衡的关系。

（2）文化产业结构的变化源于文化需求的变化。文化需求通过价格机制引导民间资本投资。民间资本通过变化流动的方向，成就了报酬高的文化行业。同时，政府需要弥补市场失灵提供文化公共物品，来平衡文化产业发展，所以，文化需求的变动是文化结构调整的内驱力。

（3）产业结构的调整结果促进了经济增长。通过文化产业结构调整，民间资本投资领域会相应调整，进而带动相关领域的就业。由于资本和劳动从生产效率低的文化部门向生产效率较高的文化部门转移，增加了国民收入，提高了人力资源配置效率，进而影响人们的文化消费偏好，拉动文化消费水平，与国民经济发展形成良性的互动机制。

（4）经济价值与战略价值相辅相成，共同促进文化产业价值增长。文化产业价值增加本质上是经济价值的增加和战略价值的提升。文化产业经济价值的提升有利于文化战略部署，要提高产业经济价值必须不断调整文化产业结构。文化产业结构的调整源自文化需求的变动，文化需求与有效的民间投资保持动态平衡关系，所以民间资本投资效率的提高有利于文化产业价值增长，而文化产业价值增长促使民间资本投资效率的提高，两者相互促进，协调发展。

9.2.2 民间资本介入文化产业结构性融资的体系构建

在与结构性融资相关的前景理论和协同理论的指导下，对民间资本投资文化产业进行结构性融资的构建要确定参与主体，要制定民间资本投资文化产业结构性融资的流程，要充分发挥一些辅助参与人的作用。

（1）明确参与主体。民间资本投资文化产业结构性融资的参与主体包括：文化产业独立法人、政府、民间资本投资者。文化产业独立法人是资金的需求者，融资的目的是为了解决文化产业发展过程中的投资不足，扩大文化产业规模，实现更多的经济效益。政府是文化产业融资的推动者和监督者，政府参与文化产业融资的根本原因在于文化产业具有社会性，文化产业需要树立正确的社会价值观。它对整个社会的全面发展具有十分重要的作用，政府应该为文化产业提供相关的补贴支持，同时监督文化产业的思想导向。民间资本投资者是资金的供应者，投资的目的是为获得良好投资回报率。由于文化产业的风险性较大，通过结构性融资产品的设计，可以认购文化产业结构性融资的优先级和次级投资，实现与风险相匹配的投资收益。

（2）梳理结构性融资的流程。首先，要从文化产业项目进入资产池的筛选开始，市场基础和持续稳定的资产现金流是筛选文化产业项目的标准，只有具备这两个条件的文化产业项目才能进入资产池。其次，要对进入资产池的文化产业项目成立风险隔离的 SPV，资产评估机构需要对资产进行评估，融资主体和政府可对 SPV 进行信用增级；证券发行机构设计出结构性融资产品，报请相关部门进行审核，由承销机构把产品推荐到市场。最后，完成资金募集。文化产业结构性融资的劣后资金可以由融资主体或政府补贴资金来承担，承担的比例根据 SPV 的情况而定，为民间资本的投资者增设一道安全垫，民间资本根据风险与收益的偏好选择优先级和次级的结构性融资产品。

（3）积极发挥辅助参与人的作用。民间资本投资文化产业结构性融资还需要充分发挥一些辅助参与人的作用。资产评估机构对选进资产池的文化产业项目必须进行资产评估，对资产的公允价值进行判断，对资产价值、资产现金流和资产信用质量提供全面立体的评估报告。信用评级机构的投资风险评估也是民间资本投资者进行投资决策的重要依据，民间资本投资文化产业结构性融资必须取得信用评级，才能发行证券，信用评级决定着证券发行筹资成本的高低。证券发行机构可以为民间资本投资文化产业结构性融资提供全面的专业性服务，结构性融资产品的发行过程是一个有机整体，必须相互协调和配合，一般在主承销商的组织下，各相关机构分工负责，共同工作，保证融资顺利实现。

9.2.3　民间资本介入文化产业结构性融资的着力点

对民间资本投资文化产业进行结构性融资必须要处理好三个关键问题：

（1）对资产池进行信用增级。信用增级是指运用各种有效手段和金融工具确保债务人按时支付债务本息，提高资产证券的质量和安全性，从而获得更高级的信用评级。内部信用增级是通过证券化结构的内部调整，将资产创造的现金流进行重新分配，使债券达到所需要的等级。内部信用增级的主要形式有优先级和次级结构安排、超额抵押和直接追索权、现金抵押、储备基金、利差账户等，都是为了减少投资者承担与资产组合有关的信用风险。外部信用增级是指由第三方机构对证券化交易发行的票据的偿还进行担保，以其较高的信用级别提升证券化票据的信用级别的安排。第三方机构是指除发行人、发起人、服务人、受托人以外能提供信用增级的中间机构，这些中间机构通常都具有充足的现金流，与资产池相关性较小，且信用等级高于资产支持证券本身的信用级别。外部信用增级的方法主要有：单线担保公司担保、一般保险公司担保、政府担保、回购条款和不可撤销担保信用证等。

（2）设立风险隔离的SPV。SPV是证券化当事人设立的一个法律意义上的实体，是一个"典型"的空壳公司，自身不拥有职员和场地设施，只拥有名义上的资产和权益。其实际管理一般委托原文化企业进行管理，其权益则全部移交给一家独立的受托管理机构进行托管，然后发行资产支撑债券，引导民间资本进行投资。SPV是民间资本投资文化产业结构性融资交易结构的中心，也是结构设计中最重要的关键点。文化产业是一种高风险投资行业，为了有效地防范破产风险,在融资主体和投资者之间设立特殊目的载体SPV，以保障交易的安全性。SPV可以实现文化产业结构性融资与发起人的破产风险相隔离。这种隔离保障SPV无破产风险，民间资本投资文化产业结构性融资的产品设计后，发起人募集到现金实现融资后，发起人自身的各种信用风险，都不影响已经证券化的资产，即使发起人破产了，已经售出进入SPV的资产，与发起人无关，不会当作发起人的资产用于偿还发起人的债务。

（3）结构性融资产品定价。静态现金流折现是结构性融资中最早、最简单的定价方法，最大的特点是计算简单和原理简明。静态现金流折现模型的关键是求出每期的现金流量和证券的内含收益率，使证券未来现金流通过这一收益率折现以后的值等于证券的现价。静态现金流折现法的缺点：只考虑了贴现率的变化，未考虑现金流的变化；未考虑实际的利率期限结构，未来利率波动的加剧将使定价结果产生的误差不断放大。尽管如此，静态现金流折现法的分析结果对其他定价方法还是很好的检验，是民间资本投资文化产业结构性融资定价中最基础的方法。蒙特卡洛模拟法是一种通过模拟标的资产价格的随机运动路径得到结构性融资价值期望值的数值方法，也是一种应用十分广泛的结构性融资定价方法。其基本思路是：从初始时刻的标的资产价格开始，运用蒙特卡罗模拟的方法，产生随机利率路径来模拟现实的利率变动。由此模拟出一系列远期利率，利用它进一步计算未来的现金流量，并将其贴现为现值，完成证券的定价。选择蒙特卡洛模拟法可以很好地完成对民间资本投资文化产业结构性融资的定价。

9.2.4　民间资本介入文化产业结构性融资的运行机制

文化产业的繁荣最终必须依靠市场的力量来推进，运用民间资本大力投资文化产业是资本市场对文化产业发展的直接贡献。

（1）资产评估机制。资产评估是民间资本投资文化产业结构性融资的首要环节，把文化产业项目进行筛选后，注入民间资本投资文化产业结构性融资的资产池，对资产池中的资产进行评估，构建资产价值评估、资产现金流评估和资产信用质量评估的三维立体资产评估体系，保证民间资本所投资文化产业资产的质量。资产价值评估是对文化资产的市场公允价值进行评估，运用公允价值的评估代替历史成本的评估，更能准确地反映出文化资产的实际价值。资产现金流评估是建立在文化资产的未来盈利基础上的，是对未来文化资产产生的净收益做折现的准备，可以较好地反映出文化资产的创造价值的能力和规模。资产信用质量评估是对文化资产背后的管理人的信用状况进行综合分析，结构性融资设立的 SPV 一般还是由原有的文化企业作为管理人经营资产池中的资产，这些管理人的信用质量状况直接影响文化资产的价值创造能力。资产价值评估、资产现金流评估和资产信用质量评估分别对文化资产本身、文化资产未来利润创造能力和文化资产管理能力三个方面进行全面评估，可以为民间资本投资文化产业结构性融资做出较好的基础性准备。

（2）投资者保护机制。民间资本投资文化产业结构性融资的核心是民间投资者的保护。首先，要建立民间资本投资文化产业结构性融资的资产隔离机制，资产池中的资产是投资权益的基础，把进入资产池中的资产与原有文化企业进行分离，让隔离资产成为民间资本投资文化产业的基石，才能打消民间资本投资时的顾虑，坚定民间资本的投资决心。其次，要建立民间资本投资文化产业结构性融资的风险监测机制，对风险进行预警管理，尽早对民间投资者发布可能遇到的风险状况，培养他们对文化产业经营风险的合理预期，做好处理风险的准备工作。再次，要建立民间资本投资文化产业结构性融资的诉讼保障机制，一旦损失发生，必须保障民间投资者的合理合法权益，健全民间资本投资文化产业的法律制度，结合文化产业的特点，规范民间投资者文化产业保护的维权流程，解决民间投资者的后顾之忧。最后，要建立民间资本投资文化产业结构性融资的外部监督机制，充分发挥外部力量保障民间投资者的安全，成立民间资本投资文化产业保护协会，充分发挥行业与媒体的监督力量，完善各类社会监督与配套制度的形成，促进各类外部监督力量积极参与协调共进，共同保护民间资本投资文化产业的权益。

（3）证券发行机制。民间资本投资文化产业结构性融资的末端是证券的发行。首先，要根据资产的价值和市场的供求关系建立民间资本投资文化产业结构性融资证券发行的定价机制，民间资本投资文化产业是市场行为，最终交易的形成取决于买卖双方对价格的认可，合理的定价是融资成功的核心，由专业的机构对文化产业结构性融资证券进行定价分析，参考市场的供求关系可以保证证券的成功发行。其次，提请相关部门对设计出的证券进行发行审核，文化产业结构性融资证券是收益和风险的结合体，合理控制风险和规范市场都离不开政府相关部门的监管，通过对文化产业结构性融资证券发行的审核，可以引导民间资本更加合理有序地投资文化产业。再次，在信息披露机制的指导下，与投资者市场进行有效互动，文化产业结构性融资需要得到投资者的认可，信息的沟通是十分重要的基础，通过信息披露，让投资者了解文化产业项目的运行情况，可以有效地保护投资者的利益。最后，通过证券发行的承销机制，实现民间资本投资文化产业结构性融资的资金募集。证券的承销是一个专业性的工作，证券经营机构的承销保证了文化产业结构性融资最终的实现。

9.3　民间资本介入文化产业管理的现实路径

增强国家文化整体实力和竞争力，推动文化产业快速发展，使文化产业成为国民经济支柱型产业，这是党的十八大报告提出的文化产业发展方向。党的十八届三中全会提出：要建立健全现代文化市场体系，鼓励各类市场主体公平竞争；鼓励非公有制文化企业发展，降低社会资本进入门槛。中国文化资源非常丰富且极具特色，文化产业已成为民族地区转变经济发展方式的重要着力点和技术含量高、环境污染小、资源消耗少的绿色朝阳产业。在由人才、资金和技术等要素构成的文化产业链中，资金短缺问题是制约文化产业发展的主要瓶颈之一。当前，中国民间资本总量越来越大，投资机制灵活，运营效率高，在文化产业发展中引入民间资本投资，是文化产业乃至全国经济持续稳定增长的必经之路。

9.3.1 优化文化体制改革

（1）要切实转变政府职能，全面构建服务型政府。打破体制的障碍，对国有文化资源进行整合，尤其是对于竞争性文化项目，政府应减少投资，让位于民间资本。民营文化企业要得到和国有文化企业平等的待遇，对于影响深远、意义重大的文化项目，应开通绿色通道，优先、快速审批。通过实行网上审批、联合审批等方式为企业提供优质、便捷的服务。积极组织文化企业参与文博会、动漫节等各类文化产业的专业展会，推介文化项目，展示文化产品，促进文化产业的交易与合作。搭建民间资本与文化产业对接的平台。

（2）推动经营性文化单位转企改制，深化公益性文化单位内部改革。依照现代企业制度的要求盘活归属于国家的那部分文化资源，大力支持民间资本进入文化产业领域，着力促进文化产业全方位、更健康发展。除完善文化产业投融资市场外，政府还要出台政策引导民间资本规范进入和退出该市场。要改变过去文化产业发展主要依靠国有资本投入的局面，鼓励民间资本投资文化产业，更好地发挥市场在文化资源和要素配置中的决定性作用。

（3）改善投资环境。制定优惠的政策是吸引投资者极为有效的手段，完善的法律环境是民间资本投资者实现权益的重要保障。因此，要通过在工商、财政、税收等方面制定优惠的政策和完善法律法规来鼓励民间资本投资文化产业。一是制定宽松的工商登记政策。可适当降低民间资本登记注册文化创意企业的门槛，适度放宽工商登记要求，可以允许将旧车间、厂房、仓库等经过重新装修改造以后，作为成立企业的注册经营场地。二是国家和地方发改委在文化产业立项上提供绿色通道服务，国家财政和地方财政应制定优惠的财政政策。设立发展文化产业专用基金，各级财政部门应视财力安排一定量的专用款项给予支持。可选择资金奖励、财政贴息、项目补助等多种方式，鼓励各种社会力量创办民营文化企业，支持民间资本投资文化产业展。对于具有民族特色和文化传承意义的文化项目，财政可以适度地给予重点扶持。三是国土资源部应在项目用地规划指标方面给予政策性倾斜，形成对吸引民间资本投资文化产业产生促进作用。四是制定优惠的税收政策。引导民间资本通过收购、兼并、参股等多种方式参与国有文化企事业单位体制改革。通过这类形式参与体制改革后，转制的文化企业可按照相关的税收优惠政策，享受免征或减征房产税、企业所得税等待遇。支持民营企业参与到科技与文化相融合的创意领域之中，如果民营企业被认定为高新技术企业，则可按高新技术企业的待遇征收企业所得税。地税部门可以在民营企业新办高新技术企业之日起一段时间内对其减免城镇土地使用税等。民营文化创意企业的"三新"费用，与政策规定相符合的，在计算企业的应纳税所得额时应该加以扣除。落实"营改增"，对于从事提供文化创意服务和广播影视服务的小规模纳税人，只要月销售收入不超过一定限额的，可暂时免征增值税。五是健全法律环境。民间资本的健康、有序发展离不开健全的法律环境的保证。国家应尽早颁布确切、详细的维护民间资本投资主体合法权益的政策文件和法律法规，明确市场上各产权主体之间的平等地位，尽快完善关于产权保护的法律法规，强化依法行政和法律监督的工作，严格规范执法主体的执法行为，保证民营文化企业和国有文化企业权利的公平性和公正性。

9.3.2 搭建信息共享平台

民间资本投资文化产业的过程中，面临着信息平台不通畅，投融资双方难以对接的障碍问题。政府作为引导民资的主体不可能事必躬亲，需要中介组织或机构为民间资本提供文化产业的投资信息，帮助进行项目咨询与评估，或者代为运作闲散资金。

第一，要尽快完善行业协会、商会、行业联盟等自律组织的职能，充分发挥它们在为民间资本投资文化产业提供法律支持、政策咨询、技术指导和信息沟通对接等方面的重要作用。目前，国内的文化行业协会对于会员的约束力很小，主要是因为缺少处罚权，所以要积极把部分职能让渡给协会。

第二，大力发展策划、代理、投资筹划、市场经纪等各类文化市场中介服务组织，建立民间投资管理咨询公司，搭建文化与财富的互动平台。目前，温州在地方政府的鼓励下已经建立了首家民间资本管理公司，如果能够不断完善并规范运作，可以作为试点向其他地区推广。此外，搭建多元化、多层次、多渠道的文化产业投融资平台，助力民间资本进入文化产业。支持文化企业通过信贷、信托、基金、债券等金融工具融资。支持各类创业投资基金、产业投资基金投资于文化领域。比如，可以建立文化产业股权投资基金。随着国家多层次资本市场体系建设进程的加快，股权投资基金在资本市场上的角色越来越重要。文化产业股权投资基金是通过产权转换与重组的方式，对国有文化资产的重新配置以及对文化产业组织结构的再优化。其采用的是"集合投资、专家管理、分散风险、运作规范"的市场化、专业化模式，是以资本为中介来经营国有资产的。目前，文化产业投资基金在我国尚属于起步阶段，许多政策都比较宽松，如：在持股形式上，鼓励国家、法人、社会公众共同持股；鼓励具备事业投资经验和资本经验的金融企业和产业公司发起，而且能够向社会以私募方式设立。这就为民间资本进入文化产业提供了良好的条件，而且在市场化、专业化经营条件下，一定程度上降低了民间资本进入文化产业的风险性。

9.3.3　构建投资指导系统

尽快筛选有利于民间资本投资的文化项目，制定投资指导目录和投资建议。培育有利于民间资本投资的重点文化项目，强化文化创意的引领功能，吸引民间资本投资。政府应当集中力量投资建设大型基础性、公益性文化项目。对于民间资本的投资，政府可以按照文化产业各行业的特点和文化市场的供求状况，明确各民间投资主体的分工与责任，并通过宏观经济政策对文化市场进行引导，再由市场引导分散的企业实行具体投资。加快文化创意产业园的建设步伐，加大支持力度。加速推进民营文化企业重点项目的开发与建设，改造提升传统文化产业，支持更多的民营重点项目列入国家和省级重点建设目录，在建设用地指标审批上给予支持。同时，积极发展新型文化业态，培育文化产业面向旅游、互联网+、制造业等相关产业的融合发展，打造完整的文化产业链条。建立网络投资信息系统，以实现民间资本和文化产业对接的效率最大化。避免民间资本盲目投资、重复投资所带来的资金损失，减少民营文化企业的投资风险。网络信息系统主要针对集体、个人、私营业主提供专门性的项目投资信息、新产品的开发、尖端创新技术、产业项目等信息资源，为民间资本找到合适的投资项目提供资源。根据线上的网络平台，组建线下的实体中介服务机构，为投资者提供整套专业化的投资服务。比如，可以引导民间资本参与文化创意产业项目建设。从相关政策来看，政府鼓励民间资本进入文化产业发展的决心毋庸置疑，但由于文化事业的建设黏性，大部分文化项目的建设一定程度上依然存在垄断，且这种现实不可能在较短时间内改变。对此，可以通过将文化产业建设项目进行分类的形式，推进民间资本进入。

一般情况下，我国文化产业建设项目可以分为竞争性项目、基础性项目和公益性项目。在这三种项目中，政府应当集中力量投资建设大型基础性、公益性文化项目，对于竞争性项目应当尽量减少投资，让位于民间资本。对于民间资本的投资，政府可以按照文化产业各行业的特点和文化市场的供求状况，明确各民间投资主体的分工与责任，并通过宏观经济政策对文化市场进行引导，再由市场引导分散的企业实行具体投资。

9.3.4   提升文化企业整体实力

第一，提高企业管理层素质。一是树立先进的管理理念，制定科学的企业管理制度。二是提高管理层的业务素质和决策能力。引入科学化的管理模式，积极吸纳优秀人才，提升企业的整体素质。三是及时给自身"充电"。企业管理人员应注重增强自身的知识储备，积极学习先进企业的管理和决策知识，促进企业更好地发展。

第二，打造综合管理能力强的团队。培养和引进复合型文化产业管理人才，形成具备战略规划、环境分析、经营管理、项目包装、产品营销、项目决策、风险管理能力的文化项目管理队伍。

第三，加强企业文化建设。民间资本在确立企业经营宗旨和经营目标的同时，也应重视企业的文化建设。做到不仅制造文化产品，同时也要创造敬业创业的人才，增添企业活力。优良的人文理念和文化环境更能推进民营文化企业的健康发展。比如，可以直接投资创办民营文化创意公司。

我国文化产业虽然发展迅速，但与国外发达的文化产业相比，实力仍然较弱，后劲不足。一方面，由于产业化时间较短，产业资本积累低，投融资能力弱，产业资本积累与投融资脱节；另一方面，为了保证控股优势，国家在政策上对国内文化娱乐公司的设立和业务范围进行了较多限制，导致我国现有的文化娱乐公司在数量和结构上存在不协调。然而，随着人们文化消费需求的日益增大，文化娱乐行业逐渐进入快消时代，"创意"成为未来文化发展的主调。由民间资本投资创办的文创公司，体现了"从群众来到群众去"的战略思想，不仅有利于文创公司挖掘市场需求，创新文化产品，实现文化产品的差异化和多元化，而且能为我国文化产业的发展提供强大的资本支撑，从根本上解决我国文化产业的长期发展问题。

9.3.5   培育大众参与氛围

大量社会闲散资金掌握在社会公众的手里。社会公众作为投资者，其投资行为具有分散、不易聚拢等特点，文化产业自身潜在的投资风险与投资者求稳的传统投资理念一直存在，需要通过创新形式，鼓励和引导社会公众参与文化产业投资，探索文化产业投资的新途径和新渠道。一是大力宣传国务院关于鼓励、支持和引导非公有制经济发展的方针、政策和措施。宣传报道民营文化企业在繁荣文化、促进产业发展、调整产业结构和扩大社会就业等方面的积极作用。二是积极落实《关于支持小微文化企业发展的意见》，向公众阐明小微文化企业的投资价值和发展前景，进一步推动市场释放活力，鼓励实力和能力并存的投资者直接投资或自己创办小微文化企业。三是提高文化小额贷款公司及中小型文化银行的公众参与度。四是在文化产业与互联网相结合的浪潮中，顺应时势，发展网络文化产业。期间，可以引导民间资本参与国有经营性文化单位的转企改制。

民间资本参与国有经营性文化单位的转企改制可以有以下几种途径：① 以个股的形式进入。近几年，我国文化体制进入了改革集中增量阶段，众多演出团体开启了自己的改制之路。民间资本可以借此契机，以合资的方式参与文化体制改革，进入文化产业。民间资本与国有演艺团体的"联姻"，最为著名的就是东方歌舞团的改制，东方演艺集团与民营资本合资成立了新的演出团体，为民间资本进入演艺有了更好的范本。② 以合资的形式进入。为了引进更多的社会资本进入文化产业，我国文化部提出了"渠道和部分内容先行"的发展策略，即文化产业可以先放开一些流通领域和生产领域（如体育和娱乐等）让民间资本进入，将文化由事业经营转向产业经营。然而，这一转变必然会带来文化产业所有制关系和所有制结构的改革。在历史和体制的双重束缚下，原来的文化事业单位势必会存在不可变现的资产和资产包，民间资本可借此契机通过扮演资产管理公司的角色，参与到文化企业的改组改制中，获取股东地位，从而进入文化产业。

9.4 一个例证——湖北民间资本介入文化产业管理的现实路径

湖北是中部崛起的重要战略支点和长江经济带上承东启西的关键节点，湖北兴则中部兴、长江流域兴。构筑"五个湖北"是实现湖北在中部率先崛起的重大举措：其中之一的"创新湖北"就是要通过思想创新、体制创新、科技创新实现产业结构调整、传统产业升级，全面提升软实力。软实力的提升过程，就是智力因素对经济增长、社会发展的影响力不断增强的过程。人杰地灵的湖北拥有丰沛的文化智力资源，这里文化企事业单位数量众多、高校毕业生规模巨大。但要将潜在的资源优势转化为市场成果，还需要努力调动一切资本力量去实现人才激励和资源整合。在涌动的民间资本面前，长三角、环渤海等区域表现出了较强的磁石效应：那里拥有良好的基础设施、宽松的金融环境、包容的社会环境、高效的公共服务、灵活的产业政策，这些因素的效用叠加促成了产能释放。成渝、长株潭等地也吸引了不少产业资本聚集并出现了若干有影响力的文化企业。湖北如何吸引民间资本去盘活存量、挖掘潜力、做大市场，成为政策机制研究的焦点。

9.4.1　湖北文化产业的基础优势

随着改革开放不断深入和经济社会发展方式转型升级，民间资本已成为推动我国文化建设的重要力量，在深化文化体制改革、发展公益性文化事业、繁荣文化产业、推动文艺创作生产、开展多渠道多形式多层次对外文化交流等方面发挥了重要作用。鼓励和引导民间资本进入文化领域，是深入贯彻党的十七届六中全会和十八大精神、推动社会主义文化大发展大繁荣、进一步兴起社会主义文化建设新高潮的重要举措。

湖北的基础性优势体现在三个方面：首先，拥有丰富的文化产业资源。湖北文化企事业单位数量众多，有一批成功改制的文化企业。武汉高校在校生规模居全球各城市之首，科教实力排内陆城市前茅。宜昌、襄阳、恩施、十堰等地旅游文化资源丰厚，是文化产业项目深耕细作的"良田"。其次，拥有较完善的产权交易市场。武汉东湖国家自主创新示范区是"新三板"首批试点高新园区，是通过金融创新激发投资需求的良好创业平台。最后，拥有一批产业聚合的"摇篮"。目前，武汉、宜昌、襄阳等地都设立了文化创意产业园。武汉经济技术开发区文化艺术创意产业园是目前国内规模最大的文化创意产业园。武汉光谷创意产业园初步形成了从项目企划、研发应用、设计开发、增值服务、教育培训、出版发行、项目投融资中介等较完整的数字创意产业链条，是中部文化创意平台服务最完善的专业化园区之一。宜昌力求做"精"，建设了汽车主题产业园、三峡广告创意产业园、青年文化创意产业园等。

9.4.2　民间资本介入湖北文化产业的现实障碍

目前，一个区域的经济发展越来越依靠文化产业，并且文化与政治、经济相互渗透交互影响，文化产业在区域经济发展中逐步凸显其支柱特征。但是各地区域文化产业在区域市场上发展并不平衡，其具备巨大的发展和调整的空间。近几年，我国已出台许多重要文件带动文化产业发展，在政策的指引下文化产业迎来了高速发展时期。但要对资源进行整合、调整文化产业结构、引进先进技术、规范文化产业运营管理，都离不开资本的链接与支撑。在资本市场的协助下，文化产业才能逐步走向资本运营和产业化经营的大空间。特别是 2010 出台的《关于金融支持文化产业振兴和发展繁荣的指导意见》，为文化产业铺平了金融支持的发展道路，标志着文化产业进入资本化的新时代。由于国有资金引导文化产业发展杯水车薪，依靠资本市场融通社会资金势在必行。

（1）文化市场对民间资本的市场入口较为狭窄。我国的基本国情决定了行政主管部门对文化市场的规制、监控较为严格，无论是对企业的所有制形式、经营资质，还是生产内容都有着明确的限制性规定。湖北作为开放相对较晚的地区，更没能在政策制定的开放性方面有所突破。同时，湖北的国有文化企事业单位数量多、在文化市场上占据较大份额甚至在某些领域处于垄断地位、拥有审批权或是扮演着"准政府"的角色，经营观念还具有传统计划经济特色和优越感。这些企业对民营文化企业存在着排他性和歧视性。不少国有文化单位的经营绩效考核的压力较轻，很容易获得补贴。民营文化企业起步晚、底子薄、竞争机会也不均等。造成了不少民营文化企业只能在夹缝中求生，处于积弱难返的困境。

（2）缺乏民营或混合所有制文化企业的成功样本。尽管湖北在武汉、襄阳、宜昌等地建设了若干占地面积较大的文化创意产业园，虽"筑巢"却未能"引凤"，只处于百鸟栖巢的局面。在相对开放的动漫、游戏、影视、演艺、互联网市场，湖北几乎没有著名的民营行业领军企业和上市公司。在环渤海、长三角、珠三角等区域，文化市场的特色化、功能化、产业化显著，文化与教育、科技、商业、金融高度融合，涌现出了一批规模大、实力强的民营文化企业，不少企业已经走出国门成功上市。武汉作为中西部地区重要的经济、科教中心，与成都、长沙所取得的文化市场建设成就也明显不匹配，文化企业创业、展业意愿不强、动力不足。缺乏成功样本导致湖北民营文化企业没有产业龙头和精神领袖，整个市场处于散兵游勇的短视竞争、盲目摸索、事倍功半状态。

（3）文化产权交易不活跃。文化产权市场是以文化股权、债权、物权、版权等各类文化产权为交易对象的专业化市场。完备的文化产权市场可以提供文化类企事业单位的产权交易及资产并购重组等文化产权交易服务；文化产业投融资、咨询、项目评估、并购重组等服务；知识产权及版权的代理、推介、交易等综合服务；广播影视作品、文化艺术产品及创意设计、网络文化、数字软件、动漫网游产品等各类文化产权及版权的交易服务。于2010年组建的华中文化产权交易所是湖北深化文化体制改革、加快文化产业发展的重要部署，也是湖北省培育和完善文化市场体系的重要举措。交易所成立至今，与广东、山东、上海、天津、成都等地的文化产权交易所相比，成交规模较小，活跃程度不够，有待快速发展。

9.4.3　民间资本介入湖北文化产业的政策路径选择

在厘清湖北省民间资本进入文化市场的环境、资源因素并分析这些因素产生的原因和造成的影响后，通过系统总结一些可行经验，笔者试图建立适宜湖北的民间资本进入文化市场发展的模式组合。该研究着力于构筑"一平台、三系统"的适用政策模型。具体包括四大板块：

（1）完善湖北民间资本进入文化市场的保障服务平台。湖北民间资本进入文化市场的保障服务平台由金融与财政（投资、融资、补贴、税收）政策子平台、人才（引进、培养、保护）政策子平台、知识产权（著作权、工业产权）保护子平台组成。首先，由于规模偏小的文化企业的经营具有不确定性，投资风险较大。这些风险导致一些文化项目投入高却未必能获得高回报，从而导致这些企业很难获得传统金融的支持。随着文化企业资本市场融资条件逐步成熟，可以将一批经营稳定、管理成熟的优质文化企业逐步推向资本市场，利用多层次资本市场做大做强湖北文化市场。金融机构可以利用创业投资等新型金融工具全面提升不同所有制文化单位的营利能力。当然，金融机构本身也需要具有较强的行业研究能力、为企业提供增值服务的能力和资源整合能力。其次，针对省内文化产业发展面临的市场活力不足、企业融资困难、投资渠道不畅等问题，迫切需要各级财政发挥示范性和导向性作用，帮助弥补市场失灵和市场缺陷，推动文化产业实现跨越发展。从目前的情况看，文化产业在我国还是一个弱势产业，规模总量小、与人民群众的精神文化需求相比存在很大的缺口。如果财政资金能够主动有效参与文化市场活动，按市场规律办事，将对文化企业起到推动作用。再次，要培养一批熟悉文化市场的经营管理人才和精通构思创意的设计创新人才。湖北省应该为人才搭建各种展示的舞台，使之能够吸引更多优秀人才加入繁荣文化市场的大军中来。此外，要重点培养领军人物和各类高层次专业人才，要注重对一些海外的文化创意研发管理类高端人才的引入。只有这样，才能保障文化市场能够有持续不断发展的内在活力。最后，要创造繁荣的文化市场，离不开对知识产权的保护。频频发生的侵权事件不仅冲击了正常的文化市场秩序，也严重挫伤了社会的原创动力。构筑与文化创意发展直接相关的知识产权保护平台，既应针对创意研发、产品转化和生产、交易等阶段出台一系列知识产权保护政策措施，又要强化创意产业知识、产权司法保护，确保文化市场能够持续创新。

（2）构筑湖北民间资本进入文化市场的企业孵化系统。湖北民间资本进入文化市场的企业孵化系统分别是技术转移型孵化子系统、技术服务型孵化子系统、投融资型子系统、产业链型子系统。繁荣的文化市场需要以发达的文化产业作支撑。当前，文化产业发展面临的主要问题是如何通过资本运作推动文化企事业单位的快速生长，并发挥集聚效应，培育文化市场，打造并完善产业链，形成新的产业发展群落。因此，建立文化产业基地，创建文化产业孵化器、创意产业园区是十分重要的基础建设。孵化器可以发掘各种类型的文化产品，如动漫、游戏、影视等，从这些产品的策划到制作、流通、吸引投资及出口，提供全面服务。文化产业孵化器是一种介于政府与企业之间的新型合作经济组织和企业发展平台，通过提供一系列新创文化企业发展所需的管理支持和资源网络，来帮助初创阶段或刚成立的相对弱小的新创文化企业，使其能够独立运作并健康成长。它能够通过发挥集聚效应建立市场网络，培育创意企业群体并打造文化产业链，形成新的产业发展群落以及高技术的基础设施支持，打破原有行业壁垒，优化资源组合。

（3）创建湖北民间资本进入文化市场的创意支持系统。湖北民间资本进入文化市场的创意支持系统包括创意环境子系统、创意观念子系统、创意技术子系统、创意信息子系统。创意支持系统是一个观念培育系统，它以教育与艺术熏陶等方式培养创意主体，通过保护传统文化和提供信息资源等方式为创意主体提供创意素材。创意支持系统的建设旨在通过法律制度和竞争政策保护激发创意主体的创意动机，使创意潜能得以转化；多元环境支持与技术支持保障创意主体的创意内容转化为具体的创意行为与形式，进而影响现实生活。

（4）设立湖北民间资本进入文化市场的跨国护航系统。湖北省民间资本进入文化市场的跨国护航系统由跨国培育子系统、跨国扶持子系统、跨国协调子系统、跨国保障子系统构成。目前，我国文化产品进出口存在严重逆差。

因此，湖北有必要培育一批具有国际竞争力的外向型文化品牌，形成一批有实力的跨国文化企事业单位。扶持文化企业开展跨境服务和国际服务外包，生产制作以外需为取向的文化产品。扩大版权贸易，促进文化产品出口规模，把"文化湖北"真正做大。

9.4.4　民间资本对接文化产业管理的渠道选择

（1）间接渠道。第一，银行贷款。近年来，虽然银行借贷额度逐年增加，但依然不能满足文化产业强大的资金需求，文化企业无形资产难以评估，银行信贷缺乏信用保障将是制约社会民间资本透过银行借贷渠道进入文化产业的最大障碍。第三方的评估中介的发展，目前才只处于探索发展阶段，仍需要大量专业的评估机构来保证银行借贷这一路经的畅通。版权质押、导演信用、中小企业联合贷款等创新贷款模式还有待发掘。由于银行借贷的审批程序非常烦琐，审批过程也偏长，因而并不适合急需获得资金支持的文化企业。且银行借贷偏好于低风险的文化产业类项目，故有高收益但伴随高风险的文化产业类项目往往难以获得银行贷款的支持。第二，机构投资。经过近几年来国家政策的大力支持，机构投资者已经成为我国新兴融资方式下一股新的势力，是间接融资渠道下对银行贷款的有利补充。国家通过设立文化产业发展基金的财政政策，提供原始的初始资本，引导社会民间资本注资，并促进了创业投资（PE）和风险投资（VE）等机构投资者对文化产业的关注。不同于银行借贷，机构投资者在进行文化产业投资时倾向于高风险、高收益的文化产业项目。机构投资者主要通过成立产业基金、创投、风投等方式将社会民间资本注资文化产业。机构投资者弥补了银行借贷在文化产业间接融资方面的不足，也是较适合文化产业高风险、高收益产业特性的一种投融资方式。但由于机构投资的投机性一般比较强，导致投资具有一定的投机色彩，对文化产业的稳定性经营和可持续发展带来了不利影响。且理想的机构投资者的退出方式为 IPO，中国的创业板市场并不完善，进行主板上市的门槛又相对较高，因此退出机制不健全成为制约机构投资者将社会民间资本流入文化产业的一大障碍。另外，为获得预期收益，机构投资者具有显著的专家管理特征，这种操作模式可以对文化企业的经营战略、形象设计、组织结构调整等重大问题提供专业建议，提高了文化项目的成功概率。

（2）直接渠道。第一，债券融资。债券融资的低成本优势是显而易见的，且在融资过程中不会丧失企业股权，是一种理想的融资方式，但文化产业一般很难达到交易商协会所要求的资信评级标准。因此，文化类企业可以申请专门的不同于其他行业的企业信用评级体系，通过信用增级来降低文化企业的发债难度。另外，债券的市场流通率也是影响发债成功与否的关键，设立债券交易所，加强企业债的债券流动性是解决这一问题的关键。总体来看，虽然债券市场并不像 IPO 那样公开，但是可以从债券融资走向 IPO，债券融资还是一种极具市场化及可操作性的社会民间资本进入文化产业的路径。第二，股权融资。随着资本市场的发展与完善，一批经营稳定、管理成熟的优质文化企业逐步进入资本市场，通过企业上市获得股权融资，俨然成为引入社会民间资本进入文化产业的一股直接融资潮流。通过企业上市进入资本市场，可以获得更为广阔的融资渠道，也是企业实力的最好证明。文化产业通过主板上市获得股权融资的准入标准很高，即使是要求较低的创业板市场也有较高门槛。股权融资比较适用于一些已经集团化、多元化发展的大型文化产业集团，中小类文化产业通过此种方式获得融资的可能性较小。另外，一般进行股权融资的企业都是经营业绩良好，已经存在稳定现金流的文化类企业，股权融资一般运用于第二轮资本扩张，而文化产业中急需资金支持的往往是在创意发展初期的文化企业，首轮融资显得尤为重要。同银行贷款一样，上市的审批程序也比较复杂，漫长的上市等待期及审批的不确定性也降低了文化企业上市的积极性。

当然，上述问题的解决，需要参照社会民间资本对接文化产业的基本流程。社会民间资本以金融资金进入文化产业主要分为直接投资和间接投资两种方式。直接投资与直接融资方式对应，是企业不通过银行、信托、基金等金融机构作为中介的融通资金的方式，主要有股权融资和债券融资两种主要方式。间接投资与间接融资方式对应，是指企业需要借助商业银行、机构投资者等金融机构的商业信用来进行资金融通的一种投融资行为。由于文化产业中无形资本多，评估和抵押等难题，中介机构在文化产业投融资体系中就显得尤为重要。中介机构既是沟通社会民间资本和文化产业顺利接洽的桥梁，也为社会民间资本进入文化产业从法律、保险、产权评估和交易等方面提供了专业担保支持。因此，证券公司、保险公司、产权交易所、律所等中介机构成为社会民间资本进入文化产业的担保支持。

10 民间资本管理未来展望

民间资本是民营企业以及股份制企业中属于私人股份的所有私人资本的统称。民间资本供给是指民营企业和居民个人闲置资金供给的总和。近年来，随着经济的发展和人们生活水平的提高，居民手中闲置的可支配资金的数量呈现出递增趋势，意味着民间资本供给量在不断增加。民间资本需求是指以民营中小企业为代表的民营经济对民间资本的需求。民营中小企业由于受到自身先天不足等条件的限制，不容易在资本市场上取得生产经营所需要的资金，内生于民营经济的民间资本就成为满足民营中小企业融资需求的着力点。民间资本市场中的非法集资形势严峻，发案区域在全国范围内蔓延，民间资本进入 P2P 网络借贷、众筹等新互联网金融平台的风险暴露事件频发。因此，研究民间资本供求失衡问题，测度供求缺口，深入分析其失衡的深层次原因，并判定其未来发展趋向，已成为规范民间资本发展、解决民营中小企业融资困境的重大现实课题。

10.1 境外民间资本管理经验与借鉴

10.1.1 境外民间资本管理经验

（1）美国的民间资本发展状况。美国设立了遍布各个州的各种中小金融机构，目的是为了满足各类中小型企业、西南部农林种植业以及畜牧养殖业的发展融资需求。各类中心金融机构主要有两类：一类是中小型商业银行，这类银行绝大多数是总资产不足 5 亿美元的小银行，这类银行属于私人所有，超过 9000 家，主要服务于本当地企业各个人，总数占到美国银行总数的 60%以上。另类叫合作型金融机构。其形式主要有：合作银行、互助储蓄银行、金融公司、储蓄贷款协会、储蓄信用合作社等。其中，合作银行在刚运行初期是由政府出资，还清政府欠款后，再交还归属权。信用合作社则是专门为民营中小企业提供融资提供便捷服务，其组成方式采用个人或有实力的组织投资入股的方式，并优先为其所属成员提供贷款。根据统计，20世纪中期，美国的合作信用社数量大约是 2500 个，共超过 40 000 名会员；到了 2015 年，信用社的数量已发展到 26 000 个，增长了近 10 倍，并且拥有超过 9800 万名会员，总资产超过 5 万亿美元。在美国，大约有 60% 的私营企业职工和 15% 的政府公务人员都成为信用合作社的会员。同时，美国政府还设立了政策性金融部门——中小企业署，目的是支持民营中小型企业的发展。20 世纪 50 年代末，美国通过了《中小企业投资法》，规定国会需向中小型企业发展提供适当资金，并授权中小企业署为民营中小型企业提供保障贷款。同时，各州也都建立了由州政府出资的金融机构，为中小企业的融资提供政策性担保，其中多数贷款均为无担保、时间长、低利息。据统计，截至 2017 年年底，中小企业署已经帮助累计超过 10 万家中小型企业取得了超过 2000 亿美元的贷款，仅 2011 年到 2015 年 5 年间就帮助 37 000 家中小型企业，贷款总额超过 1000 亿美元。

（2）日本的民间资本发展状况。日本的金融行业非常发达，并且也承认民间金融的合法地位。与美国比较，日本的金融组织形式也很丰富，包括地方银行、互助银行、信贷协会、信用金库等，并且它们都具有地缘性、互惠性和授信范围小等特点。其中，互助银行具有私人银行的属性，限定了服务对象，即中小型企业，融资对象的一般要求是中小企业员工在 300 人以下。虽然一开始它严格限制对非中小企业的贷款，但是近年来逐渐扩展了业务范围，往商业银行的方向发展。另外，互助银行起源于日本农村的"无尽会社"。而在此基础上发展起来的信用金库，贷款对象虽然局限于内部会员，但是它接受非会员的存款，从而扩大资金池，但是额度不能超过总存款金额的 20%。

信用金库有以下特点：一是会员必须在当地有固定住所；二是每个会员的资本必须在一定范围内，设置了一个最高额和一个基础额；三是对同一贷款对象的贷款额度累计最高不超过总资本的 20%。除了上述民间金融机构，日本和美国都建立了各自的政策性金融担保机构。这些机构包括国民金融公库、中小企业金融公库、工商组合金库和中小企业信用保险公库等。相比较美国而言，从政府主导的金融机构到非政府主导的信用合作社等，日本是民间金融发展程度最高的国家，这也是日本成为世界第二大经济体的重要因素。

（3）中国台湾地区民间资本发展状况。由于 1986 年台湾地区严格控制利率，这就使台湾的中小企业开始大规模向民间资本进行融资。由于在经济繁盛时期，台湾的企业总数中有 90% 以上是民营企业，这就极大地推动了台湾民间资本的快速发展。就这些企业融资来源而言，1/3 来源于民间资本。从民金融的组织形式的角度来看，可以将民间分为融资性租赁、支票借款、地下投融资公司、质押抵贷、地下钱庄、合会、合作金库等。从形式来看，与美国、日本等地相似。在 20 世纪 60 年代中期，台湾地区出于稳定考虑，对部分民间金融机构组织进行了改制。在 1975—1989 年这几年时间，台湾当局对其"银行法"做了几次大的修改调整，允许民间资本参与商业银行的设立。到了 2017 年年末，在 29 家民营商业银行中，一部分由信用合作社改制为商业银行。合会改革，转变为民营商业银行可以说是台湾金融领域改革最好的体现，相较于以往被正规金融垄断的局面来说，民营资本的介入带来了竞争的动力，整个金融体系的运行效率也慢慢提高，带动了台湾整体金融业的发展和经济发展的全面提速增效。在 20 世纪 70 年代东南亚金融危机的冲击下，台湾地区本土银行通过灵活的汇率和利率调整保持着强大生存力和竞争力，这即是台湾能够抗击金融危机的重要原因。虽然有一系列的政策支持改制，但民营银行在大规模设立后，部分民间金融组织依然继续保持自己的运行体系，其目的就是规避政府的监管。台湾的民间借贷形式的变迁是在历史特定条件下的产物，而民间资本的不断发展也促使数额巨大的游资游离在监管圈外。

10.1.2　民间资本管理经验借鉴

只要有需求与供给矛盾存在，民间资本的逐利性就无法改变。逐利性无法改变，那么温州现象就不可能杜绝。但是，构建规范的民间资本制度机制、运作机制和引导、检查机制的"三位一体"的民间资本管理机制，可以缩小其影响的范围，减少发生次数，降低损害程度，从而实现民间资本的软着陆。

（1）优化管理机制。我国民间资本是内生的国民资本，与我国特殊的社会信任关系、社会组织结构、文化传统息息相关。民间资本的活动既是经济行为又是法律行为，因此，需要建立制度机制，在制度上对民间资本给予承认。制度机制的目的在于克服民间资本的局限性，解决民间资本在制度中的不合理待遇，主要构思内容有完善经济制度与完善法律制度。首先，完善经济制度建设。放宽对民间资本的准入限制。具体来讲，政策面没有明令禁止民间资本进入的市场，不应阻止。外资可以进入的市场，民间资本同样可以进入。鼓励民间资本向各领域发展。这样一来就拓宽了民间资本的发展道路，也减少了阻碍因素，民间资本可以更好地在市场中发挥它的作用。其次，完善法律制度建设。我国的市场经济不断改善和发展，法律法规也应及时更新，确保在民间资本的重要问题上有法可依。同时，及时更改不适应民间资本发展的法律。具体包括：① 完善《公司法》的相关条例。2006 年 1 月 1 日新《公司法》正式执行。其中将"授权资本制"代替"法定资本制"，规定公司注册资本分两年缴足，投资公司资本分 5 年缴足。其中，两年内将注册资本缴足的期限，对一些行业的民间资本限制很大。还有有限责任公司的最高股东人数为 50，因为民间资本一般具有分散性，这就限制了民间资本的聚集。② 完善《合伙企业法》。该法中第十一条对有限合伙人人数的限制，也不利于民间资本的发展。③ 完善民间资本在募集过程中的法律法规。

（2）调整运作管理模式。运作机制构思主要包括民间资本的集资、投资、退出三个方面。主要克服民间资本的逐利性导致的资金风险和资源浪费。缓解民间资本的分散性造成的集资难以及民间资本在退出机制的缺陷。通常情况下，资金风险的降低可以通过减少项目在筹集资金流转的次数来实现。通俗讲，就是将大部分民间投资变成直接投资的方式，减少中间环节，减少资金筹集的成本来降低风险。其实银行就扮演着这种资金融通的重要角色。哪里需要资金，银行就将资金输送到哪里。所以银行是减少资金流通次数作为集资投资的首选经济组织。但是，银行是一个经济组织，盈利是它存在的一个重要立足根本。所以，银行在投资时，注重业务的成本与利润，以及利润实现的周期。这种情况下，民间资本很难得到银行的资金支持。例如，民营企业一般规模较小，一个业务的借款金额通常以万为单位而国有大中型企业一个业务的借款金额通常以亿为单位。这种情况下，银行肯定会做国有企业的业务。而且民间资本的信用度较低，为了避免信用导致的呆账，银行也会贷款给国有企业。同时，银行利率通常比市场利率要低，银行将资金的风险降低，所以收益也是减少，但是这样一来，对民间资本的吸引力会减少，对于筹集民间资本不利。可见，银行在民间资本的集资与投资起到的作用非常有限，所以需要另一个金融组织来实现对民间资本运作进行规范引导。股票市场就是一个渠道。股票市场是资本市场的一部分，但是股票市场上市条件的限制过多，限制了民间资本的进入。所以本书构思建立多级股票市场、多级债券市场的运作机制。多级股票市场的运作机制内容：在年 GDP 达 1000 亿元的市级以上行政单位，建立起适合地域性的股票市场体系，放宽上市资格。例如，资产达到 50 万元，连续盈利两年即可上市，但还要加一个条件：上市的企业地址必须是在本市。多级债券市场的运作机制内容：将年财政收入达到 200 亿元以上的市级以上行政单位，建立起政府债券和企业债券的证券市场。发行债券的企业必须得到政府的核实。核实是否具有发展潜力，是否有偿还能力等。在多级股票市场、多级债券市场的运作机制下，可以解决民间资本分散性所导致的集资难问题，同时打破靠亲属朋友连带关系组成的资金网，有利于合法保护出资人的权益。该运作机制利用民间资本的逐利性，直接对公司进行投资，降低了资本风险。

（3）注重管理监察。运作机制较多利用了民间资本的逐利性，但是一旦管理层运作弄虚作假，也会造成民间资本的浪费，因此，需要建立一种引导、监察机制，以克服运作机制的弊端和市场缺陷。具体而言，引导机制是成立关于国家对民间资本的政策研究的信息网络。收集、整理、分析对民间资本发展有利的法律法规和国家、地方性鼓励政策，进行必要的宣传工作。同时，在信息网络中，突出政府投资引导力量，公开、公正地对一些中小企业进行信用担保等。监察机制：由政府公务员、民间资本的企业领导人共同组成一个对运作机制的公平、透明负责的监察组织，下设日常管理运行机制的专业人员，维护运作机制的正常运行。三大机制在宏观上，利用了民间资本的逐利性，降低民间资本的准入限制。在微观上，克服了民间资本的分散性，实现了投资人对被投资公司的直接投资，为民间资本的管理打好了基础。2010年5月7日，国家出台《关于鼓励和引导民间投资健康发展的若干意见》，将民间投资规范于六大领域。为民间资本的发展创造了良好环境，使民间资本在中国的经济沃壤上茁壮成长。根据全国工商联提供的数据，目前私营经济对中国 GDP 的贡献率已经超过 60%，企业数量占全国的 70% 以上，85% 以上的城镇新增就业岗位，90% 以上的农村转移就业于私营经济。这些数据从侧面反映了民间资本对改善民生、促进社会进步的重大作用，民间资本管理的重要性也显而易见。所以，让民间资本成为我国经济增长的内生动力势在必行。

10.2　民间资本规范化管理路径

社会各方应致力于民间资本的有效流动，最大限度地利用资本，提高资本的利用效率，实现资本增值。民间资本在市场经济发展过程中的作用越来越重要，要加强对民营资本的规范化管理，全面提升民营企业自身素质建设，大力促进家庭金融资产合理化配置，积极构建民间资本有效流动平台，使民间资本能够更好地服务于经济建设。

10.2.1　注重民营企业素质建设

（1）推进民营企业产权制度改革，建立现代企业制度。家族式的经营模式，导致企业产权模糊，容易造成企业发展的低效率。因此，逐步推进民营企业的产权制度改革，明确企业的归属问题。进而明确企业的经营发展战略，推进现代企业制度的建立。逐步推进民营企业向着股份制方向发展变革，以更好地化解民营企业发展过程中的经营管理风险，从而提高民营企业融资资质，提高应对风险水平，实现资产的增值。

（2）树立良好的企业信誉，打造信得过品牌。企业的信誉度是企业品牌和企业文化的重要组成部分。对于民营企业来讲，信誉尤为重要。民营企业应从以下几个方面树立良好的企业信誉：遵守企业信贷合同，及时交纳贷款利息，按时归还本金；建立企业信用机制，并将信用贯穿于企业的各个经营环节，形成信守承诺的企业文化；企业经营管理人员更要严格要求自己，做到诚信于员工，诚信于客户。树立诚信榜样模范；生产经营的产品做到保质保量，价格公道，童叟无欺，并做好售后服务工作。最终树立起企业的品牌，并长期坚持完善下去。

（3）加强财务管理，降低债务风险。财务是企业经营状况的晴雨表，直接显示企业的发展水平。企业财务管理的好坏，将影响企业融资状况，进而影响企业的长远发展，甚至还会决定着企业的命运，因此必须做好企业的财务管理。西方企业有着丰富的财务管理经验，我们可以定期派员工去外企学习，也可以聘请财务专家来企业指导授课。做好企业内部审计工作，逐步完善民营企业财务管理制度。实施以能力和人品为考核标准的企业内部晋升机制，做好优秀人才的储备工作，形成科学的用人机制，最终降低民营企业的债务风险，提高民营企业的盈利率。

10.2.2　优化配置金融资产

（1）制订合理的理财计划。合理的理财计划对一个家庭来说非常重要，不仅可以稳步提升居民的生活水平，而且还会帮助家庭储备不时之需。我们应该以收入水平为依据，制订合理的家庭理财计划，提高家庭整体生活水平。制订合理理财计划的具体步骤：第一步，根据家庭的真实状况制订收支计划。首先留足生活必需资金，在满足生活水平的基础上再进行投资。第二步，定期储存资金作为预防风险基金，在不同的年龄、生活条件下及时变换自己的理财规划。

（2）提升自身素质，降低理财风险。丰富的理财知识和经验是进行家庭理财的必要前提，投资者心理承受能力将直接影响家庭理财的收益。因此，在进行家庭理财的过程中，首先，要了解掌握家庭理财方面的专业知识。其次，在选择金融产品的过程中应沉着冷静，认真分析各种投资组合可能带来的收益，禁止盲目跟风投资。最后，做好充足的心理准备，明白投资有风险，入市需谨慎的道理，挣钱时不沾沾自喜，赔钱时也不要垂头丧气；否则，最好就远离投资。

10.2.3　构建民间资本有效流动平台

（1）健全资本市场，科学引导家庭金融资产进入资本市场。设立专门的民间资本市场服务管理中心，搭建家庭与企业的信息交流平台，充分了解掌握民营企业的相关信息，制定出一套科学的评级制度，并将民营企业的各种信息及时地反映在交易市场上，包括企业家个人信息、企业经营项目、企业财务状况等，及时公布各种融资信息。做好宣传指导工作，利用网络的便捷性，开设专门网站，打造网络直通车，定期邀请专家学者授课，并将其视频挂在专门网站上。根据各地区发展水平的不同，实现养老保险与企业融资的有效对接，提高保险金的收入。实时推出保值型金融产品，做好跟踪服务工作。

（2）加快改革进程，打造民营企业融资平台。进一步加大资本市场开放力度，鼓励私人资本进入，积极搭建各类融资平台。进一步加大垄断行业改革和开放力度，降低民资进入门槛，允许民资进入垄断产业参与公平竞争，适时开放高新技术产业领域,鼓励民营企业参股经营高新技术产业和金融业。拓宽民营企业的投资渠道，提升民营企业的实力水平，发展完善民间资本市场，市场根据民营企业的资质，提供不同的发展支持资金。发挥好"为资本找项目，为项目找资本"的桥梁作用；并引导民企积极进入风投领域，完善相关管理规范，推动民企通过开展私募基金和发行债券等渠道有效参与社会资本流转，使资本市场成为极具诱惑力、引导民资健康流动的"强磁场"。切实构建起民营企业的融资平台，打破民营企业融资难的桎梏。

（3）做好监督工作，完善民间资本市场监督服务体系。一项好的措施如果离开了监管，那么就是空花瓶，将百无一处。因此，做好民间资本市场监管工作就非常有必要和有意义。要设立专门的民间资本监管机构，主要负责监管企业信息的真实性，财务报表的真实性。严厉打击各种形式的非法融资形式，披露制裁各种失信行为，利用现代信息技术，打击各种网络集资行为。

逐步建立其完善、公正、透明的民间资本市场监管体系。定期检查民间资本服务中心的工作报告，坚决打击内幕交易。实行网络举报制度，让各种违规违法行为逐步消失在我们的视线中。

10.3 民间资本供给侧管理

民间资本是市场中最有活力、最灵敏的投资要素。在当前我国全社会产能过剩严重，政府投资放缓，投资整体增长乏力的趋势下，加大吸引民间投资的力度，吸引社会资本到传统上由政府资金和国有企业投资占主体的领域，不仅有利于稳定投资，进而稳定经济增长，而且有助于化解原有投融资结构单一造成的资本流动不畅，在行业内形成良性竞争，倒逼国有企业加快改革进度，促进产业结构优化，创造更多的投资衍生需求，并提高投资效率，进而提振投资者信心，激活更多的资金进入。当前的供给侧结构改革中的"三去、一降、一补"是 2018 年的主要任务，也是供给侧改革的重点。从经济现实中可以看到，杠杆、债务以及产能这几个方面都与国有企业有密切相关。看杠杆率，比较高的是国有企业；看产能利用率，过剩比较严重的是国有企业；看债务成本，债务负担较重的也是国有企业。补短板，其实主要是一些消费领域以及服务业的短板，而这些领域都不是国有企业所擅长的领域。所以，无论是去杠杆、去产能，还是补短板，最终都要大力依靠民间资本来推进。因此，如何进一步加大改革力度，激活民间资本就成为稳定我国经济增长、促进经济结构调整的一个重要方面和一项迫切任务。

10.3.1 调整优化民间资本投资结构

促进民间资本公平市场准入，不仅需要加速政府职能转变，更好地发挥市场在资源配置中的决定性作用，促进不同性质的资本要素实现高度融合发展，而且要求从供给侧来调整优化投资结构和产业结构，促进有需求、有质量的投资，支撑经济稳定增长。随着我国改革步伐的不断推进，对社会开放投融资领域，创新投融资方式，吸纳社会有效资本正在成为新常态下经济持久发展的新动力之一。为此，国家发改委业已发文：一是市场准入问题，要建立公平的市场准入环境。二是创新投资方式，多方式吸引社会投资。比如在基础设施、公用事业领域，大力推广政府和社会资本合作模式。三是给投资者合理的回报预期。并强调，这三个问题的解决缺一不可。通过体制、机制改革释放制度红利，为经济增长创造动力。目前，投融资机制创新改革已经在水电、核电、电信、铁路等关乎国计民生，同时又是实体经济重点的基础设施领域有序展开。但令人担忧和需要注意的是，在很多领域，虽然已经在政策上明确允许社会资本进入，但各地在执行时仍然存在一些针对社会资本的"玻璃墙"。这些"玻璃墙"让社会资本在一些投资领域屡屡受挫，以致民间投资者的信心受到影响。

10.3.2　营造公平竞争的管理环境

如何加快形成社会资本公平竞争的市场准入和运营保障环境，是全面推进供给侧改革必须跨越的首道门槛，是促进社会资本活跃急需消除的一大障碍。市场决定资源配置是市场经济的一个铁律。市场配置资源，也就是对各种经济要素的配置，而当要素具有产权并且由相应的市场主体所有或占有的时候，要素的配置就首先表现为对主体进入市场的引导或限制关系。所以，市场的公平在于机会的公平，市场配置资源，必然要求要素供给具有机会均等的前提，以利于市场的优化选择。市场是一所好大学，需求是一个好导师，那些跟着市场需求走的民间投资者，多半是市场这所大学里的优等生。这些年我国出了很多优秀的投资者和企业家，他们绝大多数就是摸着市场的需求，不断改善改进产品供给，一步步走出来的。

改革开放以来，我国的要素市场体系建设取得了重要进展，但市场的开放性、竞争的公平性和运行的透明度仍然发展得不够均衡，抑制了社会多元化投融资的活力。比如，有些领域的竞争规则和程序透明度低，信息强制披露法规不完善，使其在招标、采购、项目审批等环节不公现象突出、腐败滋生，也使假冒伪劣由于违法成本过低而屡禁不止。又比如，为了保护本地企业利益，有的地方滥用行政权力设置行业进入壁垒，或采取不公平的采购和销售政策，损害外地企业的正当权益。再比如，市场开放性不够，部分领域存在不当准入限制，一方面，优质医疗、教育、养老等资源供给不足，服务饱受诟病；另一方面，大量民营资本进入受限。

在政策暖风频吹的背景下，社会资本虽然对宏观政策面增加了期待和信心，但对现实中的实际操作仍颇有担忧。由此来看，要激发社会资本的投资热情，急待健全投融资社会保障机制，才能消除其"入市"的"后顾之忧"。

党中央提出的"供给侧结构改革",是从供给和生产端入手,激发微观主体的活力,激励技术创新,通过解放生产力,开发优质新产品,提升产品市场竞争力,促进社会经济长期稳定健康发展,推进供给侧结构性改革本质上是一个长期的产业优化升级进程。这需要用改革的办法矫正供需结构错配和要素配置扭曲,解决有效供给不适应市场需求变化,使供需在更高水平实现新的平衡,需要提高以劳动力市场的灵活性,鼓励竞争,打破垄断,放宽准入,减少政府不正当干预为基础和条件。这是因为一个缺乏公平进入和竞争的市场,不可能有真正的社会投资繁荣;一个存在不公正不公平的市场运营环境,也不可能激发出民间企业发展的活力。只有构建好社会资本公平进入和竞争的大平台,加快形成企业自主经营、公平竞争,消费者自由选择、自主消费,商品和要素自由流动、平等交换的现代市场体系,完善社会主义市场经济多元化投融资运营保障体制,才能从供给侧让一切劳动、知识、技术、管理、资本要素的活力竞相迸发,形成创投浪潮。

10.3.3 激发民间资本参与供给侧结构改革的意愿

以市场公平准入为主导,以法制保障公平运营为准则,构建竞争有序的现代市场体系和营商环境,全面激发调动社会资本参与促进供给侧结构改革的热情和活力,促进社会有效产业的萌芽壮大和高质量产品的供给。

第一,进一步以完善促进公平竞争、建立公平开放透明的投资者市场准入规则来激发市场创投活力,培育新兴产业,促进经济结构优化,扩大有效产品供给。此次民间投资增速下滑的"重灾区"在市政建设和公共服务项目领域。对于这一下滑的原因,多数业内人士认为主要是政策的落实力度不够。首先,在这些项目投资中,民间资本的项目合作方往往是市政建设部门或是公共服务部门,大多领域对民企竖起隐性壁垒,或在准入条件上附加单独条款;其次,很大一部分公共建设项目带有鲜明的公益性质,民间投资方对于该项目的盈利能力不看好,或者是对盈利分配预期的不明确而感到担忧;最后,民间资本在参与一些项目建设中往往只享有相应的股权,而缺乏同等水平的"话语权",在关键决策中往往无法合理表达自身的利益诉求。市场体系是依照特定规则运行的,市场规则不同,市场体系运行的方式和效率可能会与中央的政策要求大相径庭。因此,针对市场的公平准入问题,当前应按照中央部署,在全国范围内全方位清理和废除妨碍权利公平、机会公平、规则公平的各种规定和做法,实行统一的市场准入制度,确实实行"法无禁止即可为",允许民营企业作为各类市场主体依法平等进入"负面清单"之外的产业领域进行投融资及其产业开发。

第二，改革市场监管体系，实行统一的市场监管，严禁和惩处各类违法实行的"土政策"，反对地方保护，反对垄断和不正当竞争，培育规范有序的企业发展环境，保障中小投资者的发展权益，提升民间投资的积极性。中央出台的对民间投资的优惠政策在各地落实不到位，融资渠道不畅、融资难度大一直是困扰民营企业的"老大难"问题。银行普遍倾向将信贷投放于有充足信用担保的国有企业，增加了民营企业获得融资的成本。虽然近年来国家采取多项政策来解决这一难题，但问题的关键还要看政策能否执行和落实是否到位。当前，"放管服"改革正在深入推进，应责成各地政府围绕促进民间投资健康发展，制定切实可行的实施细则以及相关配套政策、措施和办法，让民营企业能找到更多、更宽的投融资之门，增强投资的信心和积极性。

第三，以保障民营企业投资者的权利为目的，按照统一税制、公平税负、促进公平竞争的原则，加强对税收优惠特别是区域税收优惠政策的清理、梳理，进一步规范行业管理，实施内外投资者的国民待遇一视同仁。国家要明确相关财税政策引导资金的使用对象、范围及其力度，加大市场管理和投资运营预期，增强民间投资预期。保证民间资本在参与公共设施项目中的合理权益以及应有的利益诉求是解决民间资本投资乏力的关键。只有将政策落到实处，将利润亮在明处，才能从根本上促进民间资本的投资活力和创新动力。通过降税减费让利，增大民间投资投向、利润、发展空间。划分、警示风险等级，降低民间资本投资风险，放开、搞活民间投资交易，繁荣民间资本市场，促进经济稳健持久发展。这个过程中还包括保障政府出台政策的稳定性，构建良好的政府政策实施环境和民间资本安全环境，提升公务员办事效率和官员开明程度等，以利于直接提升民间投资的信心。

第四，以解决民营企业融资难为导向和目的，创新社会投融资途径及其便捷化、安全化管理，打通民间投资者直接融资和间接融资的各类对接转化障碍，促进符合社会需求的产业的萌芽壮大以及有质量产品的供给。尤其对于一些规模较小的民营企业，财产抵押能力不足、经营观念和管理模式相对落后等因素，无形中加大了银行向其融资的风险，使其常常面临融资难的问题。因此，要鼓励各类金融机构积极创新适合民营企业、小微企业的融资模式，着力缓解其融资难、融资贵问题。

第五，在全国范围内开展推进工商注册制度便利化实施成效大督查，推进商事登记制度的改革与完善，全面实施营商环境和投资人权益的法治化保障，培育社会创投者的创业信心。与此同步，加快补齐社会征信体系建设"短板"，建立信用奖惩机制，褒扬诚信，惩戒失信，健全优胜劣汰的市场化清退机制，完善企业破产后职工利益保障制度，以利于下一步推进过剩产能，避免引发不必要的社会震荡。

第六，转变政府定位和政府工作思路，通过明确政策引导，加大市场管理预期，增强民间投资预期信心，营造良好的民营企业运营发展环境，真正实现"改革落地"，全方位促进民营经济发展。各级地方政府要全方位启动为民营企业服务杠杆，通过降税减费让利增大民间投资投向、利润增长空间。放开、搞活民间投资交易，繁荣民间资本市场，划分、警示风险等级，降低民间资本投资风险，多渠道、多元化激活民间投资。对民营企业的支持政策，要以满足企业切身需求为出发点，而非只为完成上级政府的考核要求，要根据地方特色与比较优势，有针对性地对有效率和有前景的企业提供支持，让有效率、有潜力的民营企业脱颖而出。要建立民营企业"自下而上"维护自身合法权益的渠道与机制，真正转变地方政府职能，全方位促进民营经济发展。

10.4　强化民间资本流向管理

我国民间资本规模已经十分壮大，其对我国经济社会的影响已不可忽视，如果任其自我发展而不加以引导，将会对我国经济社会的健康运行造成巨大冲击。然而我国政府还未将民间资本纳入正规渠道，无法对其进行监管。同时，由于资本的趋利性，政府也无法将其强制停留在银行系统里。因此，政府部门必须搭建一个合法的投资平台，使民间资本在这个平台里得到增值，同时政府部门又能通过这个平台对其进行监管。

10.4.1　允许民间资本进入金融机构

我国现阶段存在一对矛盾：一方面是中小企业融资困难；另一方面却是大量民间资本缺乏投资渠道。允许民间资本进入金融机构则可以为民间资本与中小企业搭建一个合法的交流平台，从而很好地解决这个矛盾。允许民间资本进入金融机构，并不是简单地让民间资本持有国有金融机构的股份，而是允许民间资本建立小型金融机构，尤其是城市银行、乡镇银行或小额贷款公司。现阶段，我国的国有银行尤其是四大国有银行，其规模巨大。由于大部分国有企业贷款量大且贷款风险低，规模大的银行更愿意与他们合作。同时，我国的征信体制不健全，银行对中小企业贷款前必须对他们的信用进行评估，而且单个中小企业贷款量小，银行对其贷款的成本远远高于对国有大型企业贷款的成本，因而中小企业融资难。而由民间资本建立的小型银行则可以专注于服务本地区的企业，由于长期合作，小型银行对本地区企业的信用及还款能力相当了解，这会大大降低贷款风险和成本，也能在一定程度上解决中小企业融资难的问题。另外，由于民间资本建立了金融机构，就必须遵守相应的金融法规，接受金融监管部门的监管，从而将民间资本纳入政府的监管平台。

10.4.2　搭建民间资本投资服务中心

民间资本规模大，但由于信息渠道不通畅，无法使好的项目与资本对接，导致资本缺乏投资渠道而项目缺乏资金。政府部门可以建立民间资本投资服务中心，提供以下服务：项目投融资咨询服务；进行项目投融资策划和方案编制；帮助项目进行投融资发布和推介；进行项目展示、洽谈和交易；为专门人才和企业高管提供商务交流平台；为项目和企业培训专门人才。民间资本投资服务中心通过集中大量的项目信息与专门人才，并对民间资本开放，使资本与项目在这个服务中心完成匹配，从而引导民间资本流向优秀的项目，使其自身在完成项目之后得到增值。同时，民间资本投资服务中心可以采取会员制的制度管理，本服务中心注册会员。政府可以通过这些注册信息了解民间资本的规模以及它的流向，从而达到对民间资本的调控与引导，以充分利用民间资本对我国经济社会健康发展的积极作用。

10.4.3　建立多元化金融市场

在我国现存的金融体制中，商业银行及农村信用社占据了主导的资金借贷地位，是企业进行资本借贷的主要来源。然而，由于现存金融体制的不完善，很多中小型民营企业因缺乏相应的担保公司或信用公司而造成贷款难。贷款难迫使他们通过进行民间资本进行借贷。因而，建立完善的金融体制，帮助中小型民营企业便利获得资金，有利于从根源上改善民间资本的流向。没有获得合法地位的地下金融的存在是现存金融体制不能满足民营企业经济与发展有突出表现，说明区域民营经济对金融的迫切需求。因而进行金融体制改革，建立多元化金融市场显得尤为重要。

进行金融体制改革，不仅需要对现有的银行等金融机构进行体系改革，还应将隐藏的地下金融挖掘出来，引导其正确发展，建立完全由市场竞争的新的金融体制。此外，还需要注意的是，民营经济贷款难的主要原因是由于现存的不完善的担保与保险体制。在正确引导地下金融发展的同时，我们还需要解决现存的"贷款难"问题，从正面减弱民间金融畸形发展态势。通过建立担保基金的形式，可以有效解决中小企业和弱势群体担保贷款、抵押贷款难的问题，防范银行信贷资金的风险，促进商业银行等金融机构把资金贷给中小型民营企业等。通过政策性保险和商业保险机构，更加有机合理地分散信贷风险，解决现存金融体制中资金借贷的一系列问题。

10.4.4　优化民营企业发展环境

　　第一，进一步更新观念，提高认识，消除对民营企业的限制，为民营企业提供一个公平的竞争环境。在政策上，应该"一视同仁，公平竞争"，给予民营企业平等的待遇。第二，创造性地构建面向全国民营企业的公共服务体系，重点完善政府公共服务体系，提高效率。第三，严格规范政府管理经济的行为，制定政府行为管理标准，界定政府管理的职责范围。要彻底改革投资项目审批制度，加快政府部门职能的转换，取消和简化不必要的行政审批，提高基层行政执法质量，减少政府对企业的直接干预，使政府更好地为民营企业服务。第四，完善投资引导机制，合理调节民营企业的投资方向。要引导民营企业向产业化、专业化、规模化发展，推动民营企业向聚集化方向投资，引导其向科技进步的方向、外向型方向投资。各级政府要采取信息引导、技术引导、资金引导等一系列措施，运用各种政策组合与政策杠杆，帮助民营企业逐步摆脱盲目投资的倾向。第五，健全服务体系，大力发展中介服务，提高民营企业的效率。政府应该加强为民营中小企业提高信息、技术、资金等方面提供服务，鼓励为中小企业服务的中介机构发展，如商会、行业协会、社会保险等，以补充政府服务的不足，为民营企业的发展提供更完整的服务。第六，要进一步完善民营企业投资监督机制，有效规范与约束民营投资行为。为了使民营企业走上健康发展的道路，政府既要积极引导、扶持，又要加强管理、监督，在通过市场调节手段不能解决的时候，借助于强有力的法律与行政手段进行监督。民营资本具有高效率、活跃经济、促进就业等优势，有利于整个国民经济的快速有效发展。因此，要使我国经济持续健康有效发展，有必要给予民间资本更充分的竞争环境，使民间资本充分发挥其活力，增加国民经济发展的后劲。

参考文献

[1] 王宏华. 二元资本条件下民间资本流动规律研究[J]. 湖北农村金融研究，2007（5）：4-8.

[2] 张亚光. 民间资本的历史与属性[J]. 中国金融家，2012（9）：148-149.

[3] 吴玉督. 民间资本发展：历史制度传统和当前制度困境[J]. 教学与研究，2008（6）：45-50.

[4] 刘希章，李富有. 民间资本供求博弈、缺口测度与趋向判定[J]. 当代财经，2016（3）：54-64.

[5] 杜静然，吴金键. 民间资本管理研究——基于温州现象视角[J]. 中国乡镇企业会计，2018（2）：34-36.

[6] 李刚. 民间资本规范化管理的路径分析[J]. 北方经济，2012（1）：53-60.

[7] 姜永坤. 民间资本与供给侧结构改革研究[J]. 上海商学院学报，2016（4）：8-22.

[8] 高磊，许尽晖. 浅谈民间资本的发展[J]. 金融财税，2011（11）：48-50.

[9] 朱留宝. 浅析中国民间资本及其管理[J]. 北方经济，2012（2）：27-28.

[10] 高国潮，张林鹏. 如何正确引导民间资本投资[J]. 国际商务财会，2010（7）：74-76.

[11] 陆岷峰，陆顺，汪祖刚. 经济发展. 新常态. 下民间资本管理体制改革新思考[J]. 西南交通大学学报（社会科学版），2015（4）：115-119.

[12] 鲍霁蕐. DY市民间资本管理模式研究[D]. 石家庄：河北地质大学，2016.

[13] 韩鹏，刘杰. 资本运行范围拓展视域下的我国民间资本运行研究[J]. 财经理论研究，2013（4）：86-90.

[14] 邱曼京，刘银喜. 中国民间资本流向控制的政策选择[J]. 北方经济，2013（7）：10-12.

[15] 陆岷峰，陆顺，汪祖刚. 新常态背景下民间资本管理体制改革构想[J]. 河北金融，2015（2）：8-10.

[16] 杨扬. 我国民间资本问题初析[J]. 决策探索，2012（7）：55-56.

[17] 胡海涛，李俊然. 我国民间资本监管制度的合理设计——美国次贷危机产权机理及其对我国的启示[J]. 河北经贸大学学报，2016(5)：102-108.

[18] 凌勇. 区域民间资本的发展与引导——以温州市为例[D]. 上海：复旦大学，2009.

[19] 叶茜茜. 民间资本的投资偏好及风险治理——基于温州的案例[J]. 中国流通经济，2016（3）：108-115.

[20] 李富有，周新辉. 民间资本规范化发展的路径选择[J]. 探索与争鸣，2015（1）：64-67.

[21] 王丽. 民间资本投资的现状和环境分析[J]. 现代商贸工业，2018（16）：96-97.

[22] 刘变叶. 民间资本投资困境、成因与对策[J]. 商业经济，2015（6）：140-141.

[23] 孙林杰，刘琳，王福林. 促进我国民间资本参与实体经济投资与发展的策略[J]. 商业评论，2013（11）：17-19.

[24] 张腾. 加速民间资本进入铁路建设的思考[J]. 青海社会科学，2010(5)：37-40.

[25] 于静. 民间资本参与新型城镇化建设的问题与对策研究[J]. 技术与市场，2015（7）：387-389.

[26] 马艳玲. 民间资本进入基础设施建设领域研究[J]. 中国市场，2014（38）：120-121.

[27] 辜胜阻，刘江日，曹誉波. 民间资本推进城镇化建设的问题与对策[J]. 当代财经，2014（2）：5-11.

[28] 张永康，周定财. PPP模式下地方政府助力民间资本良性发展的对策研究[J]. 成都行政学院学报，2017（5）：47-53.

[29] 吴亚平. 破解民间资本参与PPP困境[J]. 商业评论，2018（1）：22-24.

[30] 温灏. 引导民间资本有效参与PPP模式项目[J]. 国际融资，2016（9）：53-55.

[31] 张惠. 民间资本参与PPP项目面临的障碍与对策[J]. 南方金融，2016（10）：79-83.

[32] 邓雄. 对PPP模式如何吸引民间资本参与的思考[J]. 农村金融研究，2015（10）：30-35.

[33] 孟春，赵阳光. 促进民间资本参与PPP项目的几点思考[J]. 发展研究，2016（9）：56-58.

[34] 刘惠好. 引导和规范民间资本参与金融市场建设[J]. 经济界，2018（3）：12-14.

[35] 郭小叶，李富有，王博峰. 民间资本进入城市商业银行的"阈值效应"分析——基于中国 25 家城市商业银行的面板数据[J]. 西安交通大学学报（社会科学版），2018（1）：38-47.

[36] 余霞民. 民间资本进入金融领域的风险分析——以银行业为例[J]. 三江论坛，2016（7）：29-32.

[37] 刘鑫龙. 民间资本进入金融领域的风险与防范[J]. 财政金融，2018（3）：44-46.

[38] 程丽峰. 民间资本进入金融领域的模式和风险防范研究——以甘肃省酒泉市为例[J]. 西部金融，2016（8）：37-39.

[39] 齐东伟. 民间资本进入金融领域面临的障碍及政策选择[J]. 征信，2015（9）：86-89.

[40] 蒋谦. 探索加快民间资本进入养老服务领域的新路子[J]. 学习月刊，2014（2）：30-31.

[41] 国家发展和改革委员会社会发展研究所. 完善扶持政策 力推民间资本参与养老服务[J]. 中国社会福利，2015（3）：27-30.

[42] 陈成文，严丹. 从公平正义看当前我国城镇养老保险的制度设计[J]. 天府新论，2013（3）：91-95.

[43] 孔月红，卢乔石. 民间资本投资养老社区的政府支持体系构建研究[J]. 湖北社会科学，2013（12）：44-47.

[44] 郭林，张亚飞. 中国民间资本参与养老服务体系建设的变迁与评析[J]. 学术论坛，2014（4）：90-95.

[45] 凌锐燕. 新形势下关于民间资本进入养老服务业的思考[J]. 长春理工大学学报（社会科学版），2014（1）：72-74.

[46] 雒香云，李俊杰，张建坤. 引导民间资本投资养老机构的思路探讨——以江苏省为例[J]. 西北人口，2015（2）：47-53.

[47] 刘珍，刘小雨. 民间资本投资养老机构的市场准入制度探究[J]. 法制与社会，2015（4）：169-170.

[48] 郭林. 民间资本参与养老服务体系建设：核心问题、基本理念与优化路径[J]. 中共浙江省委党校学报，2016（2）：99-105.

[49] 刘丹丹. 民间资本参与养老服务的路径探索[J]. 经济研究导刊，2016（25）：33-34.

[50] 赵福昌. 社会养老保障应公正公平[J]. 科学决策，2015（12）：19-20.

[51] 白延义. 基于公平视角的我国养老保险制度问题及成因分析[J]. 中国行政管理，2015（5）：45-46.

[52] 马晓春. 民间资本进入养老机构的瓶颈与出路——以北京为例[J]. 经济界，2017（1）：33-36.

[53] 刘珍，刘小雨. 民间资本投资养老机构的市场准入制度探究[J]. 法制与社会，2015（4）：169-170.

[54] 刘丹丹. 民间资本参与养老服务的路径探索[J]. 经济研究导刊，2016（25）：33-34.

[55] 陈莹. 民间资本参与养老服务的政策支持体系研究——以浙江省诸暨市为例[J]. 改革与开放，2015（9）：94-95.

[56] 孙瑞玲，王娟娟. 民间资本参与养老服务机构建设研究[J]. 南京工业大学学报（社会科学版），2015（3）：56-61.

[57] 郭林. 民间资本参与养老服务体系建设：核心问题、基本理念与优化路径[J]. 中共浙江省委党校学报，2016（2）：99-105.

[58] 胡平. 民间资本进入科技创新领域可行性分析[J]. 合作经济与科技，2015（3）：56-57.

[59] 胡平. 民间资本进入科技创新领域的模式探讨[J]. 经济研究导刊，2015（16）：84-85.

[60] 祝宝江，徐侃. 民间资本驱动科技创新的路径选择[J]. 学术交流，2013（3）：127-130.

[61] 胡平. 民间资本进入科技创新领域的现状及障碍——以宁波为例[J]. 技术与市场，2015（5）：288-289.

[62] 王筱萍，杨国勇. 民间资本与技术创新项目融资对接障碍：规避风险还是缺乏认知？[J]. 社会科学战线，2016（3）：37-43.

[63] 宋建伟. 民间资本、技术创新与经济转型关系研究[J]. 华北金融，2016（3）：9-14.

[64] 陈秀慧，王筱萍，张倩倩. 政府引导民间资本投资科技型中小企业的实证研究[J]. 价值工程，2016（6）：53-56.

[65] 毛正天. 湖北民间资本进入文化市场的政策路径探析[J]. 湖北民族学院学报（哲学社会科学版），2015（1）：40-41，51.

[66] 刘淑华，孙丽楠. 民间资本推进文化产业发展的优势及对策[J]. 大连民族大学学报，2016（4）：351-355.

[67] 郑俊芳，邓修明. 民间资本投资文化产业的路径探析[J]. 会计之友，2011（6）：46-48.

[68] 冷建飞. 民间资本投资文化产业的结构性融资[J]. 南通大学学报（社会科学版），2014（6）：138-142.

[69] 刘淑华，李鸿，李京诺. 民间资本投资文化产业的现状及实现路径——基于辽宁省 TC 市的调研[J]. 大连民族学院学报，2015（4）：344-347.

[70] 吴玉娟. 民间资本投资文化产业探究[J]. 科技进步与对策，2018（4）：23-25.

[71] 顾凯,韩锋. 基于社会民间资本进入势态下的文化产业的发展研究及路径选择[J]. 行政事业资产与财务，2014（12）：37-39.